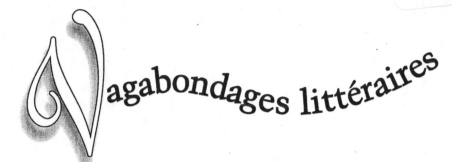

Vagabondages littéraires

Vagabondages littéraires

INITIATION A LA LITTERATURE D'EXPRESSION FRANÇAISE

Scott Carpenter
CARLETON COLLEGE

Dana Strand
CARLETON COLLEGE

Françoise Denis
MACALESTER COLLEGE

Cheick M. Chérif Keïta
CARLETON COLLEGE

Marie-Christine Massé
CARLETON COLLEGE

Éva Pósfay
CARLETON COLLEGE

Cathy Yandell
CARLETON COLLEGE

The McGraw-Hill Companies, Inc.

New York St. Louis San Francisco Auckland Bogotá Caracas
Lisbon London Madrid Mexico City Milan Montreal New Delhi
San Juan Singapore Sydney Tokyo Toronto

This is an ⌐Bⁱ book.

McGraw-Hill

A Division of The McGraw-Hill Companies

Vagabondages littéraires
Initiation à la littérature d'expression française

This book is printed on recycled, acid-free paper containing a minimum of 50% total recycled fiber with 10% post-consumer de-inked fiber.

4 5 6 7 8 9 0 QPD QPD 0 9 8 7 6 5 4

ISBN 0-07-011444-7

This book was set in Minion, Bodega, and Syntax by Clarinda Typesetting.
The editors were Thalia Dorwick and Richard Mason.
The production supervisor was Diane Renda.
The text designer was Suzanne Montazer.
The cover woodcut was by James Grashow.
The map illustrations were by Lori Heckelman.
The photo researcher was Stephen Forsling.
This book was printed and bound by Fairfield Graphics.

Library of Congress Cataloging–in–Publication Data

Vagabondages littéraires: Initiation à la littérature d'expression
    française / Scott Carpenter... [et al.]. p. cm.
  In French, with prefatory matter in English.
  ISBN 0–07–011444–7 (pbk.)
  1. French language—Readers.   2. French language—Textbooks for
foreign speakers—English.   I. Carpenter, Scott, 1958–
PC2117.V13   1995   95–31074
448.6'421—dc20   CIP

Grateful acknowledgment is made for use of the following photographs:
Page 7 Michel Tournier © Sipa Press/Philippe Gastaud; *16* Jean Giraudoux by J. E. Blanche, Musée des Beaux-Arts, Rouen © Lauros-Giraudon/Art Resource, N.Y.; *24* Charles-Louis Philippe © Roger-Viollet; *25-26* Le Magasin des enfants courtesy of Miami University Library, Oxford, O.H.; *40* Jeanne-Marie Leprince de Beaumont © Roger-Viollet/after de la Tour, 1762; *49* Roch Carrier © Canapress; *52* Le Malade imaginaire by Honoré Daumier, black chalk and watercolor on paper, 20.7 x 27.1 cm., Courtauld Institute Galleries, Samuel Courtauld Collection; *68* Jean Tardieu © Lipnitzki-Viollet; *70* La Jeune Fille au turban by Jan Vermeer de Delft, The Hague, Mauritshuis, Scala/Art Resource; *76* Leïla Sebbar © Dominique Doan/Photo courtesy of Leïla Sebbar; *89* Jean-Marie le Clézio © Raymond Sebastien/Sipa Press; *101* Birago Diop courtesy of Présence Africaine, Paris; *118* Eric Rohmer © M. Lounes/Gamma-Liaison; *120* L'Enlèvement nocturne, engraving by Nicolas Ponce after P. A. Baudoin © ND-Viollet; *125* Colette © Roger-Viollet; *125* Saint-Sauveur-en-Puisaye © Bertrand de Jouvenel; *143* Albert Camus © Roger-Viollet; *161* Saigon pagoda © Roger-Viollet; *178* Prosper Mérimée © Harlingue-Viollet; *192* Marguerite Yourcenar © J. Sloan/Gamma-Liaison.

Grateful acknowledgment is made for use of the following stories:
Page 1 "La Légende du pain" from Le Médianoche amoureux by Michel Tournier, © Editions Gallimard; *9* "D'un Cheveu" from Contes d'un matin by Jean Giraudoux, © Editions Gallimard; *41* "La Machine à détecter tout ce qui est américain" by Roch Carrier (Montréal: Les Editions Stanké); *51* "Une Consultation ou Les Rôles inversés" from La Comédie de la comédie by Jean Tardieu, © Editions Gallimard; *69* "La Jeune Fille au turban" from La Négresse à l'enfant by Leïla Sebbar (Paris: Syros Editeur); *77* "La Ronde" from La Ronde et autres faits divers by Jean-Marie G. Le Clézio, © Editions Gallimard; *91* "Les Mamelles" from Les Contes d'Amadou-Koumba by Birago Diop (Paris: Présence africaine); *103* "La Boulangère de Monceau" by Eric Rohmer (Paris: L'Herne); *119* "L'Enlèvement" from La Maison de Claudine by Colette, © Hachette, 1960; *127* "L'Hôte" from L'Exil et le Royaume by Albert Camus, © Editions Gallimard; *145* "L'Etrangère" by Anne-Marie Niane, © Les Editions Hartier (Paris: Collection Monde noir, 1985); *179* "Comment Wang-Fô fut sauvé" from Nouvelles orientales by Marguerite Yourcenar, © Editions Gallimard.

Table des matières

Preface

*V*agabondages littéraires: Initiation à la littérature d'expression française is an engaging collection of authentic, unabridged texts chosen to introduce intermediate students to literature representative of both French and Francophone cultural traditions. From an eighteenth-century French fairy tale to the life story of a Vietnamese immigrant, from an African folk tale to an absurdist play, this collection offers readings covering a wide range of literary, cultural, and linguistic territory.

Arranged in order of increasing difficulty, the readings have been selected for students with at least minimal reading skills and a solid foundation in the grammatical structure of French. All of the readings have been carefully field-tested over a period of several years on successive groups of Carleton College students at the intermediate level and beyond. Depending on the previous experience and preparation of the students, and the goals of the instructor, this collection can serve as a complement to a systematic grammar review in a second-year language class, or as an introductory anthology for a survey of literature course. The materials are therefore suitable for third-semester, fourth-semester, or even more advanced courses at the college level. At the high-school level, the texts are appropriate for a fourth- or fifth-year class.

Each selection in *Vagabondages littéraires* offers a number of features aimed at facilitating the reading process.

Pour entrer dans le texte...
This section introduces students to the text that they are about to read. The emphasis of the introduction varies according to the central focus of the text; it may establish a historical context, raise broad questions of interpretation, or suggest overarching themes. Each approach will alert students to fruitful interpretations of the text.

Mots-clés
A pre-reading list of important words and expressions is provided to enrich students' comprehension and discussion of the reading to follow.

Termes littéraires
Students are given a list of the literary terminology appropriate to each reading; accompanying "Les Mamelles," for example, are the terms **allitération, fable, légende, métaphore, narrateur,** and **personnification.** Full definitions of each expression appear in the glossary of literary terms at the end of the book.

Pour mieux lire...
As another way of promoting the active reading that will lead to improved comprehension skills, each reading is preceded by an exercise

requiring students to accomplish a specific goal-oriented task *while they are reading*. For example, students are instructed to write down the names of the magical objects they encounter as they read "La Belle et la Bête," and then indicate the role each object plays in advancing the action of the narrative. By concentrating on performing a well-defined task, students will find the reading process more directed and, ultimately, more rewarding.

Glosses to the Text The readings themselves are presented in such a way as to encourage students to develop foreign-language reading strategies. Although difficult words and expressions are glossed (in French or, when necessary, in English) at the bottom of the page, students should soon discover that the discrete meaning of individual lexical items is less important than a global understanding of a passage.

Comprehension Questions Questions located in the right-hand margin next to their context allow students to test their comprehension as they read. If they find that they cannot answer one of the questions without knowing the meaning of a word or expression that has not been glossed, they can consult the glossary at the end of the book. If the answers to the comprehension questions are written out in French in the margins, they should provide a concise summary of the main points of the story line.

Pour approfondir... Post-reading discussion questions allow the class to explore together the principal stylistic and thematic features of the readings.

Pour écrire... Essay questions give students the opportunity to express their ideas in writing. The list of composition topics includes at least one creative writing option tied to the reading's theme, because, for intermediate students, writing a pastiche of an author's style or inventing a tale reworking elements drawn from a model is sometimes easier, and in many ways more instructive, than undertaking a sophisticated literary analysis.

Pour en savoir plus... Each reading concludes with a biographical sketch (and usually a photo) of the author, designed to provide background information for interested students who might like to become more familiar with a writer's life and body of work.

In addition to the features accompanying each reading in *Vagabondages littéraires*, the appendix of literary terms at the end of the book is a convenient resource for students in preparing answers to discussion and essay questions. A French-English glossary is provided as a useful reference to aid students in their comprehension and interpretation of the readings.

The readings and special features of *Vagabondages littéraires* include ample material adaptable to a variety of teaching and learning styles. The *Instructor's Manual* offers supplementary materials to help instructors customize the readings to meet the needs of their particular class. The materials include further pre- and post-reading activities, topics for discussion, questions that ask students to compare or analyze features across various readings, and suggestions for using other media, such as video. These additional components are designed to expand the horizons of the reading experience, encouraging students to prolong the literary wanderings initiated by the texts.

Acknowledgments

A great number of people came together to work on this extraordinarily collaborative project. Although the book is dedicated to a certain kind of wandering, we are grateful to those who kept us in line.

Special thanks go to the following instructors, whose suggestions and comments were quite useful to the authors in the preparation of the final manuscript for this text. The appearance of their names does not necessarily constitute an endorsement of the text or its methodology.

James N. Davis, University of Arkansas
Janet Dorer, Bryn Mawr
Moses Hardin, Valdosta State University
Lynn Klausenburger, University of Washington
Cheryl Krueger, University of Virginia
Claire L. Malarte-Feldman, University of New Hampshire
Carol J. Murphy, University of Florida
Downing Thomas, University of Iowa.

Throughout the project the staff at McGraw-Hill proved supportive, resourceful, meticulous, and a delight to work with. We would like to thank in particular Thalia Dorwick, Julie Melvin, Richard Mason, and Susan Lake, as well as those who did so much behind the scenes: Stephen Forsling, Francis Owens, James Grashow, Diane Renda, Suzanne Montazer, and David Sweet.

Most of all, though, we would like to express our gratitude to those who helped us in the earliest stages of this project. Among them are those scores of Carleton students who suffered through primitive versions of the book-in-progress, and who often gave valuable and insightful feedback. Thanks as well to Andrea Nixon for help with technological matters. Special thanks are reserved for the inestimable Mary Tatge, whose quick eye, deft fingers, and irrepressible spirit saved this project on more than one occasion from being prematurely recycled.

Our thanks as well for generous support from Carleton College and Macalester College.

About the Authors

Scott Carpenter (Ph.D., University of Wisconsin, Madison) teaches literature of the eighteenth and nineteenth centuries, as well as literary theory, at Carleton College. Focusing on issues of power and opposition, his work bears on such authors as Sade, Balzac, and Baudelaire. His book, *Acts of Fiction*, has recently appeared (Penn State University Press).

Françoise Denis (Ph.D., University of Minnesota; Agrégation, Université Catholique de Louvain) is a native of Belgium and specializes in French literature of the Middle Ages at Macalester College. She has published a volume on Raoul de Cambrai, and she is currently involved in projects ranging from the medieval period to the eighteenth century.

Cheick M. Chérif Keïta (Ph.D., University of Georgia) teaches francophone literature of Africa and the Caribbean, and advanced language courses, at Carleton College. A native of Mali, Mr. Keïta has published articles on both social and literary problems in contemporary Africa. His special interests include the novel and social evolution in Mali, the oral tradition, and the relationship between literature and culture in Africa. He is the author of a book entitled *Massa Makan Diabaté* (L'Harmattan).

Marie-Christine Massé (Ph.D., University of California, Davis) is the director for lower division French courses at Carleton College. A native of France, she was schooled in both French and American universities. Her academic interests are nineteenth-century literature and culture as well as methods of foreign language acquisition.

Éva Pósfay (Ph.D., Princeton) was born in Venezuela of Hungarian parents and studied in both South America and Switzerland. She specializes in literature of the seventeenth century at Carleton College and has published articles on Madame de Lafayette. Her special interests are women writers of the *ancien régime,* utopias, Swiss literature, and migrant literature in francophone Canada.

Dana Strand (Ph.D., Vanderbilt University) specializes in twentieth-century literature and is currently director of Women's Studies at Carleton College. She has published on postmodern literature and has just completed a book entitled *Colette: A Study of the Short Fiction* (Macmillan). Her research interests include women writers, French film, and postcolonial literature.

Cathy Yandell (Ph.D., University of California, Berkeley) teaches early modern and comparative literature at Carleton College. Her research interests include French Renaissance prose, poetry, and music, as well as modern critical theory. She has published a book and articles on Tyard, Montaigne, Louise Labé, and Pernette du Guillet. She is currently completing a book on time and gender in early modern French poetry.

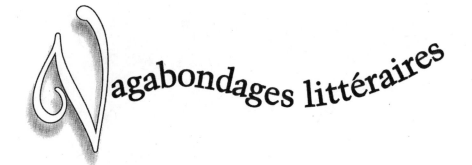

La Légende du pain

Michel Tournier, 1989

Pour entrer dans le texte...

«J'ai pris ma plume et j'ai inventé», dit Michel Tournier, en parlant de sa façon de concevoir la littérature. Dans ce *conte* (un conte, selon Tournier, est une histoire qui nous touche et qui nous enrichit, mais qui, à la différence de la fable, ne nous instruit pas), Tournier crée une histoire qui explique les origines du pain, quintessence de la nourriture française. Il dépeint aussi les origines d'une autre «institution» française, qui se révélera comme une surprise à la fin de l'histoire.

Ce conte se déroule dans le Finistère, un des quatre départements de la Bretagne, à l'extrême nord-ouest de la France. Les trois villages du conte (Plouhinec, Pouldreuzic et Plozévet) se situent près de Quimper, à quelques kilomètres de la mer. Région riche en histoire, où les traditions celtiques et françaises coexistent, la Bretagne s'avère être l'endroit idéal pour une légende qui traite de la fusion de différentes coutumes.

1

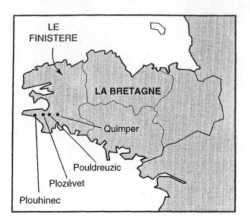

MOTS-CLÉS

s'affronter, l'affrontement *(m.)*
l'allié *(m.)*, l'alliance *(f.)*
consentir à un compromis
les coutumes *(f.)*
l'ennemi *(m.)*
être sur la défensive
la méfiance, se méfier de

la mentalité
les mœurs *(f.)*
prendre parti pour ou contre
la rivalité, rivaliser
la symbiose
la tradition, l'héritage *(m.)*

TERMES LITTÉRAIRES

le conte
la légende
la nouvelle
le récit

Pour mieux lire...

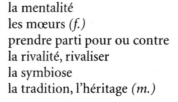

D'abord, faites une liste des différences entre Plouhinec et Pouldreuzic. Après avoir lu les deux premiers paragraphes du conte, imaginez quelques compromis pour résoudre les rivalités entre les deux villages.

La Légende du pain

Il était une fois, tout au bout de la France, là où finit la terre, là où
commence l'Océan, c'est-à-dire exactement dans le Finistère, deux
petits villages qui vivaient en état de perpétuelle rivalité. L'un s'appelait Plouhinec, l'autre Pouldreuzic. Leurs habitants ne man-
5   quaient pas une occasion de s'affronter.[1] Les gens de Plouhinec, par
exemple, jouaient du biniou[2] comme nulle part ailleurs en pays breton.
C'était une raison suffisante pour que ceux de Pouldreuzic ignorent ostensiblement cet instrument et jouent avec prédilection de la bombarde, une
sorte de flageolet[3] qui s'apparente aussi au hautbois[4] et à la clarinette. Et il
10 en allait de même dans tous les domaines, les uns cultivant l'artichaut, les
autres la pomme de terre, ceux-ci gavant[5] des oies quand ceux-là engrais-
saient[6] des cochons, les femmes d'un village portant des coiffes[7] simples
comme des tuyaux[8] de cheminée, celles de l'autre village ouvrageant[9] les
leurs comme des petits édifices de dentelle.[10] Il n'était pas jusqu'au cidre
15 dont Plouhinec s'abstenait, parce que celui de Pouldreuzic était fameux.
Vous me direz: mais alors qu'est-ce qu'on buvait à Plouhinec? Eh bien on y
buvait une boisson originale faite non avec des pommes, mais avec des
poires, et appelée pour cela du poiré.

Bien entendu on ne mangeait pas le même pain à Plouhinec et à Poul-
20 dreuzic. Plouhinec s'était fait une spécialité d'un pain dur, tout en croûte,[11]
dont les marins se munissaient[12] quand ils partaient en croisière, parce qu'il
se conservait[13] indéfiniment. A ce biscuit de Plouhinec, les boulangers de
Pouldreuzic opposaient un pain tout en mie,[14] doux et fondant à la bouche,
qu'il fallait manger, pour l'apprécier, chaud du four, et qu'on appelait de la
25 brioche.

1 Quels sont les élé-
ments qui illustrent la
rivalité entre les deux
villages?

2 Qu'est-ce qui ca-
ractérise le pain de
Plouhinec et celui de
Pouldreuzic?

[1]être en conflit, se confronter   [2]cornemuse (*bagpipe*) bretonne   [3]flûte à bec (*recorder*) - [4]*oboe*   [5]faisant manger
de force et abondamment. Dans le sud-ouest de la France, on gave les oies pour obtenir le foie gras, un pâté très
délicat fait avec le foie d'une oie gavée.   [6]faisaient grossir un animal destiné à être mangé   [7]*headdress*. En Bretagne, les femmes portent traditionnellement des coiffes de dentelle (*lace*) très fine qui montent très haut.   [8]*pipes*
[9]ornant, décorant   [10]*lace*   [11]l'extérieur du pain   [12]se... s'équipaient   [13]se... restait frais pendant longtemps
[14]partie molle (*soft*) à l'intérieur du pain

Les choses se compliquèrent le jour où le fils du boulanger de Poul-dreuzic tomba amoureux de la fille du boulanger de Plouhinec. Les familles consternées[15] s'acharnèrent à[16] détourner les deux jeunes gens d'une union contre nature, grosse de difficultés de toutes sortes. Rien n'y fit:[17] Gaël
30 voulait Guénaële, Guénaële voulait Gaël.

Par chance, Plouhinec et Pouldreuzic ne sont pas immédiatement voisins. Si vous consultez la carte du Finistère, vous verrez qu'il existe un village situé à mi-chemin des deux: c'est Plozévet. Or Plozévet n'ayant pas de boulangerie en ce temps-là, les parents de Gaël et de Guénaële décidèrent
35 d'y établir leurs enfants. Ce serait également à Plozévet qu'on les marierait. Ainsi ni Pouldreuzic, ni Plouhinec ne se sentiraient humiliés. Quant au banquet de noces,[18] on y mangerait des artichauts et des pommes de terre, des oies et du cochon, le tout arrosé également de cidre et de poiré.

La question du pain qui se trouverait sur la table n'était pas aussi facile à
40 résoudre. Les parents pensèrent d'abord y distribuer à part égale biscuits et brioches. Mais les enfants objectèrent qu'il s'agissait d'un mariage, et d'un mariage de boulangers, et que, par conséquent, il fallait trouver le moyen de marier eux aussi biscuits et brioches. Bref la nouvelle boulangerie se devait de créer un pain nouveau, le pain de Plozévet, également apparenté au
45 pain-croûte de Plouhinec et au pain-mie de Pouldreuzic. Mais comment faire? Comment faire du pain ayant à la fois de la croûte et de la mie?

Deux solutions paraissaient possibles. Gaël fit observer à Guénaële qu'on pouvait prendre modèle sur les crabes et les homards.[19] Chez ces animaux, le dur est à l'extérieur, le mou à l'intérieur. Guénaële lui opposa l'exemple
50 des lapins, des chats, des poissons et des enfants: là le mou—chair—est à l'extérieur, le dur—os ou arête—à l'intérieur. Elle se souvenait même de deux mots savants qui désignent cette différence: les homards sont des *crustacés,* les lapins des *vertébrés.*

Il y avait donc le choix entre deux sortes de pains durs-mous: le pain
55 crustacé dont la croûte forme comme une carapace qui enveloppe la mie. Et le pain vertébré dont la croûte se trouve cachée au plus épais de la mie.

Ils se mirent au travail, chacun suivant son idée. Il apparut aussitôt que le pain crustacé se cuit beaucoup plus facilement que le pain vertébré. En effet, une boule de pâte[20] mise au four: sa surface sèche, dore et durcit. A
60 l'intérieur la pâte reste blanche et molle. Mais comment faire du pain vertébré? Comment obtenir une croûte dure à l'intérieur de la mie?

3 Qu'est-ce qui complique l'histoire—et la rivalité?

4 Pourquoi les parents installent-ils leurs enfants à Plozévet?

5 Quel est le problème posé par le choix du pain pour le mariage? Est-ce que les enfants acceptent la suggestion de leurs parents?

6 Quelles sont les deux solutions possibles?

---

[15]stupéfiées   [16]s'acharnèrent… firent tous les efforts possibles pour   [17]Rien… Tous leurs efforts ont été inutiles
[18]mariage   [19]lobsters   [20]dough

Gaël triomphait avec son pain crustacé, mais les échecs de sa fiancée lui faisaient de la peine.[21] Pourtant elle ne manquait pas de ressource, la petite boulangère Guénaële! Elle avait compris que c'était la chaleur de la cuisson
65 qui fait naître la croûte. Donc le pain vertébré devait être cuit de l'intérieur—et non de l'extérieur, comme c'est le cas dans un four. Elle avait ainsi eu l'idée d'enfoncer dans la pâte une tige de fer brûlant,[22] comme une sorte de tisonnier.[23] Ah, il fallait la voir manier son tisonnier comme une arme fumante! Elle serrait les dents et faisait saillir[24] son menton en
70 embrochant[25] les miches[26] avec son épée[27] de feu. Gaël qui l'observait en avait froid dans le dos,[28] car il se demandait ce que sa fiancée pouvait bien avoir dans la tête et le cœur pour imaginer cet étrange combat et s'y jeter avec tant d'ardeur. Et puis serait-ce toujours des miches qu'elle transpercerait ainsi avec un fer rouge?

75 Qu'importait d'ailleurs? Elle n'arrivait à rien de bon, et seul le pain crustacé se trouva au point quand arriva la date du mariage, et c'est ce jour-là à Plozévet que fut goûté officiellement pour la première fois le pain que nous connaissons, composé d'une croûte dorée entourant la masse douce et moelleuse de la mie.

80 Est-ce à dire que le pain vertébré fut définitivement oublié? Pas du tout. Il devait au contraire connaître dans les années qui suivirent une revanche éclatante, pleine de tendresse et de poésie. Gaël et Guénaële eurent un petit garçon qu'ils appelèrent Anicet[29] avec l'espoir que ce prénom parfumé l'aiderait à se faire une place dans leur corporation. Ils ne furent pas déçus,
85 car c'est lui qui—à l'âge de cinq ans—suggéra à sa mère l'idée qui devait imposer le pain vertébré. Il lui suffit pour cela de manger à quatre heures une brioche avec un morceau de chocolat. Sa mère qui l'observait tenant d'une main sa brioche, de l'autre son morceau de chocolat, se frappa le front et se précipita[30] dans le fournil[31] de la boulangerie. Elle venait de
90 songer que l'os, la vertèbre, le dur du pain vertébré pouvait être constitué par une barre de chocolat.

Le soir même, la boulangerie de Plozévet mettait en vitrine les premiers petits pains au chocolat de l'histoire. Ils devaient bientôt conquérir le monde et faire la joie de tous les enfants.

7 Quels sont les sentiments de Gaël quand il regarde Guénaële avec son épée de feu?

8 Pourquoi ont-ils opté pour le pain crustacé?

9 A quoi aboutissent (*result*) les expériences sur le pain «vertébré»?

10 Qu'est-ce que Guénaële invente à ce moment-là?

---

[21]lui… le rendait très triste [22]tige… *red-hot iron rod* [23]*poker* [24]mettre en avant [25]*skewering* [26]gros pain rond (aussi: **miches** en argot signifie **fesses** [*buttocks*]) [27]*sword* [28]en… avait des frissons causés par la peur [29]prénom qui ressemble à **anis** [30]se… alla très vite [31]endroit où on prépare le pain

Pour approfondir...

1. Le *Petit Robert* définit une «légende» comme un «récit populaire traditionnel plus ou moins imaginaire». Quels aspects particuliers du conte vous semblent correspondre à cette définition?
2. Essayez d'énumérer les différences entre une légende et une nouvelle plus réaliste?
3. Quels sont les éléments du conte qui vous font particulièrement penser à la France? Pourquoi Michel Tournier choisit-il ces éléments particuliers de la culture française?
4. Qu'est-ce que le pain de Plozévet représente par rapport aux deux autres pains, le pain-croûte de Plouhinec et le pain-mie de Pouldreuzic?
5. La vision de la coopération dans le conte vous paraît-elle possible, ou utopique?
6. Pensez à la fonction de la légende du pain dans le contexte de ce conte. Quelles conclusions pouvez-vous tirer sur la fonction d'une légende en général?
7. A votre avis, est-ce que ce conte contient un message très actuel?

Pour écrire...

1. Est-ce que la rivalité entre les deux villages du Finistère vous fait penser à d'autres rivalités que vous connaissez entre deux cultures ou deux groupes différents? Lesquelles? Existe-t-il des solutions ou des compromis possibles pour résoudre des conflits comme ceux dans lesquels sont pris Gaël et Guénaële?
2. Pensez à l'idée de compromis comme résolution efficace d'un conflit. Vous êtes-vous déjà trouvé(e) dans une situation difficile dans laquelle vous avez dû faire des concessions? Qui a formulé le compromis? Qu'est-ce qui a rendu le compromis acceptable pour chacun(e)? Avez-vous eu des regrets?
3. Ecrivez une légende qui explique les origines de quelque chose de typiquement américain comme la tarte aux pommes, le baseball, le hamburger ou le pop-corn. Où est située la légende? Qui sont les protagonistes? A quel(s) problème(s) ont-ils dû faire face? Savaient-ils qu'ils allaient inventer quelque chose qui allait devenir si célèbre dans le monde entier?

Pour en savoir plus...

Spécialiste de philosophie, traducteur d'allemand et *speaker* à la radio avant de devenir écrivain, Michel Tournier (Paris, 1924) manifeste dans ces œuvres des connaissances larges et variées. Ses romans les plus célèbres utilisent des mythes, et ils dérivent d'une tradition littéraire que Tournier recrée et réinvente. Dans *Vendredi, ou les limbes du Pacifique,* qui a gagné le prix du Roman de l'Académie française en 1967, Tournier réécrit l'histoire de Robinson Crusoe. *Le Roi des Aulnes* (Prix Goncourt 1970) s'inspire d'un poème célèbre de Goethe, le roman *Les Météores* (1975) suggère *Les Météores* d'Aristote, et *Gaspard, Melchior et Balthazar* (1980) reconstruit l'histoire des rois mages du Nouveau Testament. Dans *La Goutte d'or* (1986), Tournier retrace les aventures d'un jeune Maghrébin émigré en France où, comme dans «La Légende du pain» (*Le Médianoche amoureux,* 1989), l'on observe la rencontre de deux cultures bien distinctes. Révélant un double désir d'universalité et de marginalité, Michel Tournier reste un des plus grands écrivains français vivants.

Michel Tournier

D'un Cheveu

Jean Giraudoux, 1952

Pour entrer dans le texte...

«Elémentaire, mon cher Watson, vous connaissez ma méthode….» Qui ne connaît pas la phrase du légendaire Sherlock Holmes fumant sa pipe et portant sa célèbre casquette à couvre-oreilles? Le personnage de l'écrivain écossais Arthur Conan Doyle séduit par son intelligence, sa détermination et ses bizarreries. Il reste l'un des héros les plus populaires du genre policier.

Mais à quel sort peut-on bien être destiné, lorsqu'on a pour adversaire ce fameux Sherlock Holmes? Est-il possible de lutter contre ce brillant déchiffreur qui excelle dans l'art de la déduction? C'est ce que Jean Giraudoux nous propose de découvrir dans un récit plein d'humour.

Mots-clés

l'arrestation *(f.)*
l'assassinat *(m.)*
le complot
le coupable, la culpabilité
l'enquête *(f.)*

l'indice *(m.)*
le meurtre
la pièce à conviction
la preuve
le témoin, le témoignage

Termes littéraires

le comique
le genre
le personnage

our mieux lire...

Relevez dans l'ordre chronologique le nom de tous les objets qui font partie de l'investigation de Sherlock Holmes.

D'un Cheveu[1]

Je sortais des bras de Mme Sherlock Holmes, quand je tombai, voilà ma veine,[2] sur son époux.

—Hé! bonjour! fit l'éminent détective. On dîne avec moi? Voilà des siècles qu'on ne vous a vu!

5 Quelque chose de mon émotion transparut sur mon visage. Sherlock sourit finement:

—Je vois ce que c'est, dit-il, monsieur va chez une amie.

Si je disais non, j'avais l'air de faire des mystères.[3] Si je disais oui, j'avais l'air de vouloir l'éviter. Je répondis donc, peut-être un peu précipitamment,
10 que l'amie en question pouvait parfaitement attendre; que, si je n'arrivais pas à huit heures, ce serait à neuf, et que, d'ailleurs, si elle n'était pas contente, je ne rentrerais pas du tout.

Sherlock, pour toute réponse, posa les mains sur mes épaules, me fixa, et dit:

15 —Ne bafouillez[4] pas, cher. Je vous avais tendu un piège. Vous sortez d'un rendez-vous!

Un frisson[5] parcourut[6] mon corps et sortit par mes cheveux, qui se dressèrent.[7]

Par bonheur, il ajouta:

20 —Mais trêve[8] de plaisanterie. Allons au restaurant. Désolé de ne pas vous emmener chez moi, mais on ne m'y attend pas. La bonne a son jour.[9]

Je me crus sauvé. Mon ami rêvait bien sur son potage,[10] mais je mettais ses rêveries sur le compte de quelque professionnel du vol à la tire[11] et du vagabondage spécial. Soudain, du pied, il cogna[12] légèrement ma cheville.

25 —Voilà la preuve, fit-il.

Cela le reprenait.

—La preuve indéniable, la preuve irréfutable, expliqua-t-il, que vous sortez bien d'un rendez-vous: vos bottines sont à demi reboutonnées: ou vous avez

---

1 Le narrateur est-il content de rencontrer Holmes? Pourquoi?

2 Pourquoi Holmes invite-t-il le narrateur au restaurant?

---

[1]Le titre «D'un Cheveu» vient de l'expression «il s'en est fallu d'un cheveu» *(to escape by a hair's breadth).*
[2]chance [3]faire... refuser de parler de quelque chose [4]parlez d'une manière embarrassée [5]shiver [6]traversa
[7]se... *stood on end* [8]assez [9]La...*The maid has her day off.* [10]soupe [11]vol... *pocket picking* [12]hit

été surpris en flagrant délit,[13] hypothèse inadmissible, car une main de femme
30 noua à loisir votre cravate, ou votre amie appartient à une famille où l'on n'use
point de tire-bouton,[14] une famille anglaise par exemple.

J'affectai de sourire.

—Toute femme, insinuai-je, a des épingles à cheveux.[15] Une épingle à
cheveux remplace avantageusement un tire-bouton.

35 —Votre amie n'en a pas, laissa-t-il tomber. Vous ignorez peut-être que
certaines Anglaises ont formé une ligue contre les épingles à cheveux.
D'ailleurs, sans chercher si loin, les femmes qui portent perruque[16] ne s'en
servent pas. Je suis payé pour le savoir. Ma femme est du nombre.[17]

—Ah! fis-je.

40 Il s'amusait évidemment à me torturer. De plus, l'imbécile m'avait placé
dos à la fenêtre, et il en venait un courant d'air[18] qui me pénétrait jusqu'aux
moelles. J'éternuai.[19] En tirant mon mouchoir,[20] j'en fis tomber un second,
orné de dentelles, un peu plus grand qu'une feuille et un peu moins grand
que ma main. Sherlock le posa sur la table, et s'abîma à nouveau dans ses
45 contemplations.

—C'est un mouchoir de femme, prononça-t-il enfin. Puis il sourit.

—Enfant! fit-il. Vous vous laissez trahir[21] par un mouchoir. Depuis Iago
et Othello, ce genre d'accessoires n'appartient plus qu'à l'opérette. Mais je
ne veux pas être indiscret. Me permettez-vous de l'examiner?

50 —Vous pouvez, balbutiai[22]-je bêtement; il est propre.

Je sifflotai[23] pour me donner une contenance, puis, comme j'avais par
cela même l'air d'en chercher une, je me tus. On aurait entendu voler les
mouches.[24] Mais les sales bêtes, intimidées, s'en gardaient bien. Mon cœur,
en quatrième vitesse, ronflait[25] au milieu de ce silence comme un moteur.
55 Sherlock but un doigt de bordeaux,[26] en rebut un second doigt, et posa un
des siens, l'index, sur le mouchoir.

—C'est la femme de quelqu'un qui se méfie et qui est malin, fit-il. Il n'a
pas d'initiales.

J'avalais de soulagement deux grands verres d'eau. Sherlock respira le
60 mouchoir, et l'approcha délicatement de mon nez.

—Qu'est-ce qu'il sent? demanda-t-il.

Il sentait le Congo[27] si affreusement qu'on pouvait prendre pour du
pigeon la bécassine faisandée de quinze jours[28] qu'on nous servait. C'était
en effet le soir de l'ouverture de la chasse.

3 Qu'est-ce que Holmes cherche à savoir et quelles preuves croit-il découvrir?

4 Que révèle Holmes sur son épouse?

5 Pourquoi le narrateur est-il appelé «enfant»?

6 Quelles sont les images qui expriment la peur du narrateur?

7 Quels sont les éléments de l'enquête de Holmes qui inquiètent vivement le narrateur?

---

[13]en… in the act, red-handed   [14]buttonhook (a small hook for pulling buttons through buttonholes, as on shoes, etc.)   [15]épingles… hairpins   [16]wig   [17]du… one of them   [18]draft   [19]sneezed   [20]handkerchief   [21]vous… let yourself be given away   [22]mumbled   [23]whistled   [24]on… You could have heard a pin drop.   [25]roared   [26]un… un petit peu de vin   [27]le… une marque de parfum   [28]bécassine… a type of bird aged for two weeks

65   —Ce qu'il sent? murmurai-je.

Heureusement, Sherlock n'écoute pas ses interlocuteurs. Les questions qu'il leur pose sont des réponses qu'il se fait.

—Pour moi, raisonna-t-il, il ne sent rien. C'est donc un parfum auquel je suis habitué. Celui du Congo, par exemple: celui de ma femme.

70   Ceux qui n'ont jamais été pris dans une machine à battre[29] ou passés au laminoir[30] ne pourront jamais concevoir quel étau[31] broyait[32] mon cœur. Je me penchai sur mon assiette et essayai de me trouver de l'appétit, dans un de ces silences qui doublent de hauteur la colonne d'air que supportent nos épaules. Sherlock continuait à me fixer.

75   —Un cheveu, fit-il.

Je me penchai vers son assiette.

—Ce n'est pas un cheveu, dis-je. Du poireau,[33] sans doute.

Sans répondre, il se leva, allongea la main vers moi et me présenta, entre le pouce et l'index, après l'avoir cueilli sur le col de mon paletot,[34] un fil
80 doré,[35] soyeux,[36] souple, bref un de ces cheveux qui font si bien sur l'épaule de l'amant, quand toutefois la tête de l'aimée est au bout.

—Eh bien, dit-il, qu'est-ce que cela?

—Ça, fis-je d'un ton que j'aurais voulu indifférent, mais qui malgré moi prenait des allures provocantes, vous l'avez dit vous-même, c'est un cheveu!

85   Il le posa sur la nappe[37] blanche. Je profitai des facilités que me donnaient le courant d'air et la rêverie de mon bourreau,[38] pour diriger un éternuement dans la direction du cheveu qui s'éleva, ondoya[39] comme un serpent sur sa queue, sans pourtant, l'infâme, quitter la table.

8 Comment le narrateur essaie-t-il de saboter l'investigation de Holmes?

—Rééternuez, commanda Sherlock Holmes, qui avait perçu évidem-
90 ment mon manège.[40]

Je la trouvai mauvaise.[41]

—Si vous tenez à ce que j'éternue, protestai-je, éternuez vous-même.

Il éternua. Le cheveu s'éleva, ondoya.

—C'est bien un cheveu de perruque, conclut-il, la racine colle[42]!

95   Le cheveu était retombé en travers et nous séparait comme un cadavre. Il me paraissait plus long encore mort que vivant.

9 Pourquoi la découverte de ce cheveu est-elle terriblement nuisible à la situation du narrateur?

Sherlock vida son verre et s'en saisit comme d'une loupe,[43] malgré mes efforts pour lui verser un chablis, d'ailleurs exécrable.

—C'est bien un cheveu de ma femme, dit-il. Je dissimulai ma terreur
100 sous le voile d'un aimable badinage.[44]

---

[29]machine… *threshing machine* [30]*rolling mill* [31]*vise* [32]écrasait, pulvérisait [33]*leek* [34]manteau court [35]de la couleur de l'or [36]*silky* [37]tissu qui couvre la table quand on mange [38]personne qui torture ou martyrise quelqu'un [39]flotta, ondula [40]*game, ploy* [41]Je… *I found the comment in poor taste.* [42]la… *the root sticks* [43]*magnifying glass* [44]*jesting*

—Eh! eh! marivaudai[45]-je, Mme Sherlock est jolie. Vous me flattez.

Il me regarda d'un air de commisération.

—Pauvre ami, fit-il, une Irlandaise qui a traîné[46] dans tous les bars.

La mort valait mieux que l'incertitude. Je n'aime pas mourir à petit
105 feu.[47] Surtout en présence d'un garçon stupide qui vous écoute en vous servant. Je congédiai[48] l'intrus dans les règles.[49]

—Et vous, fis-je en me levant et en fixant Sherlock, expliquez-vous!

C'était prendre le taureau par les cornes.[50] Mais j'aurais fait plus encore.

Mon adversaire, d'ailleurs, ne sortit pas de son ironie déférente.

110 —En deux mots, dit-il, vous sortez d'un rendez-vous et vous vous trou-
blez[51] à ma vue, donc, vous avez intérêt à ce que je ne connaisse pas celle
qui vous prodigue ses faveurs.[52] Vos bottines sont défaites, donc... vous ne
les avez pas reboutonnées. C'est le jour où ma bonne s'absente et laisse ma
femme seule. Vous sortez un mouchoir qui appartient à ma femme. Je
115 trouve sur votre épaule un cheveu de sa plus belle perruque. Donc...

10 Quelle série de déductions Holmes présente-t-il au narrateur? A-t-il raison?

Mes yeux ne firent qu'un tour. Le temps passait en raison inverse du battement de mon cœur.

—Donc, reprit Sherlock, qui me fixait toujours avec les yeux du boa qui
va engloutir[53] son bœuf... Donc... concluez vous-même.

120 Je conclus en me renversant sur mon fauteuil et en caressant fiévreuse-
ment la crosse de mon revolver, un excellent Browning à douze coups.
Quelle bêtise de ne jamais le charger[54]!

11 Pourquoi le narrateur regrette-t-il de ne pas avoir chargé son revolver?

—Donc... dit Sherlock froidement (avouez-le, mon pauvre ami, je ne
vous en veux pas), vous êtes... l'ami de ma bonne!

125 —Garçon, criai-je. Où diable vous cachez-vous! Il y a une heure que je
vous appelle! Apportez du champagne!

12 Quelle est l'ironie du dénouement de l'histoire?

---

[45]*bantered*   [46]a... est restée longtemps en un lieu peu recommandable   [47]à... lentement   [48]*dismissed*   [49]dans... comme il faut   [50]prendre... *taking the bull by the horns*   [51]vous... vous devenez très embarrassé   [52]qui... avec qui vous avez une liaison amoureuse (euphémisme)   [53]*gulp down*   [54]*load*

Pour approfondir...

1. Faites le portrait psychologique de Holmes. Selon vous, lesquels de ces traits sont particulièrement dominants? Est-ce que l'auteur en fait un personnage plutôt sympathique ou exécrable? Justifiez vos réponses avec des exemples.
2. Quel est le rapport entre les figures animales évoquées dans le texte et l'état d'âme du narrateur? Trouvez-vous ces figures amusantes, terrifiantes ou les deux à la fois? Donnez des exemples.
3. Pensez-vous que le narrateur soit une victime dans cette situation? Prenez-vous son parti dans l'histoire? Pourquoi ou pourquoi pas?
4. A votre avis, pourquoi Holmes opte-t-il pour sa solution? Est-il un détective médiocre? A-t-il d'autres motivations et si oui, lesquelles?
5. Les personnages principaux sont deux hommes qui s'affrontent à propos d'une histoire assez «masculine». Pensez-vous qu'une lectrice ait une réaction différente de celle d'un lecteur? Quelles sont ces différences? Est-ce qu'une lectrice peut toutefois apprécier cette histoire? Justifiez votre réponse.
6. Selon vous, pourquoi le titre («D'un cheveu») est-il pertinent? Quel épisode éclaire le choix du titre?

Pour écrire...

1. «Le cheveu était retombé en travers et nous séparait comme un cadavre», nous dit le narrateur. L'image fait rire par son exagération de la situation—il ne s'agit pas d'un meurtre, après tout! Dans ce conte de Giraudoux, il n'y a pas de «gros comique» (peaux de bananes, bouffonneries physiques, etc.), mais un humour plus subtil. Trouvez des passages qui vous font rire ou sourire, et essayez d'expliquer pourquoi.
2. Avez-vous déjà été dans une situation qui vous rappelle l'expression «il s'en est fallu d'un cheveu»? Décrivez la situation et expliquez comment vous avez pu échapper au danger qui vous menaçait.
3. Reconstituez la journée du narrateur en utilisant les indices évoqués par Sherlock Holmes. Où est-il allé? A qui a-t-il rendu visite? Comment la rencontre s'est-elle terminée? Où et avec qui a-t-il mangé le soir?

Pour en savoir plus...

Parmi les nombreuses œuvres romanesques et théâtrales de Jean Giraudoux (Bellac, 1882–Paris, 1944), il y a eu trois *bestsellers: Intermezzo* (1933), *Electre* (1937) et surtout *La Guerre de Troie n'aura pas lieu* (1935). Ecrite à la veille de la Seconde Guerre mondiale, cette pièce suggérait qu'il y avait un parallélisme entre le contexte antique et la situation à laquelle l'Europe était confrontée dans les années trente.

Le conflit grandissant entre la France et l'Allemagne a d'ailleurs terriblement affecté Giraudoux, car depuis sa jeunesse, il avait toujours été un grand amateur de la culture allemande. Dans *Ondine* (1939), il a inclus un poème formé de vers français et allemands, comme s'il voulait encore croire, juste avant le début des événements tragiques, qu'une réconciliation était possible.

Outre ses activités d'écrivain, Giraudoux a connu une belle carrière diplomatique.

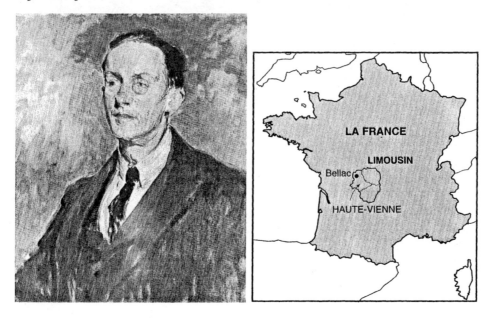

Jean Giraudoux par J. E. Blanche

L'Allumette

Charles-Louis Philippe, (1916)

Pour entrer dans le texte...

Pourquoi voyage-t-on? Est-ce pour voir du nouveau, pour élargir ses horizons, pour découvrir l'inconnu? Ou bien, est-ce plutôt pour retrouver partout la même chose? Comme pour répondre à cette question, Charles-Louis Philippe (1874–1909) raconte l'histoire d'un touriste, Henri Létang, qui s'arrête en Suisse, dans la ville de Zurich.

Si l'on en croit les stéréotypes, la Suisse est le bastion de l'ordre, et cela dans presque tous les domaines: la technologie (qui n'a jamais entendu vanter la précision des montres et des horloges suisses?!), la haute finance et la politique (le pays est une confédération équilibrée composée de vingt-trois cantons). Pays riche, politiquement neutre et volontairement isolé du reste de l'Europe (elle ne fait partie ni de l'Organisation des Nations Unies ni de la nouvelle Communauté Européenne), la Suisse représente avant tout la sécurité. Pourtant, même ici le désordre peut faire irruption, et c'est ce que découvre Henri Létang: rien qu'en allumant une simple cigarette, il met—selon l'expression—«le feu aux poudres».

17

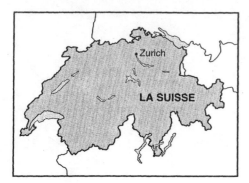

Mots-clés

appeler au secours
avoir peur de quelque chose
avoir une phobie
choquer, être choqué(e)
craindre quelque chose
échapper à un danger (à une agression, à la mort)
effrayer, être effrayé(e), effrayant(e)
s'étonner de quelque chose

faire peur à
s'inquiéter de
paniquer, être pris de panique
retrouver son calme, ses esprits, son sang-froid
se sortir d'une situation, se sortir d'affaire
surprendre

Termes littéraires

l'ambiance *(f.)*
le suspense

Pour mieux lire...

Le narrateur de *L'Allumette* se donne du mal pour créer une certaine ambiance au début de l'histoire: à la différence de la situation qui se révèle, la narration insiste sur le calme. Pendant votre lecture, essayez de noter des détails stylistiques qui contribuent à la création et au maintien de cette ambiance tranquille.

L'Allumette

Ce fut au cours d'[1]un voyage en Suisse, à Zurich, le soir même de son arrivée, que Henri Létang, en trois secondes, se trouva lancé[2] dans l'une des plus terribles aventures auxquelles un homme puisse être mêlé.[3]

5   Henri Létang arriva à Zurich par un train du soir. Il se fit conduire à son hôtel. Ayant les moyens de voyager dans d'excellentes conditions, il avait fait choix d'un de ces hôtels recommandés par les guides pour leur bonne tenue[4] et pour la qualité des personnes qui les fréquentent. Il dîna sur place, puis, se sentant un peu fatigué par une journée de chemin de
10 fer, monta à sa chambre et, quoique n'ayant pas sommeil, se coucha. Il avait un bon lit.

    Henri Létang ressemblait à beaucoup d'autres. Certes, il était venu à Zurich pour visiter cette ville, et, avant d'y arriver, se sentait même assez curieux de la connaître. Mais le soir où l'on arrive dans une ville, le senti-
15 ment que l'on a pour elle s'émousse,[5] ou mieux, ayant le temps de se satisfaire, se repose et ne lui demande que d'être présente. Henri Létang était couché dans un lit de Zurich, l'ampoule électrique qui éclairait sa chambre était l'ampoule électrique d'une chambre de Zurich. Il avait déposé son étui de fumeur[6] sur sa table de nuit. Il en sortit une cigarette, la mit à sa bouche;
20 il allait la fumer à Zurich. Cela lui suffisait.

    Ayant allumé sa cigarette, il venait de rejeter[7] son allumette, lorsqu'il fut pris d'une inquiétude, ou plutôt d'un scrupule. Cette allumette enflammée, tombant sur la descente de lit,[8] ne pouvait-elle pas provoquer un incendie? Henri Létang se pencha; il avait eu raison de regarder: en effet, l'allumette
25 n'était pas éteinte encore. Il allait se lever et chausser sa pantoufle pour l'écraser du pied, lorsque soudain, brutalement, il n'eut pas besoin de faire ce geste.

    Apparaissant avec netteté,[9] possédant cinq doigts réunis, une main cachée sous le lit en sortit, se leva, puis, s'abaissant,[10] se posa sur l'allumette
30 et en étouffa[11] la flamme.

1 Où Henri Létang est-il allé?

2 Henri Létang correspond-il à votre idée du touriste moyen? Pourquoi ou pourquoi pas?

3 Dans quel sens Henri Létang ressemble-t-il à beaucoup de touristes?

4 Pourquoi Henri s'inquiète-t-il après avoir allumé sa cigarette?

5 Comment Henri découvre-t-il qu'il y a quelqu'un sous son lit?

---

[1]au... pendant [2]se... fut mis, fut jeté [3]impliqué [4]bonne... haut standing [5]diminue [6]étui... boîte plate pour mettre un paquet de cigarettes et le transporter dans sa poche ou dans son sac [7]jeter [8]descente... petit tapis à côté du lit [9]avec... *clearly, neatly* [10]descendant [11]éteignit

Notre cerveau n'apprécie d'abord que ce que lui ont indiqué nos yeux. La première pensée qui s'empara[12] d'Henri Létang fut relative à l'action même qu'il venait de voir s'accomplir. Lorsqu'on pose la main sur un objet enflammé, on risque de se brûler. Comment avait pu faire le possesseur de 35 la main pour éviter cela? Henri Létang se dit que, sans doute, cet homme s'était mouillé[13] les doigts avec sa salive.

C'est ensuite seulement, après que le temps fut écoulé, qu'il lui fallut,[14] pour faire ce raisonnement, qu'Henri Létang put se dire:

—Un homme est sous mon lit!

40 Puis, lentement, mot à mot, lui vint cette pensée:

—Il attend que je sois endormi et me tuera pour me voler.

6 Selon Henri, pourquoi cet homme est-il là?

Lorsqu'il eut compris, pesé, touché en quelque sorte chacun des mots de cette pensée, Henri Létang n'en put avoir aucune autre. Toutes ses idées furent remplacées par un silence affreux qui, entrant soudain dans la cham-45 bre, l'emplit[15] et en fut un habitant plus terrible encore que celui qui, sous le lit, attendait son heure.[16] Henri Létang le reçut comme on reçoit un coup sur la tête. Ce fut comme s'il s'éveillait d'un long sommeil. Il se rappela une chose que depuis longtemps il avait oubliée. Il se dit:

—Ah! oui, c'est vrai, j'avais oublié que je dois mourir un jour!

7 Quelle est sa première réaction à la découverte de l'homme sous le lit?

50 Et, lorsqu'il avala sa salive, il fut surpris par un goût atroce qu'elle possédait et qui sembla, pour jamais, se fixer dans sa gorge.

—Je vais être assassiné cette nuit!

C'était comme s'il eût eu[17] dans le cou le goût déjà de son propre cadavre. Il ne le pouvait supporter.[18]

55 Parfois, doucement, pour ne pas éveiller[19] l'attention, craignant il ne savait quoi s'il eût fait du bruit, avec toutes les précautions dont il était capable, il faisait pivoter[20] sa tête autour de son cou et, avidement, lançant un coup d'œil,[21] regardait les meubles de sa chambre. Il y avait un buffet qu'il ne reconnaissait pas, une armoire, une table, des fauteuils qu'il compta 60 et qui étaient au nombre de quatre. Il faillit[22] ne pas remarquer un canapé. Mais aucun meuble ne vint à son secours.

Il fallut bien cinq minutes[23] avant que l'idée de la fatalité pût[24] faire place[25] en lui à celle d'un violent désespoir. Mon Dieu, pourquoi cela lui arrivait-il? Pourquoi en ce moment était-il à Zurich? Il eût pu[26] être, sans 65 pour cela avoir interrompu son voyage en Suisse, à Bâle, à Schaffouse, qui sont des villes dans lesquelles on ne court aucun danger. La vie est bête.

8 Pourquoi Henri regarde-t-il les meubles?

[12]se saisit par force [13]humidifié [14]qu'il… qui lui fut nécessaire [15]le remplit [16]son… le moment favorable [17]eût… avait eu [18]tolérer [19]attirer [20]tourner [21]lançant… regardant rapidement [22]était sur le point de [23]il… *it took five minutes* [24]l'imparfait du subjonctif de **pouvoir** [25]faire… être remplacé (par) [26]eût… aurait pu

Pourquoi était-il dans cette chambre? Il eût pu être dans la chambre à côté. Pourquoi surtout, avant de se coucher, n'avait-il pas eu l'idée de donner un coup d'œil sous son lit?

70   —Ah! j'en ai fait une boulette![27] se dit-il.

Il se débattit[28] comme il le put. Tout d'abord, pour se défendre, il ne trouva que les tristes pensées de la créature humaine que l'on va tuer par erreur.

—Mais je n'ai rien fait, se fût-il écrié,[29] car l'idée de la mort est en nous
75 invinciblement associée à celle du châtiment.[30]

Non, il n'avait rien fait. Il était innocent. Il sentait toute l'étendue et toute la profondeur de son innocence. Et il était un homme très bon. Il était si bon qu'il n'en voulait même pas[31] au brigand qui, caché sous son lit, lui voulait tant de mal.[32] Il eût pu[33] pourtant lui en vouloir. Mais cet homme
80 ne le connaissait donc pas! Il avait envie de lui crier:

—C'est moi, Henri Létang, que vous allez tuer! Vous vous trompez, ce ne sont pas des gens comme moi que l'on tue.

Il se sentait capable de devenir son ami. C'est par besoin d'argent que l'on embrasse[34] la profession du crime. Henri Létang avait de l'argent. Il lui
85 vint la pensée de dire à cet homme:

—Ecoutez! je sais que vous êtes sous mon lit. Ne me faites pas de mal et je vous donnerai tout ce que je possède. Je vous donnerai même davantage. Vous ne savez pas qui je suis, vous ne savez pas de quoi je suis capable. Si tout ce que j'ai sur moi ne vous suffit pas,[35] écoutez encore. Je vous fais une
90 promesse: je retournerai à Paris et, une fois là-bas, je vous enverrai la somme que vous-même voudrez bien me fixer.

Pauvre camarade étendu sous le lit! Henri Létang n'osait pas lui en vouloir, de crainte d'éveiller sa colère. Il lui était même reconnaissant de ne faire aucun bruit et de n'avoir attiré son attention que par ce geste silen-
95 cieux d'une main posée sur une allumette.

Mais il se passa bientôt ce que l'on peut appeler un événement. Henri Létang en était là de ses réflexions[36] lorsque, brusquement, au moment où il s'y attendait le moins, une joie soudaine, irrésistible et chaude et bonne le saisit.

Il fut pris à la gorge, elle entra dans sa bouche, il la sentit couler, il en
100 était plein. Il ne savait pas comment elle était venue. Il s'en fallut de peu

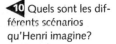

◀**9** Comment l'attitude d'Henri évolue-t-elle depuis la découverte de l'homme?

◀**10** Quels sont les différents scénarios qu'Henri imagine?

[27]j'en… j'ai fait une bêtise, quelque chose de stupide [28]se… se défendit, lutta, résista [29]se… s'était-il écrié [30]*punishment* [31]n'en… n'était même pas fâché (contre) [32]voulait… avait de très mauvaises intentions [33]eût… aurait pu [34]choisit, adopte [35]ne… n'est pas suffisant, n'est pas assez [36]en… était à cette place dans ses réflexions

qu'il ne s'écrit:[37]

—Mon Dieu, je suis sauvé!

105 Il prit bien son temps pour être plus sûr du succès, il régla[38] chaque détail, il arrêta[39] l'endroit précis où il poserait ses pieds. Il se dit même qu'il poserait sa main gauche sur la boule de cuivre de son lit. Tout était prêt, il n'y avait rien à craindre. Voici:

Henri Létang se dressa sur son séant[40] et imita d'abord ces personnes qui ont l'habitude de parler haut lorsqu'elles sont seules. Il parla pour lui-
110 même, certes, mais de façon surtout à se faire entendre[41] par tous les hommes qui eussent pu être cachés dans sa chambre. Il dit:

—Je suis bête, je crois bien que j'ai laissé ma clef sur la porte.

Il se leva. Personne ne lui sauta à la gorge. L'autre se félicitait sans doute en pensant qu'il venait d'échapper à un danger. Il avait couru le risque de
115 voir quelqu'un tourner la clef dans la serrure et entrer au moment où il accomplirait son crime.

Henri Létang ne se pressa pas, pour ne pas attirer l'attention. Il alla à la porte, l'ouvrit. Mon Dieu, il s'agissait bien[42] de sa clef! Comme il cria, comme sa voix était forte!

120 —Au secours! A l'assassin! Venez! Accourez vite!

Dix personnes étaient autour de lui déjà qu'il criait encore. Il cria plus qu'il n'était nécessaire.

On trouva le gaillard[43] couché sous le lit. Il fallut l'en sortir, car il ne fit pas un geste pour faciliter aux gens leur tâche. Lorsqu'il fut debout, il était
125 pâle, avec deux yeux brillants. Des femmes le frappèrent. Le patron de l'hô-tel ne l'avait jamais vu. Les agents de police lui passèrent les menottes.[44] Lorsqu'on l'eut entraîné,[45] lorsqu'il fut sur le chemin de la prison, tout le monde tremblait encore.

◀11 Que fait Henri pour se sauver?

◀12 Selon Henri, pourquoi l'homme caché sous le lit n'essaie-t-il pas de l'arrêter quand il se lève?

◀13 Comment était l'homme?

[37]Il s'en… Il a presque crié. [38]arrangea, prépara [39](ici) décida de [40]se… sat up [41]de… spécialement pour être entendu [42]il… il était question [43]l'homme, la personne, le type [44]handcuffs [45]emmené

Pour approfondir...

1. Que veut dire le mot **étang?** Qu'est-ce que le nom d'Henri Létang suggère?
2. Le texte crée un contraste très marqué entre le calme et le silence profond des personnages (Henri et le criminel) d'une part et l'abondance des réflexions qui se font dans leur tête, d'autre part. Relevez les divers éléments du contraste.
3. Quelle est la différence entre les deux réflexions suivantes: «j'avais oublié que je dois mourir *un jour*» et «je vais être assassiné *cette nuit*»? Comment chacune des expressions de temps en italique affecte-t-elle l'attitude d'Henri Létang devant la mort?
4. Analysez l'emploi du mot **événement** à la page 21, ligne 96. Est-il comique, objectif ou neutre? Quel sens donnez-vous habituellement au mot? Donnez un exemple de ce qui constitue un événement pour vous. Comparez-le à l'emploi qu'en fait le narrateur ici.
5. Quel est le sens du mot **fatalité?** Est-il positif ou négatif? A quoi l'associez-vous d'habitude? Dans la phrase «Il fallut bien cinq minutes avant que l'idée de la fatalité pût faire place en lui à celle d'un violent désespoir», quelle est la différence entre **fatalité** et **désespoir?** Lequel des deux sentiments a incité Henri Létang à se sortir d'affaire?
6. Comment sait-on qu'Henri Létang n'est pas la seule personne qui ait eu peur cette nuit-là?

Pour écrire...

1. Si Henri Létang n'avait pas fumé dans sa chambre d'hôtel, décrivez ce qui se serait passé cette nuit-là.
2. Racontez une expérience (réelle ou imaginaire) où vous vous êtes senti(e) en danger. A quoi avez-vous pensé? Comment vous êtes-vous sorti(e) d'affaire?
3. Décrivez la deuxième nuit d'Henri Létang dans cet hôtel. Quelles précautions va-t-il prendre?
4. Dans quel sens pourrait-on dire que nous avons tous un homme caché sous notre lit?

Pour en savoir plus...

Dans la plupart de ses romans, Charles-Louis Philippe (Cérilly, 1874–1909) a tenté de décrire avec réalisme le monde du «menu peuple». Il savait de quoi il parlait: son père était sabotier, et lui-même était petit fonctionnaire. Soucieux de résister à la tentation de tout transformer en épopée littéraire, il s'est contenté de peindre la vie rurale et urbaine des pauvres, tout en utilisant la langue populaire. Il met souvent en scène le conflit entre les riches et les pauvres, entre les «grands» et les «petits». On retient de son œuvre peu abondante surtout *Bubu de Montparnasse* (1901) et *Marie Donadieu* (1904). «L'Allumette» est tiré d'un recueil de contes intitulé *Les Contes du matin* (posth., 1916).

Charles-Louis Philippe

La Belle et la Bête

Jeanne-Marie Leprince de Beaumont, 1756

Pour entrer dans le texte...

«La Belle et la Bête» figure parmi une dizaine de contes de fées, insérés dans un ouvrage intitulé *Le Magasin des enfants,* une sorte de manuel scolaire destiné à préparer les jeunes filles à leur vie future. Très célèbre en son temps, Madame Leprince de Beaumont était vivement appréciée des admirateurs de Rousseau, pour qui les lectures à but pédagogique les plus efficaces devaient comporter une forte dose de morale. Inclus dans *Le Magasin des enfants* à titre de «récréation», ce conte réunit le merveilleux et le didactique dans un langage qui séduit par sa simplicité.

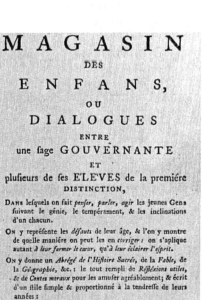

MAGASIN
DES
ENFANS,
OU
DIALOGUES
ENTRE
une sage GOUVERNANTE
ET
plusieurs de ses ÉLÈVES de la première
DISTINCTION,

DANS lesquels on fait *penser, parler, agir* les jeunes Gens suivant le génie, le tempérament, & les inclinations d'un chacun.

ON y représente les *défauts* de leur âge, & l'on y montre de quelle manière on peut les en *corriger:* on s'aplique autant *à leur former le cœur,* qu'à *leur éclairer l'esprit.*

ON y donne un *Abrégé de l'Histoire Sacrée,* de la Fable, de la *Géographie,* &c. : le tout rempli de *Réfléxions utiles,* & de *Contes moraux* pour les amuser agréablement; & écrit d'un stile simple & proportionné à la tendresse de leurs années :

PAR
Made *LE PRINCE DE BEAUMONT.*

A LONDRES,
Se vend chez J. HABERKORN, dans *Gerard-Street, Soho;*
& chez les Libraires de cette Ville.
1756.

25

Si «La Belle et la Bête» reflète certaines des idées dominantes de la société bourgeoise au milieu du dix-huitième siècle, le conte relève également d'une longue tradition narrative qui nous vient de l'antiquité et continue jusqu'à nos jours. Son thème fondamental, l'union surnaturelle d'une femme avec un monstre, est un des thèmes de la mythologie classique qui a été transmis par les traditions populaires et la littérature. Au vingtième siècle, nous sommes loin d'en avoir fini avec «La Belle et la Bête», comme le montre le grand succès des versions cinématographiques de Jean Cocteau (1945) et de Disney (1991).

Gravure tirée du *Magasin des enfants* (1756)

Mots-clés

la bague magique
la baguette magique
se cacher derrière une apparence
changer quelqu'un ou quelque chose (en)
le château
la corruption; corrompre *(verbe)*
donner sa vie pour
faire semblant (de)

la fée
la fortune; le revers de fortune
la marâtre
le prince charmant
le procès au tribunal
récompenser quelqu'un (de)
la rivalité
se sacrifier
vivre dans l'aisance, dans la gêne

Termes littéraires

le caractère
le conte (de fées)
la fonction narrative
l'intrigue *(f.)*
le narrateur, la narratrice
la tradition narrative

Pour mieux lire...

La structure de «La Belle et la Bête» est très serrée, chaque événement menant inexorablement au prochain. Pendant que vous lisez, faites une liste des objets magiques (par exemple, la bague, le miroir) et indiquez la fonction narrative de chacun, c'est-à-dire la façon dont chaque objet sert à faire avancer l'intrigue.

La Belle et la Bête

Il y avait une fois un marchand qui était extrêmement riche. Il avait six enfants, trois garçons et trois filles; et, comme ce marchand était un homme d'esprit, il n'épargna[1] rien pour l'éducation de ses enfants, et leur donna toute sorte de maîtres. Ses filles étaient très

5 belles; mais la cadette[2] surtout se faisait admirer, et on ne l'appelait, quand elle était petite, que *la belle enfant;* en sorte que le nom lui resta, ce qui donna beaucoup de jalousie à ses sœurs. Cette cadette, qui était plus belle que ses sœurs, était aussi meilleure qu'elles. Les deux aînées[3] avaient beaucoup d'orgueil, parce qu'elles étaient riches: elles faisaient les dames et

10 ne voulaient pas recevoir les visites des autres filles de marchands; il leur fallait des gens de qualité pour leur compagnie. Elles allaient tous les jours au bal, à la comédie, à la promenade, et se moquaient de leur cadette, qui employait la plus grande partie de son temps à lire de bons livres. Comme on savait que ces filles étaient fort riches, plusieurs gros marchands les

15 demandèrent en mariage; mais les deux aînées répondirent qu'elles ne se marieraient jamais, à moins qu'elles ne trouvassent[4] un duc, ou tout au moins un comte. La Belle (car je vous ai dit que c'était le nom de la plus jeune) remercia bien honnêtement ceux qui voulaient l'épouser; mais elle leur dit qu'elle était trop jeune et qu'elle souhaitait de tenir compagnie à

20 son père pendant quelques années.

Tout d'un coup, le marchand perdit son bien, et il ne lui resta qu'une petite maison de campagne, bien loin de la ville. Il dit en pleurant à ses enfants qu'il fallait aller demeurer dans cette maison, et qu'en travaillant comme des paysans, ils y pourraient vivre.[5] Ses deux filles aînées

25 répondirent qu'elles ne voulaient pas quitter la ville, et qu'elles avaient plusieurs amants qui seraient trop heureux de les épouser, quoiqu'elles n'eussent plus de fortune. Les bonnes demoiselles se trompaient;[6] leurs amants ne voulurent plus les regarder quand elles furent pauvres. Comme personne ne les aimait, à cause de leur fierté, on disait: «Elles ne méritent

◀ **1** Au début du conte, qu'est-ce qui provoque la jalousie des sœurs de la Belle?

◀ **2** Comment les sœurs emploient-elles leur temps? Et la Belle?

◀ **3** Pourquoi les sœurs refusent-elles d'épouser les marchands qui les demandent en mariage? Par contre, pourquoi la Belle refuse-t-elle de se marier?

[1]*spared* [2]*plus jeune* [3]*plus âgées* [4]à... *unless they could find* [5]y... pourraient y vivre [6]se... *were mistaken*

30 pas qu'on les plaigne;[7] nous sommes bien aises de voir leur orgueil abaissé; qu'elles aillent faire les dames en gardant les moutons.» Mais en même temps, tout le monde disait: «Pour la Belle, nous sommes bien fâchés de son malheur: c'est une si bonne fille! elle parlait aux pauvres gens avec tant de bonté! elle était si douce, si honnête!»

35 Il y eut même plusieurs gentilshommes qui voulurent l'épouser, quoiqu'elle n'eût pas un sou; mais elle leur dit qu'elle ne pouvait se résoudre à abandonner son pauvre père dans son malheur et qu'elle le suivrait à la campagne pour le consoler et lui aider[8] à travailler. La pauvre Belle avait été bien affligée d'abord de perdre sa fortune; mais elle s'était dit à elle-même:
40 «Quand je pleurerai bien fort, cela ne me rendra pas mon bien;[9] il faut tâcher[10] d'être heureuse sans fortune.»

Quand ils furent arrivés à leur maison de campagne, le marchand et ses trois fils s'occupèrent à labourer la terre. La Belle se levait à quatre heures du matin, et se dépêchait de nettoyer la maison, d'apprêter à dîner pour la
45 famille. Elle eut d'abord beaucoup de peine,[11] car elle n'était pas accoutumée à travailler comme une servante; mais au bout de deux mois elle devint plus forte, et la fatigue lui donna une santé parfaite. Quand elle avait fait son ouvrage,[12] elle lisait, elle jouait du clavecin, ou bien elle chantait en filant.[13] Ses deux sœurs, au contraire, s'ennuyaient à la mort; elles se le-
50 vaient à dix heures du matin, se promenaient toute la journée et s'amu-saient à regretter leurs beaux habits et les compagnies. «Voyez notre cadette, disaient-elles entre elles, elle a l'âme basse, et est si stupide, qu'elle est con-tente de sa malheureuse situation.» Le bon marchand ne pensait pas comme ses filles. Il savait que la Belle était plus propre que ses sœurs à
55 briller dans les compagnies. Il admirait la vertu de cette jeune fille, et surtout sa patience; car ses sœurs, non contentes de lui laisser faire tout l'ouvrage de la maison, l'insultaient à tout moment.

Il y avait un an que cette famille vivait dans la solitude lorsque le mar-chand reçut une lettre par laquelle on lui mandait[14] qu'un vaisseau, sur
60 lequel il avait des marchandises, venait d'arriver heureusement. Cette nou-velle pensa tourner la tête aux deux aînées,[15] qui croyaient qu'à la fin elles pourraient quitter cette campagne, où elles s'ennuyaient tant; et, quand elles virent leur père prêt à partir, elles le prièrent de leur apporter des robes, des palatines, des coiffures, et toutes sortes de bagatelles. La Belle ne

◀ **4** Comment la Belle réagit-elle à la nouvelle que son père a perdu sa fortune? Quelle est la réaction de ses sœurs à la perte de leur fortune?

[7]*pitied* [8]*lui... (archaïque)* l'aider [9]*richesses* [10]*essayer* [11]difficulté [12]travail [13]*spinning* [14]annonçait
[15]Cette...*This news excited the two sisters*

65 demandait rien; car elle pensait en elle-même que tout l'argent des marchandises ne suffirait pas pour acheter ce que ses sœurs souhaitaient.

«Tu ne me pries pas de t'acheter quelque chose? lui demanda son père.

—Puisque vous avez la bonté de penser à moi, lui dit-elle, je vous prie de m'apporter une rose, car il n'en vient point ici.[16]»

70 Ce n'est pas que la Belle se souciât d'une rose: mais elle ne voulait pas condamner par son exemple la conduite de ses sœurs, qui auraient dit que c'était pour se distinguer qu'elle ne demandait rien. Le bonhomme partit; mais quand il fut arrivé, on lui fit un procès pour ses marchandises; et après avoir eu beaucoup de peine, il revint aussi pauvre qu'il était auparavant. Il

75 n'avait plus que trente milles pour arriver à sa maison, et il se réjouissait déjà du plaisir de voir ses enfants; mais, comme il fallait traverser un grand bois avant de trouver sa maison, il se perdit. Il neigeait horriblement; le vent était si fort qu'il le jeta deux fois en bas de son cheval; et la nuit étant venue, il pensa qu'il mourrait de faim ou de froid, ou qu'il serait mangé par les

80 loups qu'il entendait hurler autour de lui. Tout d'un coup, en regardant au bout d'une longue allée d'arbres, il vit une grande lumière, mais qui paraissait bien éloignée. Il marcha de ce côté-là, et vit que cette lumière sortait d'un palais qui était tout illuminé. Le marchand remercia Dieu du secours qu'il lui envoyait, et se hâta d'arriver à ce château. Mais il fut bien surpris de

85 ne trouver personne dans les cours. Son cheval, qui le suivait, voyant une grande écurie[17] ouverte, entra dedans, et ayant trouvé du foin et de l'avoine,[18] le pauvre animal, qui mourait de faim, se jeta dessus avec beaucoup d'avidité. Le marchand l'attacha dans l'écurie et marcha vers la maison où il ne trouva personne; mais étant entré dans une grande salle, il y

90 trouva un bon feu et une table chargée de viandes, où il n'y avait qu'un couvert.[19] Comme la pluie et la neige l'avaient mouillé jusqu'aux os, il s'approcha du feu pour se sécher, et disait en lui-même: «Le maître de la maison ou ses domestiques me pardonneront la liberté que j'ai prise, et sans doute ils viendront bientôt.»

95 Il attendit pendant un temps considérable; mais onze heures ayant sonné sans qu'il vît personne, il ne put résister à la faim et prit un poulet, qu'il mangea en deux bouchées et en tremblant. Il but aussi quelques coups de vin, et, devenu plus hardi,[20] il sortit de la salle et traversa plusieurs grands appartements magnifiquement meublés. A la fin, il trouva une

5 Qu'est-ce que les deux aînées demandent à leur père de leur acheter avec l'argent de ses marchandises récupérées? Qu'est-ce que la Belle lui demande comme cadeau?

6 Qu'y a-t-il de mystérieux dans ce château?

16il... il n'y en a pas ici   17lieu destiné à loger les chevaux   18du foin... *hay and oats*   19*place setting*
20courageux

100 chambre où il y avait un bon lit; et comme il était minuit passé et qu'il était las,[21] il prit le parti de fermer la porte et de se coucher.

Il était dix heures du matin quand il se leva le lendemain, et il fut bien surpris de trouver un habit fort propre à la place du sien qui était tout gâté. «Assurément, dit-il en lui-même, ce palais appartient à quelque bonne fée,
105 qui a eu pitié de ma situation.»

Il regarda par la fenêtre et ne vit plus de neige, mais des berceaux de fleurs qui enchantaient la vue. Il rentra dans la grande salle où il avait soupé, et vit une petite table où il y avait du chocolat. «Je vous remercie, madame la fée, dit-il tout haut, d'avoir eu la bonté de penser à mon déjeu-
110 ner.»

Le bonhomme, après avoir pris son chocolat, sortit pour aller chercher son cheval, et, comme il passait sous un berceau de roses, il se souvint que la Belle lui en avait demandé, et cueillit une branche où il y en avait plusieurs. En même temps, il entendit un grand bruit et vit venir à lui une bête si hor-
115 rible, qu'il fut tout près de s'évanouir.

7 Que se passe-t-il quand le père coupe la rose?

«Vous êtes bien ingrat, lui dit la bête d'une voix terrible; je vous ai sauvé la vie en vous recevant dans mon château, et, pour ma peine, vous me volez mes roses, que j'aime mieux que toutes choses au monde! il faut mourir pour réparer cette faute; je ne vous donne qu'un quart d'heure pour
120 demander pardon à Dieu.»

Le marchand se jeta à genoux et dit à la bête en joignant[22] les mains: «Monseigneur, pardonnez-moi, je ne croyais pas vous offenser en cueillant une rose pour une de mes filles qui m'en avait demandé.

—Je ne m'appelle point monseigneur, répondit le monstre, mais la Bête.
125 Je n'aime pas les compliments, moi; je veux qu'on dise ce que l'on pense; ainsi ne croyez pas me toucher par vos flatteries. Mais vous m'avez dit que vous aviez des filles; je veux vous pardonner, à condition qu'une de vos filles vienne volontairement pour mourir à votre place. Partez. Et si vos filles refusent de mourir pour vous, jurez que vous reviendrez dans trois mois.»

8 Comment la Bête oblige-t-elle le père à réparer la faute qu'il a commise en lui volant une de ses roses?

130 Le bonhomme n'avait pas dessein[23] de sacrifier une de ses filles à ce vilain monstre; mais il pensa: «Au moins, j'aurai le plaisir de les embrasser encore une fois.»

Il jura donc de revenir, et la Bête lui dit qu'il pouvait partir quand il voudrait. «Mais, ajouta-t-elle, je ne veux pas que tu t'en ailles les mains vides.
135 Retourne dans la chambre où tu as couché, tu y trouveras un grand coffre vide; tu peux y mettre tout ce qu'il te plaira, je le ferai porter chez toi.»

---

[21]fatigué   [22]mettant ensemble   [23]l'intention

En même temps la Bête se retira; et le bonhomme dit en lui-même: «S'il faut que je meure, j'aurai la consolation de laisser du pain à mes pauvres enfants.»

140 Il retourna dans la chambre où il avait couché, et y ayant trouvé une grande quantité de pièces d'or, il en remplit le grand coffre dont la Bête lui avait parlé, le ferma, et ayant repris son cheval, qu'il retrouva dans l'écurie, il sortit de ce palais avec une tristesse égale à la joie qu'il avait lorsqu'il y était entré. Son cheval prit de lui-même une des routes de la forêt, et en peu

145 d'heures le bonhomme arriva dans sa petite maison. Ses enfants se rassemblèrent autour de lui; mais, au lieu d'être sensible à leurs caresses, le marchand se mit à pleurer en les regardant. Il tenait à la main la branche de roses, qu'il apportait à la Belle. Il la lui donna, et lui dit: «La Belle, prenez ces roses, elles coûteront bien cher à votre malheureux père.» Et tout de

150 suite il leur raconta l'aventure qui lui était arrivée. A ce récit, ses deux aînées jetèrent de grands cris et dirent des injures à la Belle, qui ne pleurait point. «Voyez ce que produit l'orgueil de cette petite créature! disaient-elles. Que ne demandait-elle des ajustements[24] comme nous? Mais non, mademoiselle voulait se distinguer. Elle va causer la mort de notre père, et elle ne pleure

155 pas!

—Cela serait fort inutile, reprit la Belle; pourquoi pleurerais-je la mort de notre père? Il ne périra pas. Puisque le monstre veut bien accepter une de ses filles, je veux me livrer à toute sa furie, et je me trouve fort heureuse, puisqu'en mourant j'aurai la joie de sauver mon père et de lui prouver ma

160 tendresse.

—Non, ma sœur, lui dirent ses trois frères, vous ne mourrez pas; nous irons trouver ce monstre et nous périrons sous ses coups, si nous ne pouvons pas le tuer.

—Ne l'espérez pas, mes enfants, leur dit le marchand; la puissance de

165 cette Bête est si grande, qu'il ne me reste aucune espérance de la faire périr. Je suis charmé du bon cœur de la Belle; mais je ne veux pas l'exposer à la mort. Je suis vieux, il ne me reste que peu de temps à vivre; ainsi, je ne perdrai que quelques années de vie, que je ne regrette qu'à cause de vous, mes chers enfants.

170 —Je vous assure, mon père, lui dit la Belle, que vous n'irez pas à ce palais sans moi; vous ne pouvez pas m'empêcher de vous suivre. Quoique je sois jeune, je ne suis pas fort attachée à la vie, et j'aime mieux être dévorée par ce monstre que de mourir du chagrin que me donnerait votre perte.»

9 Comment la Belle propose-t-elle de sauver son père?

[24]vêtements, parures

On eut beau dire,[25] la Belle voulut absolument partir pour le beau
175 palais, et ses sœurs en étaient contentes parce que les vertus de cette cadette
leur avaient inspiré beaucoup de jalousie. Le marchand était si occupé de la
douleur de perdre sa fille qu'il ne pensait pas au coffre qu'il avait rempli
d'or; mais, aussitôt qu'il se fut enfermé dans sa chambre pour se coucher, il
fut bien étonné de le trouver à la ruelle[26] de son lit. Il résolut de ne point
180 dire à ses enfants qu'il était devenu si riche, parce que ses filles auraient
voulu retourner à la ville, et qu'il était résolu de mourir dans cette campagne; mais il confia ce secret à la Belle, qui lui apprit qu'il était venu
quelques gentilshommes pendant son absence, et qu'il y en avait deux qui
aimaient ses sœurs. Elle pria son père de les marier; car elle était si bonne
185 qu'elle les aimait et leur pardonnait de tout son cœur le mal qu'elles lui
avaient fait. Ces deux méchantes filles se frottèrent les yeux avec un oignon
pour pleurer lorsque la Belle partit avec son père; mais ses frères pleuraient
tout de bon,[27] aussi bien que le marchand: il n'y avait que la Belle qui ne
pleurait point, parce qu'elle ne voulait pas augmenter leur douleur. Le

▶ **10** Pourquoi les sœurs se sont-elles frotté les yeux avec un oignon?

190 cheval prit la route du palais et, sur le soir, ils l'aperçurent illuminé comme
la première fois. Le cheval fut[28] tout seul à l'écurie, et le bonhomme entra
avec sa fille dans la grande salle, où ils trouvèrent une table magnifiquement
servie, avec deux couverts. Le marchand n'avait pas le cœur de manger;
mais la Belle, s'efforçant de paraître tranquille, se mit à table et le servit;
195 puis elle disait en elle-même:

«La Bête veut m'engraisser avant de me manger, puisqu'elle me fait si
bonne chère.[29]»

Quand ils eurent soupé, ils entendirent un grand bruit, et le marchand
dit adieu à sa pauvre fille en pleurant, car il pensait que c'était la Bête. La
200 Belle ne put s'empêcher de frémir en voyant cette horrible figure: mais elle
se rassura de son mieux; et le monstre lui ayant demandé si c'était de bon
cœur qu'elle était venue, elle lui dit en tremblant, que oui.

«Vous êtes bien bonne, lui dit la Bête, et je vous suis bien obligée. Bonhomme, partez demain matin et ne vous avisez jamais de revenir ici. Adieu,
205 la Belle.

—Adieu, la Bête», répondit-elle, et tout de suite le monstre se retira.

«Ah! ma fille, dit le marchand en embrassant la Belle, je suis à demi mort
de frayeur. Croyez-moi, laissez-moi ici.

---

[25]on... *they spoke in vain* [26]l'espace entre le lit et le mur [27]tout... sincèrement [28]*(ici)* est allé [29]bonne... un bon repas

—Non, mon père, lui dit la Belle avec fermeté, vous partirez demain matin, et vous m'abandonnerez au secours du ciel; peut-être aura-t-il pitié de moi.»

Ils furent se coucher, et croyaient ne pas dormir de toute la nuit; mais à peine furent-ils dans leurs lits, que leurs yeux se fermèrent. Pendant son sommeil la Belle vit une dame qui lui dit: «Je suis contente de votre bon cœur, la Belle; la bonne action que vous faites, en donnant votre vie pour sauver celle de votre père ne demeurera point sans récompense.» La Belle, en s'éveillant, raconta ce songe[30] à son père; et quoiqu'elle le consolât un peu, cela ne l'empêcha pas de jeter de grands cris quand il fallut se séparer de sa chère fille.

Lorsqu'il fut parti, la Belle s'assit dans la grande salle, et se mit à pleurer aussi; mais comme elle avait beaucoup de courage, elle se recommanda à Dieu, et résolut de ne point se chagriner pour le peu de temps qu'elle avait à vivre, car elle croyait fermement que la Bête la mangerait le soir. Elle résolut de se promener en attendant, et de visiter ce beau château. Elle ne pouvait s'empêcher d'en admirer la beauté. Mais elle fut très surprise de trouver une porte sur laquelle il y avait écrit: *Appartement de la Belle*. Elle ouvrit cette porte avec précipitation et elle fut éblouie par la magnificence qui y régnait; mais ce qui frappa le plus sa vue, ce fut une grande bibliothèque, un clavecin et plusieurs livres de musique. «On ne veut pas que je m'ennuie,» dit-elle tout bas; elle pensa ensuite: «Si je n'avais qu'un jour à demeurer ici, on ne m'aurait pas fait une telle provision.»

Cette pensée ranima son courage. Elle ouvrit la bibliothèque et vit un livre où il y avait écrit en lettres d'or: *Souhaitez, commandez; vous êtes ici la dame et la maîtresse*. «Hélas! dit-elle en soupirant, je ne souhaite rien que de revoir mon pauvre père, et de savoir ce qu'il fait en ce moment.»

Elle avait dit cela en elle-même. Quelle fut sa surprise, en jetant les yeux sur un grand miroir, d'y voir sa maison où son père arrivait avec un visage extrêmement triste! Ses sœurs venaient au-devant de lui; et, malgré les grimaces qu'elles faisaient pour paraître affligées, la joie qu'elles avaient de la perte de leur sœur paraissait sur leur visage. Un moment après, tout cela disparut, et la Belle ne put s'en empêcher de penser que la Bête était bien complaisante, et qu'elle n'avait rien à craindre d'elle. A midi, elle trouva la table mise, et pendant son dîner elle entendit un excellent concert, quoiqu'elle ne vît personne. Le soir, comme elle allait se mettre à table, elle entendit le bruit que faisait la Bête et elle ne put s'empêcher de frémir.

[30]rêve

11 Quel est le sens de ce rêve?

12 Est-ce que le père empêche sa fille de prendre sa place? Si oui, comment? Si non, pourquoi pas?

13 Quelle est l'importance de la musique et de la lecture dans ce paragraphe?

«La Belle, lui dit ce monstre, voulez-vous bien que je vous voie souper[31]?

—Vous êtes le maître, répondit la Belle en tremblant.

—Non, répondit la Bête, il n'y a ici de maîtresse que vous. Vous n'avez qu'à me dire de m'en aller, si je vous ennuie; je sortirai tout de suite. Dites-
250 moi, n'est-ce pas que vous me trouvez bien laid?

—Cela est vrai, dit la Belle, car je ne sais pas mentir; mais je crois que vous êtes fort bon.

—Vous avez raison, dit le monstre, mais outre que[32] je suis laid, je n'ai point d'esprit: je sais bien que je ne suis qu'une bête.

255 —On n'est pas bête, reprit la Belle, quand on croit n'avoir point d'esprit: un sot[33] n'a jamais su cela.

—Mangez donc, la Belle, lui dit le monstre, et tâchez de ne vous point ennuyer[34] dans votre maison; car tout ceci est à vous. J'aurais du chagrin si vous n'étiez pas contente.

260 —Vous avez bien de la bonté, dit la Belle. Je vous avoue que je suis bien contente de votre cœur; quand j'y pense, vous ne me paraissez plus si laid.

—Oh! dame,[35] oui, répondit la Bête, j'ai le cœur bon; mais je suis un monstre.

—Il y a bien des hommes qui sont plus monstres que vous, dit la Belle;
265 et je vous aime mieux avec votre figure que ceux qui avec la figure d'hommes cachent un cœur faux, corrompu, ingrat.

—Si j'avais de l'esprit, dit la Bête, je vous ferais un grand compliment pour vous remercier, mais je suis un stupide, et tout ce que je puis vous dire, c'est que je vous suis bien obligé.»

270 La Belle soupa de bon appétit. Elle n'avait presque plus peur du mons-tre; mais elle manqua mourir[36] de frayeur lorsqu'il lui dit: «La Belle, voulez-vous être ma femme?» Elle fut quelque temps sans répondre: elle avait peur d'exciter la colère du monstre en le refusant; elle lui dit pourtant en trem-blant: «Non, la Bête.»

275 Dans le moment ce pauvre monstre voulut soupirer, et il fit alors un sifflement[37] si épouvantable, que le palais en retentit; mais la Belle fut bien-tôt rassurée, car la Bête, lui ayant dit tristement «Adieu donc, la Belle», sor-tit de la chambre en se retournant de temps en temps pour la regarder encore. La Belle, se voyant seule, sentit une grande compassion pour cette
280 pauvre Bête. «Hélas! disait-elle, c'est bien dommage qu'elle soit si laide, elle est si bonne!»

14 Comment la Belle réagit-elle face à la Bête?

---

[31]dîner [32]outre… *in addition to the fact that* [33]idiot [34]de… *(archaïque)* de ne point vous ennuyer [35]*good-ness!* [36]manqua… *nearly died* [37]bruit aigu

La Belle passa trois mois dans ce palais avec assez de tranquillité. Tous les soirs, la Bête lui rendait visite, l'entretenait pendant le souper avec assez de bon sens, mais jamais avec ce qu'on appelle esprit dans le monde.[38]
285 Chaque jour, la Belle découvrait de nouvelles bontés de ce monstre. L'habitude de le voir l'avait accoutumée à sa laideur, et, loin de craindre le moment de sa visite, elle regardait souvent à sa montre pour voir s'il était bientôt neuf heures, car la Bête ne manquait jamais de venir à cette heure-là. Il n'y avait qu'une chose qui faisait de la peine à la Belle: c'est que le
290 monstre, avant de se coucher, lui demandait toujours si elle voulait être sa femme, et paraissait pénétré de douleur lorsqu'elle lui disait que non. Elle lui dit un jour: «Vous me chagrinez, la Bête; je voudrais pouvoir vous épouser, mais je suis trop sincère pour vous faire croire que cela arrivera jamais. Je serai toujours votre amie, essayez de vous contenter de cela.

295 —Il le faut bien, continua la Bête; je me rends justice. Je sais que je suis bien horrible, mais je vous aime beaucoup; cependant je suis trop heureux de ce que vous voulez bien rester ici; promettez-moi que vous ne me quitterez jamais.»

La Belle rougit à ces paroles. Elle avait vu dans son miroir que son père
300 était malade de chagrin de l'avoir perdue, et elle souhaitait le revoir. «Je pourrais bien vous promettre, dit-elle à la Bête, de ne vous jamais quitter tout à fait; mais j'ai tant d'envie de revoir mon père, dit-elle, que je mourrai de douleur si vous me refusez ce plaisir.

—J'aime mieux mourir moi-même, dit le monstre, que de vous donner
305 du chagrin. Je vous enverrai chez votre père; vous y resterez, et votre Bête en mourra de douleur.

—Non, lui dit la Belle en pleurant; je vous aime trop pour vouloir causer votre mort. Je vous promets de revenir dans huit jours. Vous m'avez fait voir que mes sœurs sont mariées et que mes frères sont partis pour l'armée.
310 Mon père est tout seul; souffrez que je reste chez lui une semaine.

—Vous y serez demain au matin, lui dit la Bête; mais souvenez-vous de votre promesse. Vous n'aurez qu'à mettre votre bague[39] sur une table en vous couchant quand vous voudrez revenir. Adieu, la Belle.»

La Bête soupira, selon sa coutume, en disant ces mots, et la Belle se
315 coucha toute triste de l'avoir affligée. Quand elle se réveilla le matin, elle se trouva dans la maison de son père; et, ayant sonné une clochette qui était à côté de son lit, elle vit venir la servante, qui fit un grand cri en la voyant. Le

◄**15** Comment est-ce que l'attitude de la Belle envers la Bête change?

◄**16** Pourquoi la Bête permet-elle à la Belle de partir?

---

[38]dans... *in society*   [39]*ring*

bonhomme accourut à ce cri, et manqua mourir de joie en revoyant sa chère fille, et ils se tinrent embrassés plus d'un quart d'heure. La Belle, après les premiers transports, pensa qu'elle n'avait point d'habits pour se lever; mais la servante lui dit qu'elle venait de trouver dans la chambre voisine un grand coffre plein de robes toutes d'or, garnies de diamants. La Belle remercia la bonne Bête de ses attentions; elle prit la moins riche de ces robes, et dit à la servante de serrer les autres, dont elle voulait faire présent à ses sœurs. Mais à peine eut-elle prononcé ces paroles que le coffre disparut. Son père lui dit que la Bête voulait qu'elle gardât tout cela pour elle; et aussitôt les robes et le coffre revinrent à la même place. La Belle s'habilla; et pendant ce temps on fut avertir ses sœurs, qui accoururent avec leurs maris. Elles étaient toutes deux fort malheureuses. L'aînée avait épousé un gentilhomme beau comme l'Amour; mais il était si amoureux de sa propre figure qu'il n'était occupé que de cela depuis le matin jusqu'au soir, et méprisait beaucoup la beauté de sa femme. La seconde avait épousé un homme qui avait beaucoup d'esprit; mais il ne s'en servait que pour faire enrager tout le monde, et sa femme toute la première. Les sœurs de la Belle manquèrent mourir de douleur quand elles la virent habillée comme une princesse et plus belle que le jour. Elle eut beau les caresser, rien ne put étouffer leur jalousie, qui augmenta beaucoup quand elle leur eut conté combien elle était heureuse. Ces deux jalouses descendirent dans le jardin, pour y pleurer tout à leur aise, et elles se disaient:

«Pourquoi cette petite créature est-elle plus heureuse que nous? Ne sommes-nous pas plus aimables qu'elle?

—Ma sœur, dit l'aînée, il me vient une pensée: tâchons de l'arrêter ici plus de huit jours; sa sotte Bête se mettra en colère de ce qu'elle lui aura manqué de parole, et peut-être qu'elle la dévorera.

—Vous avez raison, ma sœur, répondit l'autre. Pour cela, il lui faut faire de grandes caresses.»

Et ayant pris cette résolution, elles remontèrent et firent tant d'amitiés à leur sœur, que la Belle en pleura de joie. Quand les huit jours furent passés, les deux sœurs s'arrachèrent les cheveux et firent tant les affligées de son départ, qu'elle promit de rester encore huit jours.

Cependant la Belle se reprochait le chagrin qu'elle allait donner à sa pauvre Bête, qu'elle aimait de tout son cœur, et elle s'ennuyait de ne plus la voir. La dixième nuit qu'elle passa chez son père, elle rêva qu'elle était dans le jardin du palais, et qu'elle voyait la Bête couchée sur l'herbe et prête à mourir, qui lui reprochait son ingratitude. La Belle se réveilla en sursaut et

17 Comment sont les maris des deux sœurs?

18 Pourquoi les sœurs veulent-elles que la Belle prolonge son séjour?

versa des larmes. «Ne suis-je pas bien méchante, disait-elle, de donner du chagrin à une bête qui a pour moi tant de complaisance? Est-ce sa faute si elle est laide et si elle a si peu d'esprit? Elle est bonne, cela vaut mieux que tout le reste. Pourquoi n'ai-je pas voulu l'épouser? Je serais plus heureuse
360 avec elle que mes sœurs avec leurs maris. Ce n'est ni la beauté ni l'esprit d'un mari qui rendent une femme contente; c'est la bonté du caractère, la vertu, la complaisance; et la Bête a toutes ces bonnes qualités. Je n'ai point d'amour pour elle; mais j'ai de l'estime, de l'amitié et de la reconnaissance. Allons, il ne faut pas la rendre malheureuse; je me reprocherais toute ma vie
365 mon ingratitude.»

    A ces mots, la Belle se lève, met la bague sur la table, et revient se coucher. A peint fut-elle dans son lit, qu'elle s'endormit, et quand elle se réveilla le matin, elle vit avec joie qu'elle était dans le palais de la Bête. Elle s'habilla magnifiquement pour lui plaire, et s'ennuya à mourir toute la
370 journée, en attendant neuf heures du soir; mais l'horloge eut beau sonner, la Bête ne parut point. La Belle, alors, craignit d'avoir causé sa mort. Elle courut tout le palais en jetant de grands cris; elle était au désespoir. Après avoir cherché partout, elle se souvint de son rêve, et courut dans le jardin vers le canal, où elle l'avait vue en dormant. Elle trouva la pauvre Bête éten-
375 due sans connaissance, et elle crut qu'elle était morte. Elle se jeta sur son corps, sans avoir horreur de sa figure; et sentant que son cœur battait encore, elle prit de l'eau dans le canal, et lui en jeta sur la tête.

    La Bête ouvrit les yeux, et dit à la Belle: «Vous avez oublié votre promesse: le chagrin de vous avoir perdue m'a fait résoudre à me laisser
380 mourir de faim; mais je meurs content, puisque j'ai le plaisir de vous revoir encore une fois.»

    —Non, ma chère Bête, vous ne mourrez point, lui dit la Belle; vous vivrez pour devenir mon époux;[40] dès ce moment, je vous donne ma main, et je jure que je ne serai qu'à vous. Hélas! je croyais n'avoir que de l'amitié
385 pour vous, mais la douleur que je sens me fait voir que je ne pourrais vivre sans vous voir.»

    A peine la Belle eut-elle prononcé ces paroles qu'elle vit le château brillant de lumières: les feux d'artifice, la musique, tout lui annonçait une fête; mais toutes ces beautés n'arrêtèrent point sa vue; elle se retourna vers sa
390 chère Bête, dont le danger la faisait frémir. Quelle fut sa surprise! la Bête avait disparu, elle ne vit plus à ses pieds qu'un prince plus beau que

▶**19** Pourquoi la Belle retourne-t-elle chez la Bête?

◀**20** Pourquoi la Bête est-elle mourante?

[40]mari

l'Amour, qui la remerciait d'avoir fini son enchantement. Quoique ce prince méritât toute son attention, elle ne put s'empêcher de lui demander où était la Bête.

395 «Vous la voyez à vos pieds, lui dit le prince. Une méchante fée[41] m'avait condamné à rester sous cette figure jusqu'à ce qu'une belle fille consentît à m'épouser, et elle m'avait défendu de faire paraître mon esprit. Ainsi, il n'y avait que vous dans le monde assez bonne pour vous laisser toucher à la bonté de mon caractère; et en vous offrant ma couronne, je ne puis m'ac-
400 quitter des obligations que je vous ai.»

La Belle, agréablement surprise, donna la main à ce beau prince pour le relever. Ils allèrent ensemble au château, et la Belle manqua mourir de joie en trouvant dans la grande salle son père et toute sa famille, que la belle dame qui lui était apparue en songe avait transportés au château.

405 «Belle, lui dit cette dame, qui était une grande fée, venez recevoir la récompense de votre bon choix: vous avez préféré la vertu à la beauté et à l'esprit, vous méritez de trouver toutes ces qualités réunies en une seule personne. Vous allez devenir une grande reine: j'espère que le trône ne détruira pas vos vertus. Pour vous, mesdames, dit la fée aux deux sœurs de la Belle,
410 je connais votre cœur et toute la malice qu'il renferme. Devenez deux statues; mais conservez toute votre raison sous la pierre qui vous enveloppera. Vous demeurerez à la porte du palais de votre sœur et je ne vous impose point d'autre peine que d'être témoins de son bonheur. Vous ne pourrez revenir dans votre premier état qu'au moment où vous reconnaîtrez vos
415 fautes; mais j'ai bien peur que vous ne restiez toujours statues. On se corrige de l'orgueil, de la colère, de la gourmandise et de la paresse; mais c'est une espèce de miracle que la conversion d'un cœur méchant et envieux.»

Dans le moment, la fée donna un coup de baguette[42] qui transporta tous ceux qui étaient dans cette salle dans le royaume du prince. Ses sujets le
420 revirent avec joie; et il épousa la Belle, qui vécut avec lui fort longtemps et dans un bonheur parfait, parce qu'il était fondé sur la vertu.

21 Qu'est-ce qui met fin à l'enchantement de la Bête?

22 Quelles sont les transformations qui ont lieu à la fin de l'histoire?

---

[41]*fairy*   [42]petit bâton avec lequel les fées opèrent leurs enchantements

Pour approfondir...

1. Que pensez-vous du traitement que la Bête accorde à la Belle?
2. Quels traits de caractère ou quel comportement associe-t-on avec une bête?
3. Commentez les paroles suivantes: «Il y a bien des hommes qui sont plus mons-tres que vous; et je vous aime mieux avec votre figure que ceux qui, avec la figure d'homme, cachent un cœur faux, corrompu, ingrat.»
4. Qu'est-ce que ce conte dit au sujet des qualités morales et physiques?
5. Quelles leçons morales peut-on tirer de ce conte?
6. Etes-vous d'accord avec ces leçons? Sont-elles valables pour l'homme ou la femme du vingtième siècle?

Pour écrire...

1. Discutez du thème du voyage dans le conte. Quels genres de découverte la Belle fait-elle? Y a-t-il deux voyages: un voyage intérieur et un voyage extérieur?
2. Quelles qualités physiques ou morales recherchez-vous dans un(e) conjoint(e)? Expliquez et justifiez vos choix.
3. Ecrivez votre propre conte merveilleux en y incorporant une leçon morale. N'oubliez pas que les meilleurs contes de fées sont ceux qui sont capables de plaire et d'instruire à la fois.

Pour en savoir plus...

Jeanne-Marie Leprince de Beaumont (Rouen, 1711–Annecy, 1780) a épousé en 1743 un certain M. de Beaumont, qui était reconnu comme un libertin débauché. Le mariage ayant été annulé deux ans plus tard, Mme de Beaumont est allée à Londres où elle a passé près de vingt ans comme gouvernante de jeunes filles anglaises. Ecrivain fécond, elle a publié plus de soixante-dix livres avant sa mort en 1780. Parmi ses écrits, il y a toute une série d'ouvrages pédagogiques: *Le Magasin des enfants* (1756), *Le Magasin des adolescents* (1760), *Le Manuel de la jeunesse* (1773) et *Le Magasin des dévotes* (1779).

Jeanne-Marie Leprince de Beaumont

La Machine à détecter tout ce qui est américain

Roch Carrier, 1979

Pour entrer dans le texte...

Avant que la province francophone du Québec ne soit passée par la «révolution tranquille» dans les dix ans qui ont suivi la Deuxième Guerre mondiale, la vie de la province était presque exclusivement rurale. La majorité des francophones vivaient très simplement dans leurs petits villages, pauvres, isolés, loin des grandes villes. Ceux qui étaient employés dans l'industrie étaient exploités par la caste patronale anglophone, parce qu'ils ne parlaient pas anglais. De plus, il n'y avait pratiquement pas de participation francophone dans le monde de la politique à Ottawa. Le commerce, l'industrie et le monde des finances étaient dominés par les anglophones et, entre autres, par les financiers américains. Le clivage entre les riches anglophones et les Québécois pauvres était donc renforcé par la différence de langue (français/anglais), de religion (catholique/protestant), de culture (rurale et d'origine française/ industrielle et américanisée) et de pouvoir politique.

41

Dans le texte qui suit, l'auteur raconte un souvenir de jeunesse: une partie de pêche avec son ami Lapin près du village de son enfance. Le prestige de tout ce qui est américain, en même temps que la conscience de ce qui appartient de droit aux Québécois, met les protagonistes en face d'un problème moral. Comment le résoudre? C'est dans le cadre délimité par leur culture que les enfants feront leur choix final.

e Québec

Au seizième siècle, le Français Jacques Cartier a pris possession du Canada «au nom de Dieu et du Roi» (François 1er). Un siècle plus tard, Samuel de Champlain a fondé la ville de Québec où s'est formée une colonie française. En 1763, après une guerre avec les troupes anglaises au Canada, Louis XV a cédé la Nouvelle-France à l'Angleterre. Les Canadiens francophones se sont donc retrouvés «colonisés» par l'environnement anglophone qui les entourait. Mais ils ont toujours lutté pour défendre et maintenir leur identité culturelle et linguistique. Dans cette lutte, l'église catholique a joué un grand rôle de soutien pour les francophones. Après la Deuxième Guerre mondiale, les Québécois ont encouragé le progrès économique dans tous les domaines et lutté pour la survie de la langue et celle de la communauté francophone. En 1977, le français est devenu la seule langue officielle du Québec. Depuis plusieurs années, la province de Québec se trouve au centre d'une polémique qui divise la Confédération des provinces canadiennes sur le statut du Québec. Les séparatistes francophones remettent régulièrement en question leur attachement au reste du Canada. Mais jusqu'à présent, la «belle province» a choisi par référendum de rester intégrée à la Confédération.

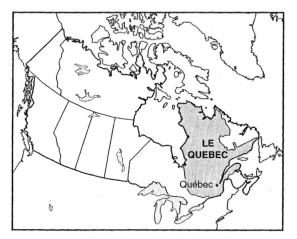

Mots-clés

aller à la pêche ou à la chasse
la conscience; avoir mauvaise conscience
distinguer le bien du mal
s'excuser; se faire pardonner
la faute
la fessée; le châtiment corporel

le mensonge; mentir, ou dire un mensonge
le péché; faire ou commettre un péché
se repentir; confesser ou avouer une
  faute
se sentir coupable; ressentir de la culpabilité

Termes littéraires

la perspective narrative
le stéréotype

Pour mieux lire...

Dans les deuxième et troisième paragraphes de la nouvelle, faites une liste complète
des *noms* et des *adjectifs* utilisés pour caractériser les Américains, et de ceux utilisés
pour caractériser les Québécois. Qu'en concluez-vous?

La Machine à détecter tout ce qui est américain

Au bas de la montagne, deux ou trois ruisseaux gigotaient[1] parmi les aulnes.[2] L'eau était très claire. Nous pouvions y voir les goujons,[3] les choisir, les regarder mordre à l'hameçon.[4] Il était impossible de revenir bredouille.[5]

5   Au printemps, dès que la neige avait disparu, les Américains revenaient, comme nous disions, avec leurs voitures, plus grosses que celle du curé, auxquelles étaient attachées de merveilleuses chaloupes.[6] Les Américains venaient pêcher. Avec leurs grosses chaloupes, ils ne s'aventuraient pas dans nos trois petits ruisseaux, non, ils allaient plus loin, dans les
10 montagnes, pêcher dans un lac qui leur appartenait. Puisque les Américains venaient de si loin pêcher dans ce lac, les truites y étaient plus longues que dans tous les lacs des Etats-Unis. Cela ne faisait aucun doute pour nous.[7]

Ces magnifiques chaloupes, ces voitures dont les plaques[8] portaient des noms comme des mots magiques, et ces riches messieurs fumant de gros
15 cigares ne s'arrêtaient jamais; ils traversaient notre village comme s'il n'avait pas existé. Les Américains étaient pressés d'aller, comme disaient les hommes du village, «pêcher les truites à la pelle[9]».

J'eus une illumination que je confiai à mon ami Lapin:[10] nous ne devions pas nous contenter de nos goujons grisâtres; nous devions avoir
20 plus d'ambition: nous devions aller pêcher dans le lac des Américains.

—Nous n'avons pas le droit, me dit-il, ce lac-là est aux Américains, mais les truites sont longues comme ça, soupira mon ami Lapin, pêcheur astucieux.

Nous allâmes prendre nos fils à pêche; Lapin remplit ses poches de vers
25 et, au bord de la route, nous attendîmes que passe une voiture dans la direction du lac des Américains. Une heure plus tard, le vieux camion d'Onésime nous avait conduits à l'entrée du lac des Américains. Sur la barrière, on avait écrit: DÉFENSE DE PÊCHÉ, NO FISHING. La barrière escaladée, nous sui-

▶1 Que font ces enfants au bord du ruisseau?

▶2 Pourquoi les Américains viennent-ils au Canada?

▶3 Où veulent-ils aller pêcher? Pourquoi?

▶4 Comment vont-ils au lac des Américains?

[1]coulaient avec mouvement [2]type d'arbre qui pousse près de l'eau [3]type de petits poissons [4]hook [5]sans poissons [6]bateaux à moteur [7]Cela… Nous n'en doutions pas. [8]plaques minéralogiques avec le numéro de la voiture et l'identification de l'Etat [9]à… en grande quantité [10]le nom de l'ami du narrateur

vîmes le chemin qui menait au lac, un chemin large pour les grosses
30 voitures, un chemin mieux construit que nos routes de campagne. Le lac
était beau comme ceux qui ornaient[11] les calendriers. Il était désert. Aucun
Américain n'y pêchait dans sa grosse chaloupe. Embusqués[12] derrière un
arbre, Lapin et moi, nous épiâmes.[13] Sûrs que nous étions seuls, nous nous
avançâmes vers le quai où étaient réunis quelques canots:

35   —As-tu déjà avironné[14]? me demanda Lapin. Non? Moé[15] non plus.

—Ça se voit ben[16] que nos pères étaient pas des Sauvages.

En canot sur le lac des Américains, nous appâtâmes[17] nos hameçons et
nous commençâmes à pêcher. Bientôt je dis à Lapin:

—Si on arrête pas, il va falloir sortir du canot pour faire de la place aux
40 truites.

—Détalons,[18] dit Lapin, avant de nous faire prendre.[19]

Revenus à la rive, nous enfilâmes[20] nos truites par les ouïes dans de fines
fourches d'aulne. Et nous courûmes jusqu'à la route où nous marchâmes
avec l'air de ne pas sortir du lac des Américains. A peine avions-nous par-
45 couru un arpent,[21] Onésime revenait dans son vieux camion. Nous nous
précipitâmes avec nos truites dans le taillis,[22] mais il nous avait aperçus et il
s'arrêta. Nous étions obligés de monter avec lui.

—Vous avez de belles truites…

—On les a trouvées dans un petit ruisseau caché, dit Lapin.

50 Onésime fronça ses gros sourcils gris d'homme qui a de l'expérience.
Nous baissâmes les yeux en rougissant.

—Vous avez ben fait, les enfants: voler les truites des Américains, c'est
pas un péché… C'est seulement de la contrebande. Vous savez qu'est-ce que
c'est la contrebande? Faites-vous pas[23] prendre, les enfants, comme y en a[24]
55 qui se sont fait prendre aujourd'hui. Le Code, c'est le Code.[25]

Onésime nous raconta les événements. Notre village était situé à quelques
milles de la frontière américaine. Il y avait là un poste de douanes, une simple
cabane. Le douanier ne travaillait que le jour. Il voyait plus de lièvres que de
voyageurs. Un homme avait profité de la nuit pour passer en contrebande
60 plusieurs douzaines de paquets de cigarettes américaines, dans le but de les
revendre au village. Au matin, le douanier s'était présenté chez le contrebandier, il avait confisqué les cigarettes et même les clefs de sa voiture.

◀ **5** Le narrateur et son copain ont-ils de la chance à la pêche? Comment le savez-vous?

◀ **6** Que pense Onésime de ce que les enfants ont fait?

---

[11]décoraient [12]cachés [13]observions très attentivement et secrètement [14]*(mot canadien)* manœuvré/utilisé les avirons *(oars)* pour faire avancer une barque [15]moi *(forme dialectale)* [16]bien *(forme familière)* [17]mîmes (de **mettre**) les vers au bout du fil pour attirer le poisson [18]partons vite [19]nous… être attrapés/pris par la police ou les autorités en général [20]mîmes (de **mettre**) sur un fil (une petite branche d'arbre, dans ce cas-ci) [21]mesure agraire (au Canada, mesure équivalente à 191,8 pieds anglo-saxons) [22]petit bois [23]Faites… Ne vous faites pas prendre/Ne vous faites pas attraper par la police/les autorités [24]y… il y en a [25]Code de la loi: ensemble des lois

—Je pense, conclut mon oncle Onésime, qu'il va être obligé de se promener à bicyclette pour un bon bout de temps.[27] A moins qu'il aille en

65 prison… C'est grave, la contrebande… Mais j'penserais pas que l'homme va être pendu…

—Comment le douanier a pu savoir que l'homme avait traversé la frontière avec des cigarettes?

—Le douanier a une machine à détecter tout ce qui est américain.

70 Lapin et moi ne parlions pas. Mais nous pensions à la même chose. Apporter au village des cigarettes américaines, c'était une faute punie par la loi; apporter au village des truites pêchées dans le lac des Américains, ça devait être semblablement une faute punie par la loi.

Devant l'église, Onésime s'arrêta.

75 —Descendez icitte,[28] les enfants, moé je tourne. Méfiez-vous du Code!

Lapin fourra[29] le paquet de truites sous son chandail[30] et nous sautâmes sur le trottoir en empruntant l'assurance de ceux qui n'ont rien à se reprocher. Avec nos truites cachées sous son chandail, Lapin avait une poitrine aussi grosse que celle de Pierrette. Il ne pouvait pas se promener

80 longtemps avec cette bosse dans son chandail. Devant les fleurs du parterre de M. Rancourt, mon ami Lapin dit:

—Jetons les truites dans les fleurs.

—Non! non! Quelqu'un va les trouver. Le douanier, avec sa machine, va savoir qu'on les a mises là.

85 Que faire?[31] Lapin s'assit au bord du trottoir, les bras croisés pour cacher la bosse des truites. Je l'imitai. Il ne nous restait qu'à penser.

—Ces truites-là, c'est à nous. C'est nous qui les avons pêchées, avec nos propres mains et nos propres vers.

—Oui, mais on les a pêchées dans le lac des Américains.

90 —Oui, mais le lac, i'[32] est dans *notre* pays, dans *notre* forêt.

—Oui, mais le lac appartient aux Américains. Si on apporte dans le village quelque chose qui appartient aux Américains, c'est de la contrebande.

Avec sa machine, conclut Lapin, le douanier connaît ceux qui font de la contrebande.

95 Nous étions pris au piège. Nous pouvions encore, avec nos truites, courir à l'église. Cachés derrière l'orgue,[33] nous attendîmes. Nous priâmes et nous attendîmes. Dieu allait-il se porter au secours[34] de deux enfants si fervents ce jour-là? Aux grandes fenêtres, nous vîmes la lumière pâlir. Il faisait déjà

▶ **7** Comment va-t-on punir ce contrebandier?

▶ **8** Quel est leur dilemme?

▶ **9** Où les enfants vont-ils finalement se cacher? Pourquoi?

[27]pour… assez longtemps [28]ici *(forme dialectale)* [29]mit (de **mettre**) [30]*sweater* [31]Que… Que pouvons-nous faire? [32]il *(forme raccourcie par la prononciation)* [33]*organ* [34]se… aider/secourir

nuit dans l'église alors que la terre était encore éclairée. Devions-nous
100 passer la nuit dans notre cachette? La nuit, l'église devait ressembler à une
caverne profonde, avec les lampions[35] comme des feux follets.[36] Le sacristain commença son tour d'inspection avant de fermer l'église à clef. Nous
serions prisonniers jusqu'au matin.

—La machine du douanier va savoir qu'on est icitte, mais i' va attendre
105 après la nuit pour nous ramasser.[37]

Nous ne voulions pas passer la nuit dans l'église. Avec tous les saints, les
damnés, les démons, les anges et les âmes du purgatoire, sait-on ce qui peut
se passer, la nuit? Une église, la nuit, ce peut être le ciel, ce peut être l'enfer
aussi. Lapin et moi avions les larmes aux yeux.

110 —Le dernier espoir qui nous reste, c'est la confession, l'aveu complet de
nos fautes…

—Pis[38] le ferme regret de pus[39] commettre le péché, ajouta Lapin.

Sur la pointe des pieds, silencieux comme des anges, pour échapper au
sacristain, nous sortîmes de derrière l'orgue, puis de l'église et nous
115 courûmes chez le douanier.

On vous rapporte des truites de contrebande, dis-je faiblement,
vaincu, coupable.

Le douanier les examina d'un œil connaisseur.

—Vous les avez pas évidées[40]…

120 —On savait pas que c'était dans le Code, s'excusa mon ami Lapin.

—Ça fait rien. Merci ben, les enfants. J'avais justement envie de manger
de bonnes truites… Ma femme, fais-les rôtir dans le beurre. Ben du[41]
beurre! Pis de l'ail[42]!

◄**10** Pourquoi seraient-
ils prisonniers?

◄**11** Pourquoi ne
restent-ils pas dans leur
cachette? Y voyez-vous
plusieurs raisons?

◄**12** Quelle est la réaction du douanier?

---

[35]petites lampes qui brûlent avec de l'huile [36]feux… petites flammes légères et fugitives [37]prendre *(ici dans le contexte)* [38]puis *(forme raccourcie par la prononciation)* [39]de… de ne plus [40]nettoyées à l'intérieur/vidées à l'intérieur [41]Ben… Beaucoup de [42]*garlic*

Pour approfondir...

1. Qu'y a-t-il de drôle dans la consigne «Défence de pêché» écrite sur la barrière devant le lac des Américains?
2. Pourquoi Onésime invente-t-il cette machine au lieu de dénoncer les enfants?
3. Quel lien y a-t-il entre la machine et l'église?
4. Dans quel sens peut-on dire que «la machine à détecter tout ce qui est américain» existe réellement?
5. Pourquoi les enfants décident-ils de se dénoncer?
6. Que pensez-vous de la réaction du douanier?
7. A votre avis, que signifie toute cette histoire racontée de la perspective de deux enfants québécois? Dans quelle mesure cette perspective déforme-t-elle les événements racontés? Quel âge donnez-vous à ces enfants?

Pour écrire...

1. Décrivez quelques stéréotypes culturels que vous avez rencontrés dans votre vie. Qu'en pensez-vous? Sont-ils totalement faux? Expliquez.
2. Vous est-il arrivée une aventure semblable à celle des deux protagonistes quand vous étiez petit(e)? Expliquez.
3. Pourrait-on dire que dans cette histoire, la crédulité des uns fait le profit des autres? Comment pourrait-on appliquer cette idée à l'ancienne situation du Québec avant «la révolution tranquille»?

Pour en savoir plus...

Roch Carrier est un écrivain très célèbre au Québec. Il est né en 1937 et depuis 1964, il publie régulièrement des romans, des pièces de théâtre, des contes pour lesquels il a remporté plusieurs grands prix littéraires. Son premier roman, *La Guerre, yes sir!*, a eu un énorme succès. Très engagé politiquement, il prend la défense des pauvres et des faibles et s'élève contre tous les abus.

«La Machine à détecter tout ce qui est américain» est tiré de son recueil de contes intitulé *Les Enfants du bonhomme dans la lune,* publié en 1979 et traduit en anglais la même année. Il a d'abord raconté toutes ces histoires comme des anecdotes à des amis. Puis, on lui a demandé de les raconter à la radio. Un public enthousiaste a enregistré, transcrit et copié toutes ces anecdotes. Lorsque Roch Carrier a découvert qu'elles étaient lues et analysées dans les écoles et les universités, il a enfin décidé d'en faire un livre.

Dans ce recueil, il se souvient de la vie au village de son enfance et recrée le monde adulte à travers l'interprétation attentive, naïve, mais souvent juste des enfants.

Roch Carrier

Une Consultation ou Les Rôles inversés

Jean Tardieu, 1966

Pour entrer dans le texte...

A partir des années cinquante, le théâtre français a exploré de façon différente les possibilités de l'imagination et du langage. Certains auteurs ont créé des pièces absurdes à partir de situations réelles, habituelles, qui font partie de notre vie ordinaire. Avec des moyens très simples, comme un renversement de rôles, une interprétation littérale des mots, une accumulation de vocabulaire étranger à la situation, ils ont développé une logique de l'absurde qui mêle le comique à l'étrange ou même dans certains cas à l'horrible, mettant le spectateur en état de choc. De cette façon, nous sommes obligés de nous poser des questions sur les formes habituelles de notre vie quotidienne, sur nos actions et réactions de tous les jours et sur les valeurs traditionnelles de notre société.

Vous connaissez, pour l'avoir vécue et expérimentée, la situation du malade qui va voir son médecin. Vous savez ce qu'on fait et ce qu'on ne fait pas dans cette circonstance. Mais que se passe-t-il si l'une des deux personnes ne suit pas les règles? Ou si l'une des deux ne reste pas dans son rôle? C'est sur cette route fantastique que nous emmène Jean Tardieu...

Mots-clés

avoir mal à la tête, au dos, etc.
le cabinet
consulter
la crise
le diagnostic
la douleur
halluciner

le médicament
le psychiatre
le remède
la scène
souffrir
le symptôme

Termes littéraires

le comique
le personnage
la scène

Le Malade imaginaire de Honoré Daumier

Pour mieux lire...

Quand un malade va voir son médecin, comment se passe la visite ordinairement?
Faites une liste des actions que font normalement un malade et un docteur lors d'une consultation médicale. Au fur et à mesure que vous lisez ce texte, comparez votre liste avec les actions des deux personnages. Qu'en concluez-vous?

Une Consultation ou Les Rôles inversés

Personnages

LE PRÉSENTATEUR
LE DOCTEUR
LE MALADE
(*Note:* LE DOCTEUR et LE MALADE sont, tous deux, d'âge moyen et d'aspect
excessivement nerveux. Ils sont en proie à[1] des tics. Souvent même ils sont au bord
de l'exaspération.[2])

Quels traits distinctifs le docteur et le malade partagent-ils?

LE PRÉSENTATEUR

Du médecin et de son client, qui est le plus malade? C'est là une vieille
question. Et une vieille plaisanterie! Surtout en matière de psychologie et de
psychiatrie.

5   On peut imaginer tout ce qu'on veut: par exemple, que le psychiatre est
devenu un peu fou à force de[3] fréquenter ses malades. Ou bien, au contraire, que, s'il a choisi cette branche de la médecine, c'est qu'il avait des
problèmes avec son propre esprit et qu'il était plus curieux, plus impatient
qu'un autre de connaître les causes des maladies mentales.

D'après le présentateur, qu'est-ce qui pourrait expliquer la parenté secrète entre un médecin et son client?

10 Peu importe:[4] la farce qui suit joue sur ce rapport—ou cette parenté
secrète—entre LE DOCTEUR et son client, qu'il voit cependant pour la première fois.

La scène représente le cabinet de consultation[5] du médecin. Au lever du
rideau, celui-ci, à sa table de travail, rédige[6] et range nerveusement des
15 fiches[7] de malades.

Bruit d'une sonnerie de porte d'entrée. Bourdonnement[8] de voix dans le
couloir. La bonne a ouvert la porte, a demandé au visiteur de lui rappeler son
nom. Puis on frappe à la porte du cabinet.

---

[1]en… tourmentés par   [2]au bord… presque totalement exaspérés   [3]à… à cause de l'habitude de   [4]peu… cela n'a pas
d'importance   [5]cabinet… bureau où le médecin reçoit ses clients   [6]écrit   [7]notes, formulaires   [8]bruit sourd comme
celui de l'insecte (le bourdon [*bumblebee*])

LE DOCTEUR, *se levant*

20 Entrez!

LE MALADE, *entrant*

Bonjour, docteur!

LE DOCTEUR

Je vous attendais. Bonjour, monsieur! *(Bruit de porte qui se referme.)*
25 Asseyez-vous, je vous en prie!… Là, sur ce fauteuil.[9]

LE MALADE

Un fauteuil, dites-vous, docteur? Un fauteuil? Oui! *(Un soupir, puis pensive-ment)* Mais qu'est-ce qu'un fauteuil?

> **3** Qu'est-ce qui sug-gère que ce malade n'est pas des plus ordi-naires?

LE DOCTEUR, *avec une bonne humeur rassurante*

30 Un fauteuil est un fauteuil.

LE MALADE

Sait-on jamais? Qu'est-ce qu'un fauteuil peut cacher?… Ah! le doute, doc-teur, le doute!

LE DOCTEUR

35 Un peu déprimé, je pense? Anémie? Surmenage[10]? Décalcification[11]? Nous allons voir tout cela! Veuillez[12] vous défaire[13]!

> **4** Pourquoi le docteur se pose-t-il ces ques-tions?

LE MALADE, *brusquement*

Une minute, je vous prie, docteur! Je voudrais d'abord vous poser quelques questions.

40

LE DOCTEUR, *étonné*

Des questions?… A moi?… Comment?… Mais vous renversez les rôles, monsieur!

LE MALADE

Pas du tout! Pas du tout! Mais pas du tout, du tout, du tout! N'êtes-vous pas
45 médecin? Oui. Bon. Eh bien! *Mes* questions vous renseigneront[14] sur *mes*

---

[9]chaise confortable   [10]stress   [11]*loss of calcium*   [12](subjonctif du verbe **vouloir**) je vous prie de   [13]déshabiller
[14]informeront

problèmes. C'est logique!… Et d'abord, docteur, voyons, sincèrement, entre nous: qu'est-ce que la maladie?

LE DOCTEUR

Mais, cher monsieur! Il me faudrait toute une vie pour répondre à une telle
50 question!

LE MALADE, *triomphant*

Ah! ha! toute une vie! Toute une vie, dites-vous! *(Dangereusement insinuant)* Laquelle? La mienne peut-être, hein?

LE DOCTEUR

55 Voyons, monsieur! cessons ce jeu, je vous en prie! Et parlons sérieusement!

LE MALADE

Je suis on ne peut plus sérieux.[15] Voyez-vous, docteur, si vous ne pouvez me dire ni ce que c'est qu'un fauteuil, ni ce que c'est que la maladie, ni, par conséquent, la santé, alors je vous demanderai: qu'est-ce que la vérité? Et notez
60 que je ne serai pas le premier à poser cette question! Ah non! Le premier! Non! Non! Pas le premier! Certes non!

LE DOCTEUR, *catégorique et commençant à s'impatienter*

Enfin, monsieur! Etes-vous, oui ou non, vous en tant que[16] malade, venu me consulter, moi, en tant que médecin?

65
LE MALADE, *diabolique*

Justement! Justement! Docteur. Toute la question est là: si vous ne pouvez me donner aucun éclaircissement,[17] ni sur la maladie, ni sur la santé, ni sur la vérité (ni sur l'erreur, bien entendu), que puis-je attendre,[18] moi le malade, de vous le médecin?

70
LE DOCTEUR, *sèchement*[19]

Je vous l'ai déjà dit, monsieur: tout ceci est absurde. Encore une fois, veuillez vous déshabiller!

5 Selon le malade, pourquoi vaudrait-il mieux que ce soit lui qui pose des questions au médecin?

6 Pourquoi le malade répond-il d'un ton «triomphant»?

7 Pourquoi le médecin commence-t-il à se fâcher?

---

[15]on… très sérieux/on ne peut pas être plus sérieux que moi   [16]en… comme/en qualité de   [17]explication
[18]espérer   [19]rudement

LE MALADE, *ricanant* [20]

Me déshabiller? Moi? Devant vous? Pour quoi faire? Oui, pour quoi faire,
75 puisque vous ne pouvez même pas répondre à des questions essentielles,
primordiales, ca-pi-ta-les! *(Un soupir.)* Enfin! Je veux être bon diable.[21] J'y
consens. Oui, je consens, en tout cas, à déshabiller mon âme devant vous.

LE DOCTEUR

Mais, monsieur…

80   LE MALADE, *l'interrompant et poursuivant*

Docteur, je vous en prie, laissez-moi parler! Eh bien oui, j'ai souffert, eh
bien oui, je souffre! Et c'est parce que je souffre que je viens vous demander
du secours. Voyez-vous, je souffre, avant toute chose, de *l'instabilité de mes
rapports* [22] *avec l'Univers!*

85   LE DOCTEUR, *changeant de ton, soit par résignation, soit avec l'idée qu'il faut
laisser parler le malade pour le comprendre soit pour toute autre raison.*

Avec l'Univers? *(Conciliant, l'air intéressé)* Vous dites: avec l'Univers! Tiens,
tiens, tiens,[23] mais c'est intéressant, cela, dites donc!

LE MALADE, *encouragé, continue sur un ton confidentiel*

90 Oui, l'Univers et moi, docteur, l'Univers et moi, cela ne va pas très bien.

LE DOCTEUR, *engageant et précis*

Pas très bien *du tout,* ou bien *pas trop bien?*

LE MALADE, *après une hésitation*

Heu… plutôt pas trop trop.

95   LE DOCTEUR, *satisfait comme si cet indice*[24] *était pour lui
très important et significatif*

Parfait, parfait!… Est-ce que cet… inconvénient vous arrive très fréquemment?

LE MALADE, *devenu docile* [25]

100 Oui, très souvent.

▶**8** Pourquoi le malade refuse-t-il de se désha-biller?

▶**9** Le malade souffre-t-il d'une maladie physique? Expliquez.

▶**10** Cette précision vous semble-t-elle significative? Pourquoi ou pourquoi pas?

---

[20]riant de façon moqueuse   [21]être… être gentil/ *ici:* être un bon client traditionnel   [22]relations   [23]Tiens… *expres-sion de surprise ou d'ironie*   [24]précision   [25]obéissant

LE DOCTEUR

Pouvez-vous me dire à peu près: tous les jours?

LE MALADE

Tous les deux jours environ.

105 LE DOCTEUR

Vers quelle heure? Pouvez-vous le préciser?

LE MALADE, *réfléchissant*

Plutôt… le matin!

LE DOCTEUR

115 Plutôt le matin, bon. Et cela se manifeste de quelle façon?

LE MALADE

Eh bien! Cela commence, en général, par un souvenir. Oui, je «décroche».[26]
Je décroche par rapport à la réalité du moment présent. Et pfuit!… Je m'en-
vole vers le passé. Le passé! Je vous demande un peu! Cette chose qui
120 n'existe pas!… Alors, tout à coup, un déclic[27]! C'est comme si moi-même,
soudain, je n'existais plus! Oui, c'est cela: je ne suis plus *ici,* je n'y suis plus,
je ne suis plus.

▶**11** Expliquez les crises du malade.

LE DOCTEUR

Ouais… Avez-vous essayé, à ce moment-là, de vous concentrer sur un objet
125 présent?

LE MALADE, *étonné*

Non! Comment cela?

LE DOCTEUR

Je m'explique. Quel que soit l'endroit où vous vous trouvez au moment de
130 ces… crises, vous avez forcément[28] auprès de vous des objets matériels, des
objets familiers?

▶**12** De quelle sorte d'objets s'agit-il?

---

[26]perds contact avec la réalité   [27]*a click*   [28]nécessairement/inévitablement

LE MALADE, *l'air surpris de la profondeur de cette découverte*

En effet! En effet!

LE DOCTEUR

135 Si c'est dans votre cabinet de travail, vous avez bien, je ne sais pas, moi… *(Il cherche.)*

LE MALADE, *l'interrompant*

Oh! C'est très simple! *(Se remémorant)* A gauche de la porte, une biblio-thèque (en merisier[29]), un divan recouvert de reps[30] violet (plutôt foncé),
140 un fauteuil à bascule (en osier). Au milieu, sur le tapis (un tapis chinois), une table (une table en acajou[31]); sur la table un presse-papiers en verre de couleur, vous savez: ce qu'on appelle un «sulfure».[32] En face, la fenêtre, à gauche une petite vitrine murale remplie de papillons jaunes et bleus natu-ralisés…

145 LE DOCTEUR, *l'interrompant*

Bon! Cela suffit! C'est donc que vous ne perdez pas pied[33] complètement. C'est très bien. Eh bien, fixez attentivement un de ces objets familiers! Au besoin, prenez-le dans votre main et répétez-vous à vous-même, avec une conviction intense: «Le presse-papiers! Le presse-papiers! Le presse-
150 papiers!» Vous verrez: vous vous sentirez déjà beaucoup mieux.

▶13 Quelle est la solu-tion proposée par le médecin?

LE MALADE, *ébranlé[34] et vaguement reconnaissant*

Vous croyez, docteur, que cela suffira! C'est qu'elles sont si terribles, ces crises! Plus de contact! Plus d'horizons! Plus de repères[35]! Plus de points cardinaux! Plus de signes du zodiaque! Plus de constellations! Plus de jour
155 ni de nuit! Ni haut, ni bas! Ni passé, ni avenir! *(D'une voix plaintive et comme lointaine)* … Je… plonge, je descends, je descends, je tourbillonne,[36] je m'éloigne, je m'éloigne, je m'éloi… gne…

LE DOCTEUR, *pressant et secourable*

Le presse-papiers! Le presse-papiers!

▶14 Pourquoi le docteur insiste-t-il sur le presse-papiers?

---

[29]sorte de bois dont on fait des meubles   [30]sorte d'étoffe/textile   [31]autre sorte de bois dont on fait des meubles
[32]objet en cristal décoré   [33]ne… ne perdez pas le sens de la réalité; *do not lose your footing*   [34]*shaken*   [35]mar-ques qui servent à se retrouver ou à s'orienter   [36]tourne très vite

160 LE MALADE, *d'une voix mourante*

Est-ce que je passe dans le camp[37] de l'Inconnaissable? des idées pures[38]? de
l'absolu? des noumènes[39]? de la «chose-en-soi»[40]?

LE DOCTEUR, *inébranlable*[41]

Le presse-papiers! Le presse-papiers!… Mais… Mais… *(Comme se parlant à*
165 *lui-même)* Sapristi,[42] il tourne de l'œil,[43] le malheureux!… *(Haut et fort, à*
l'oreille du malade)… Hé mon ami!… Revenez à vous!… je suis là… Le
presse-papiers!… Réveillez-vous!… *(Il lui tapote les mains, puis il verse dans*
un verre un peu du contenu d'une carafe d'eau) Tenez, buvez, ceci. Là,
allons!… Votre tête, droite! Ouvrez la bouche!… Là… Là… bien… Bien…
170 Buvez! Cela va vous remettre!

LE MALADE, *revenant à lui*

Merci, docteur, merci!… Une petite… crise! Ce n'était… qu'une petite
crise… méta… méta… méta…

LE DOCTEUR, *se méprenant*[44]

175 C'est cela, éternuez! Cela vous fera du bien!

LE MALADE, *continuant*

méta… méta… méta… physique!

LE DOCTEUR

Ce n'est rien, cela. Songez au presse-papiers, au parapluie, à la sonnette de la
180 porte, à n'importe quoi de *concret!*

LE MALADE, *lugubre*

Vous me faites rire, docteur. Vous êtes… drôle!

LE DOCTEUR, *un peu énervé mais surmontant son énervement*

Mais non, mais non je ne suis pas «drôle»… pas drôle du tout! Enfin,
185 bref… Que disais-je? Ah! oui! Bon. Allons! Comment vous sentez-vous?

LE MALADE

Mieux, docteur… un peu mieux… Mieux… Vraiment mieux, mieux!

◀**15** Quel antidote
spécifique le docteur
propose-t-il contre les
idées abstraites qui
hantent le malade?

[37]passe… passe du côté de   [38]idées… concept de la philosophie de Platon   [39]concept de la philosophie de Kant
[40]concept de la philosophie de Jean-Paul Sartre   [41]qu'on ne peut pas changer   [42]exclamation familière
[43]tourne… se sent mal   [44]se… se trompant

LE DOCTEUR

Bien, bien!

190   LE MALADE, *plaintif*

Non, docteur, j'ai dit: «mieux, mieux»!

16 En quoi les répliques du docteur et du malade se ressemblent-elles?

LE DOCTEUR

Moi j'ai dit: bien, bien!

LE MALADE

195 Ah bon! Alors, vous c'est: bien, bien! moi c'est mieux, mieux!…

LE DOCTEUR

Bien, bien, passons,[45] voulez-vous? Alors, êtes-vous en état de répondre à mes questions, maintenant?

LE MALADE, *ironique*

200 Ah! Vous vous vengez,[46] docteur!

17 D'après le malade, pourquoi le médecin voudrait-il lui poser des questions?

LE DOCTEUR

Me «venger», moi? Non, je ne fais que mon devoir de médecin. Allons, répondez avec précision: comment ça va-t-il du côté des nuages?

18 Que pensez-vous de la question du docteur?

LE MALADE

205 Les nuages? Pas mal, merci. Un peu… Comment dire, un peu mous, un peu instables, les nuages! Mais, dans l'ensemble, bonne circulation: vapeur, condensation, vapeur, condensation, vapeur, condensation. Un orage de temps en temps. Surtout en été. L'hiver c'est la pluie qui ne va pas, ça me dégouline[47]… sur le visage, dans le dos, sur les mains, c'est froid, c'est
215 humide, pouah!…

LE DOCTEUR, *avec un sérieux absolu*

Vous vous servez d'un parapluie, ou d'un imperméable[48]?

LE MALADE

Des deux, docteur.

---

[45]arrêtons/passons à autre chose   [46]Vous… *You take your revenge*   [47]coule   [48]*raincoat*

LE DOCTEUR

220 Pas fameux.[49] Pas fameux. Il vaut mieux rester chez vous. Ne sortez que par temps sec… Bon! Et l'espace, vous voyez ce que je veux dire: l'espace… comment ça va?

◄19 Quel conseil le docteur donne-t-il au malade pour qu'il puisse mieux supporter les nuages (et la pluie)?

LE MALADE

225 L'espace? Aïe! C'est le grand problème!… Tantôt trop large… ou trop long, tantôt trop étroit!

LE DOCTEUR

Evidemment, c'est toujours ainsi. L'espace est relatif. Comme le temps d'ailleurs.

◄20 Quel jugement le docteur porte-t-il sur l'espace et le temps? Quelle est, sans doute, la source (très connue) de ce jugement?

LE MALADE

230 C'est bien là ce qui m'inquiète.

LE DOCTEUR, *nerveux*

Ne vous effrayez surtout pas! Cela se soigne,[50] tout cela se soigne.

LE MALADE

Merci, docteur. Je vous remercie d'essayer de me rassurer.
235 *Un temps.*

LE DOCTEUR

Lorsque vous sortez de chez vous, le matin, qu'éprouvez[51]-vous?

LE MALADE

Eh bien, voici: il y a un grand vacarme[52] en moi, une grande bousculade
240 d'autos, de gens, d'enfants, de petits chiens. Cela va, cela vient, ça me rentre par une oreille, ça me sort par l'autre, ça me cogne dessus,[53] ça m'assourdit,[54] ça m'éblouit, c'est in-to-lé-rable!

◄21 Que se passe-t-il quand le malade sort le matin?

LE DOCTEUR

Et… cela dure longtemps?

---

[49]pas… pas très bon   [50]Cela… *There are treatments for this*   [51]sentez   [52]*commotion*   [53]cogne… frappe avec violence   [54]rend sourd *(deaf)*

245
LE MALADE

Tant que je suis dans la rue.

LE DOCTEUR

Ah! Et à l'intérieur?

LE MALADE

250 A l'intérieur de quoi?

LE DOCTEUR

Vous rentrez bien quelque part, après être sorti?

LE MALADE

Bien sûr, je rentre. Je rentre au bureau.

255
LE DOCTEUR

Alors?

LE MALADE

Alors? Eh bien! Alors, c'est un peu la même chose, mais en plus assourdi.
Notez que ça n'en est que plus lancinant[55]! J'entends comme des voix qui
260 m'interpellent, comme des sonneries stridentes, je vois tourbillonner des
feuilles de papier, zébrées[56] de signes noirs, je crisse[57] de la plume, je
craque[58] du fauteuil, je tremble de la porte…

◀22 Qu'est-ce qui le tourmente quand il est dans son bureau?

LE DOCTEUR

Curieux, curieux! Et cela dure longtemps?

265
LE MALADE

Matin et soir.

LE DOCTEUR

Et entre-temps?

LE MALADE

270 Entre-temps; eh bien, il y a les repas!

---

[55]intolérable   [56]avec des lignes (comme sur un zèbre)   [57]bruit de la plume sur le papier   [58]bruit fait par des
meubles (mais aussi: craquer nerveusement)

LE DOCTEUR

Et à la fin de la semaine?

LE MALADE

A la fin de la semaine, il y a le week-end. C'est-à-dire le week-end «à la cam-
275 pagne»[59].

LE DOCTEUR, *sournois*[60]

Et comment va-t-elle, la campagne?

LE MALADE

Ni bien, ni mal. Des arbres. Des prairies. Des vaches. Des vaches. Des arbres.
280 Des prairies. Quelquefois un cours d'eau, un train, des autos. L'école est à
côté de l'église… *(De plus en plus vite, comme s'il récitait une leçon enfantine)* L'église a un clocher en ardoise. Mon oncle a un jardin potager. Dans
le jardin de mon oncle, il y a un cerisier. Mon grand-père avait des rentes.
La nuit est silencieuse. Le clair de lune luit.

285   LE DOCTEUR, *déjà plus nerveux*

Tout cela est exact. Tout cela est tout à fait exact. Je vous comprends parfaitement. Je suis comme vous. Les chiens aboient.[61] Les grenouilles
coassent.[62] La terre est humide. L'herbe pousse… *(Soudain bizarrement
jovial)* A propos, regardez-vous le ciel, quelquefois?

290   LE MALADE, *contrefaisant*[63] *le sourd*

Le… quoi?

LE DOCTEUR, *d'une voix forte comme parlant à un sourd*

Le *ciel!* … Là-haut! Là, au-dessus… Le bleu-bleu-bleu… be-le—be-le—
be-le!

295   LE MALADE

Ha! Vous voulez dire: le ciel?

▶**23** Expliquez le comique de cette réplique.

▶**24** Résumez la réaction du malade à la campagne.

▶**25** Pourquoi le docteur parle-t-il de manière si bizarre?

---

[59]à… allusion à l'expression **battre la campagne** (être fou) [60]qui cache ce qu'il pense [61]le cri du chien [62]le cri de la grenouille [63]faisant semblant

LE DOCTEUR

C'est cela même: le grand machin[64] où il y a des petites choses qui brillent. Le regardez-vous, le ciel?

300   LE MALADE

Oui, bien sûr, souvent, je le regarde! Quand je lève la tête ou bien les yeux, ou les deux à la fois… Oui, je le regarde, mais…

LE DOCTEUR

Mais?

305   LE MALADE, *après une hésitation, confidentiellement*

Il me fait peur, le… comme vous dites: le *Ciel*.

LE DOCTEUR

Pourquoi donc vous fait-il peur?

LE MALADE

310 Voyez-vous, lorsque j'étais petit enfant, je me disais: au-dessus du ciel, il y a du ciel—et encore du ciel—et toujours du ciel! Comment est-ce possible? Où est-ce que tout cela s'arrête? Toujours plus loin! Pas de limite! Plus loin! Toujours! Toujours!

▸**26** Pourquoi le ciel fait-il peur au malade?

LE DOCTEUR, *précipitamment*

315 Attention! Faites attention! C'est seulement un peu de vertige, ne recommençons pas!… Vite, prenez un coupe-papier[65]!

▸**27** Pourquoi le docteur dit-il au malade de prendre un coupe-papier?

LE MALADE

Mais vous m'aviez dit: un presse-papiers!

LE DOCTEUR, *pressant*[66]

320 Un presse-papiers quand on en a un. Mais je n'en ai pas ici. Alors je vous tends un coupe-papier. C'est la même chose: un coupe-papier, un presse-papiers, un coupe-papier, un presse-papiers! Allons, prenez!

LE MALADE

Merci, docteur. Que dois-je en faire?

---

[64]le… *that big thing*   [65]petit couteau qui sert à ouvrir les lettres ou à séparer les pages d'un livre ancien.   [66]insistant

325 *A partir de ce moment le dialogue s'accélère.*

LE DOCTEUR

Tenez-le bien! Serrez-le dans votre main! Là, très fort! Et observez-le attentivement!

LE MALADE

330 Voilà, je l'observe.

LE DOCTEUR

Bon! Que voyez-vous?

LE MALADE

Un coupe-papier.

335 LE DOCTEUR

Un coupe-papier comment?

LE MALADE

Un coupe-papier en bois.

LE DOCTEUR

340 En bois de quoi?

LE MALADE

Comment voulez-vous que je le sache, docteur? Voyons! vous me faites rire!

LE DOCTEUR

C'est tout ce que je voulais, vous faire rire. Vous êtes sauvé.

28 D'après le docteur, qu'est-ce qui guérit le malade?

345 LE MALADE

Sauvé? Moi? vraiment?

LE DOCTEUR, *de plus en plus énervé*

350 Oui! Sauvé! Vous êtes sauvé! Puisque je vous le dis! Vous devez le croire! Vous devez croire tout ce que je vous dis. Je suis votre médecin. Vous êtes mon malade. Vous n'êtes qu'un malade. Entendez-vous, un malade qui n'est

plus malade, puisque vous êtes guéri. Grâce à[67] moi! Vous comprenez! Grâce à moi!

LE MALADE

Bon! Bon! Je vous crois! Ne vous fâchez pas!

355   LE DOCTEUR, *d'une voix exagérément forte*

Je ne me fâche pas. Pas du tout! Seulement voilà: vous êtes sauvé, *vous!* Mais moi, je suis perdu! *(Presque dans un cri)* Je suis *perdu,* entendez-vous!

LE MALADE

Pourquoi perdu? Pourquoi seriez-vous perdu, docteur?

360   LE DOCTEUR, *à tue-tête*[68]

Pourquoi je suis perdu? Parce que je vois des malades depuis ce matin! Ça ne vous dit rien? Si les singes jouaient des mandibules,[69] ça ne vous dirait rien[70] non plus? Non! Vous ne comprenez rien. Vous prenez le train comme les chèvres, vous vous coupez des tranches de saucisson dans les colonnes

365 du Parthénon! Vous vous mouchez dans le Zambèze! Vous piétinez les Caraïbes. Je vous entends braire[71]? parce que vous allez traire.[72] Et quand je parle de vache, vous répondez cache-cache... Allons! Déshabillez-vous! Que je vous flanque une volée de coups de bâtons![73] Voilà assez longtemps que je supporte vos sifflements! Vos rodomontades[74]! Vos partis pris[75]! Déshabille-

375 toi, ou je cogne,[76] vipère!

29 Pourquoi le docteur se sent-il perdu?

30 Ces expressions sont des non-sens, mais qu'est-ce qu'elles nous disent sur l'état du docteur?

LE MALADE, *terrifié, d'une voix blanche*[77]

Ne... ne vous mettez pas en colère, docteur! Ça va très bien comme ça! Vous m'avez bien soigné... Très très bien... Je n'ai plus qu'à me retirer... Puisque je suis guéri, moi! Qu'est-ce que je vous dois, docteur?

380   LE DOCTEUR, *vociférant*[78]

Ce que vous me devez? Vous me devez le respect, entendez-vous, le respect! Le respect! Le respect! le respect! *(Il pousse dehors le client éberlué,*[79] *referme la porte sur lui et se roule aussitôt par terre en criant)* Au secours!... Un médecin!... Non je ne suis pas le médecin!... Je suis le malade. Il n'y a pas

385 de médecins! Il n'y a que des malades! Au secours! Au secours!

31 Est-ce que le malade et le docteur comprennent le verbe **devoir** de la même manière? Expliquez.

---

[67]grâce... *thanks to*   [68]très, très fort   [69]jouaient... mangeaient (expression familière)   [70]ça... ça ne vous rappelle pas quelque chose?/ ça ne vous explique rien?   [71]cri de l'âne   [72]prendre le lait des vaches ou des chèvres [73]Que... Que je vous frappe fortement avec un bâton!   [74]manières ou paroles vantardes et arrogantes   [75]partis... préjugés/opinions préconçues   [76]frappe   [77]sans expression   [78]parlant en criant et avec colère [79]stupéfait/étonné/surpris

Pour approfondir...

1. Nous parlons souvent de la folie comme si tout le monde savait ce que c'était. Rien n'est pourtant moins clair. Est-ce le manque total de logique? Est-ce une rupture complète avec le monde qui nous entoure? Essayez de donner *une définition de la folie* comme elle est démontrée dans un passage du texte.
2. Le docteur suggère d'abord que le malade se concentre sur un presse-papiers; ensuite il propose un coupe-papier. A chaque fois il s'agit d'un nom composé (un verbe joint à un nom) ayant à voir avec le papier. A votre avis, pourquoi le docteur choisit-il de tels objets, et qu'est-ce qu'ils évoquent?
3. Il est possible d'apprécier ce texte seulement comme un dialogue divertissant entre un docteur et son malade. Mais il y a aussi des allusions—quelquefois explicites (comme un terme philosophique précis), quelquefois implicites—au monde extérieur. Dressez une liste des allusions que vous avez remarquées. D'après ces allusions, peut-on dire que cette pièce traite de sujets plus généraux que les crises personnelles du malade? Expliquez.
4. «Voyons!» dit le malade vers la fin de la pièce, «vous me faites rire!» Le docteur réplique: «C'est tout ce que je voulais, vous faire rire. Vous êtes sauvé.» Rire, semble-t-on suggérer, c'est se guérir. Que pensez-vous de la valeur «salutaire» du rire? Si on essaie de généraliser cette maxime, dans quel sens peut-on dire que Tardieu «guérit» son public—et de quelle maladie? Cette idée s'applique-t-elle à la comédie en général?

Pour écrire...

1. En utilisant quelques-uns des procédés de Tardieu, écrivez un dialogue comique entre un client et son psychiatre, un étudiant et son professeur, ou un employé et son patron.
2. Comment le comique est-il produit? En étudiant un seul passage qui vous a particulièrement amusé(e), essayez de l'analyser en détail. Quelle est la part du langage, des incongruités, des attentes du lecteur, etc.?
3. Dans la situation que Tardieu présente, il y a un déséquilibre de pouvoir entre le docteur et le malade. Comment ce déséquilibre se manifeste-t-il dans la pièce, et comment Tardieu exploite-t-il les rapports de pouvoir?

Pour en savoir plus...

Jean Tardieu est né en 1903 dans le Jura. Il est l'auteur de nombreux poèmes qu'il a commencé à publier en 1927, mais il s'est toujours énormément intéressé à l'expérimentation théâtrale. Il y a contribué en écrivant un grand nombre de pièces courtes et variées, un peu comme des exercices de style. Il y explore les possibilités de la langue et de la technique tout en laissant déborder son lyrisme. D'ailleurs, il adore tellement combiner poésie et théâtre qu'un de ses recueils s'appelle *Poèmes à jouer* (1960). La nouvelle édition de son théâtre dans la collection de poche Folio (1990) titre ses pièces: *La Comédie du langage, La Comédie de la comédie,* etc..., ce qui traduit assez bien le caractère ludique de ses œuvres théâtrales. L'œuvre de Tardieu révèle une imagination fantasque, une recherche de la nouveauté technique, le tout mêlé de lyrisme et d'un humour qui cache toujours des réflexions profondes sur la vie et l'existence en général.

Jean Tardieu

LE JURA

LA FRANCE

La Jeune Fille au turban

Leïla Sebbar, 1990

Pour entrer dans le texte...

Dans ce conte, une jeune immigrée des îles atlantiques, qui est gardienne dans un musée national français, réclame le droit de surveiller un tableau intitulé *La Jeune Fille au turban*. Fascinée par cette jeune fille que son imagination transforme en un portrait réconfortant d'une compatriote, elle protège le tableau avec une férocité surprenante. Mais ses rêves sont interrompus par l'arrivée au musée d'une visiteuse, portant à la tête un foulard et lisant un livre en arabe. Effaçant la frontière assez vague entre le réel et l'imaginaire, le dénouement souligne surtout la nature insaisissable de l'identité (de la jeune fille au turban, de la gardienne, de la visiteuse, de nous tous).

Mots-clés

l'accent (*m.*)
la culture
les habitudes (*f.*)
identifier
s'identifier à
l'identité (*f.*)

la langue
le mélange
la mentalité
le physique
les vêtements (*m.*)

Termes littéraires

le décor
le dénouement
le personnage
le référent
le thème

Pour mieux lire...

Dans ce texte, Sebbar emploie des noms et des pronoms dont les référents restent très souvent assez imprécis. Nous avons souligné certains de ces mots; pendant que vous lisez, essayez de déterminer à quoi ils renvoient. Petit indice: il y a trois «personnages» féminins auxquels le pronom **elle** peut se référer: la gardienne, la visiteuse du musée, et la jeune fille au turban, dont l'image peinte a parfois la même valeur que les personnages «réels».

La Jeune Fille au turban
de Jan Vermeer

La Jeune Fille au turban

Elle, personne ne la regarde. Elle a placé la chaise dans le coin le plus sombre de la haute fenêtre qui ouvre sur les jardins et la lumière. Elle a dû plusieurs fois changer de place, à cause du soleil qui la tirait de l'ombre où elle avait choisi de s'asseoir. On passe près
5 d'elle sans la voir, c'est ce qu'elle cherche, on a failli[1] lui écraser[2] les pieds, elle les a retirés à temps. <u>Ils</u> sont si nombreux, cet après-midi. Elle entend toutes les langues, mais elle ne voit pas le pays en même temps que la langue. <u>La sienne</u>, elle la reconnaîtrait de loin mais qui la parle ici? Elle seule dans ces pièces immenses, habitées aujourd'hui comme un boulevard.
10 Elle ne tend plus l'oreille[3] pour un son, un mot familiers. Elle sait qu'<u>ils</u> ne viennent pas dans ces endroits-là, ceux de l'île.[4] Elle a cru, les premiers jours, on lui avait dit à l'embauche[5] qu'elle ne serait pas la seule de son pays, qu'il en était passé plusieurs mais où étaient-ils à présent? Elle n'a rencontré personne qui parle sa langue, personne. Elle ne veut plus écouter pour saisir
15 au hasard de tant de paroles de toute la terre, un mot, juste un, de <u>là-bas</u>. Elle se dit qu'elle oubliera d'entendre, et malgré elle, elle sursaute parce qu'elle a cru… Mais elle s'est trompée. Le mot a failli être un mot de sa langue…

Elle n'est pas là pour guetter[6] des éclats de la langue de sa mère, elle est là
20 pour la garder, elle, *La Jeune Fille au turban*, la surveiller contre les enfants et les fous. Elle est assise sur sa chaise dans l'angle obscur de la fenêtre blanche, lumineuse, et elle la voit mieux que les autres. *La Jeune Fille au turban* la regarde, elle en est sûre, c'est vers <u>elle</u>, elle seule, qu'<u>elle</u> tourne ses yeux clairs, ses beaux yeux tendres aux paupières bombées comme sa
25 bouche. C'est elle qui a réclamé[7] cette place, la plus difficile, lui a dit le chef des gardiens du musée: «<u>Elle</u> est à peine[8] protégée, vous ne devez pas vous endormir sur votre chaise, en alerte, de l'ouverture jusqu'à la fermeture, il faut l'avoir à l'œil.»[9] Elle lui a demandé de parler moins vite, surtout avec cet accent, il prononce à peine les *r*, elle avait du mal à comprendre. <u>Il</u> a

1 Où est-elle assise? Pourquoi?

2 Expliquez le sens de la phrase suivante: «elle ne voit pas le pays en même temps que la langue»

3 Qu'attend-elle en vain?

4 Imaginez la fin de la phrase qui commence par «Elle se dit qu'elle oubliera…» Qu'est-ce que le texte suggère?

5 Pourquoi la place réclamée par la protagoniste est-elle la plus difficile du musée?

[1]on… on a été sur le point de [2](ici) marcher sur [3]ne… ne fait plus attention [4]ceux… les gens qui viennent du pays natal de la protagoniste [5]action d'engager un employé [6]attendre [7]demandé [8]à… très peu [9]l'avoir… la surveiller

30 répété lentement ses recommandations, elle a à peine entendu la dernière phrase, mais elle a saisi l'essentiel, elle saura la garder.

Souvent elle est obligée de se lever, parce que quelqu'un s'est placé juste devant elle et ne bouge plus. Ça peut durer des minutes et des minutes. Un homme regarde *La Jeune Fille au turban* et ne veut plus partir ni même se
35 déplacer légèrement pour que d'autres la voient. Elle se lève parce que l'homme occupe la surface du portrait, et elle ne sait plus ce qui se passe de l'autre côté de la silhouette massive. Il <u>lui</u> a volé le regard clair et le turban bleu. Elle ne se laissera pas écraser dans le noir de la fenêtre. Elle se lève brusquement et bouscule[10] l'homme debout. Il proteste, mais l'insigne des
40 Musées nationaux sur la veste de <u>l'autre jeune fille</u> le retient de poursuivre dans sa langue, des insultes qu'elle ne comprend pas de toute façon. Très vite, avant de se retourner vers le visage peint par le Hollandais, il a aperçu la veste et la jupe de l'uniforme de gardiennage, d'un gris terne et la peau gris foncé de <u>celle</u> qui se tient devant lui maintenant, l'empêchant de
45 regarder le tableau. Il est obligé de voir les jambes grêles,[11] les pieds trop grands, et son regard bute[12] sur la chevelure noire, lourde, bouclée dans le dos au-dessus de la taille. Il n'aime pas les métisses;[13] elles ont la peau triste un peu jaune, un peu grise, un peu verte… Tout dépend de quelle île elles arrivent, de quel père aventurier, marin de fortune, pauvre type. L'homme
50 pense qu'il préfère le blanc ou le noir. Il a connu des filles très belles, sans mélange, dans le sud de l'Afrique où vit encore une partie de sa famille. La fille est toujours plantée, raide[14] et maigre, devant *La Jeune Fille au turban*. Il parle fort dans la langue de son pays, la langue du peintre et de la jeune blanche au turban bleu.

55 <u>L'autre</u> se retourne vers lui, comme enragée, ses yeux noirs sont immenses, il recule, ahuri[15] par sa fureur. Elle parle une langue inconnue, et le poursuit jusqu'à la salle voisine où elle l'abandonne devant deux tortues[16] brésiliennes peintes en jaune, brun et noir. C'est sur un chemin de terre vers les cités noires interdites qu'il a rencontré, un matin, une jeune négresse à
60 turban jaune et bleu comme celui de la jeune fille peinte, mais plus serré, et sans le pan[17] souple dans le cou. La négresse portait à bout de bras, attachées à un fil de fer, deux tortues mortes. Elle avait de grands pieds, des jambes frêles et ses yeux lui ont craché le feu au visage.[18] Sa robe faisait un pli entre les cuisses.

6 Pourquoi n'aime-t-elle pas que l'homme soit devant elle?

7 Que fait-elle pour chasser l'homme qui est debout devant elle? Pourquoi l'homme cesse-t-il de protester?

8 Décrivez la gardienne du musée.

9 Quel est le pays d'origine de l'homme?

10 Qu'est-ce que l'homme voit dans le musée qui suscite ce souvenir?

---

[10]pousse   [11]longues et trop minces   [12]*stumbles*   [13]dont le père et la mère sont de races différentes   [14]rigide
[15]surpris/déconcerté   [16]*tortoises*   [17]morceau   [18]ses… elle l'a regardé d'un air furieux

65 Elle est revenue s'asseoir sur la chaise, dans le coin qu'elle préfère. Elle ne regarde pas vers les tortues où s'est arrêté l'homme. Elle surveille *La Jeune Fille au turban,* ses yeux, toujours les mêmes, on ne voit pas ses cheveux, ni même une mèche[19] sur la tempe ou dans le cou. C'est comme si <u>elle</u> allait parler. Lui parler dans sa langue. Voilà pourquoi elle se tient à cette place,
70 précisément. Elle tire sur la jupe des Musées nationaux, un peu courte pour elle. On lui a dit qu'elle pourrait faire un ourlet,[20] si elle voulait, elle n'a pas eu le temps, elle n'aime pas que ses genoux soient ainsi découverts. Le portrait s'arrête juste au-dessous de l'épaule de la jeune fille de profil. On ne sait pas si sa jupe est longue—à cette époque, c'était long jusqu'à la cheville,
75 se dit la jeune fille des îles atlantiques, les autres femmes sur les tableaux, elle les a regardées avant l'ouverture, portent des robes longues, on voit à peine le bout du pied ou de la mule[21]—, elle lisse[22] encore sa jupe, avant de lever la tête vers le tableau qu'elle ne voit pas parce que cette fois, c'est une jeune femme qui le cache. En se penchant légèrement, elle aperçoit le profil
80 de la visiteuse. Un foulard[23] de mousseline bleutée encadre tout à fait le visage jusqu'aux sourcils, et la moitié des joues. Les religieuses ne portent pas ainsi les coiffes qui couvrent les cheveux, les oreilles et la moitié du front et elles ne sont pas vêtues de cette tunique longue qui enveloppe le corps au-delà des chevilles, et jusqu'aux mains, sans découvrir le poignet. <u>Elle</u> lit un
85 livre en même temps qu'elle regarde la jeune fille au turban. Elle est seule, grave, attentive.

De la chaise où elle est toujours assise et presque invisible, <u>la fille métisse</u> qui garde <u>la belle Hollandaise</u> entend un enfant.

—Regarde, maman, celle qui lit, regarde, c'est quelle langue? La mère
90 s'approche de la jeune fille, debout avec un livre et dit à son fils:

—C'est de l'arabe.

—Et elle sait lire l'arabe? s'étonne l'enfant, tu crois qu'elle comprend?

—Oui, bien sûr, c'est sa langue, elle comprend, naturellement, et toi, si tu lis un livre en français, tu comprends, non?
95 —Evidemment que je comprends.

—Alors elle aussi.

—Ah bon! mais pourquoi elle est habillée comme ça? Regarde sa tête, elle ressemble à la fille du tableau, tu trouves pas?

La mère entraîne son fils vers la salle suivante. Devant les tortues, l'en-
100 fant oublie la jeune fille qui lit l'arabe. Elle a tourné la tête vers la fenêtre et

11 Qu'est-ce qui explique l'intérêt que la jeune femme porte au tableau?

12 Comment la visiteuse est-elle habillée? Que fait-elle?

13 D'après l'enfant, qu'est-ce qu'il y a de curieux chez la jeune fille qui lit?

[19]bouquet de cheveux [20]*hem* [21]chaussure d'intérieur [22]*smoothes* [23]carré de tissu léger que les femmes portent sur la tête

105 les jardins, et se dirige lentement jusqu'à la chaise de la gardienne des
Musées nationaux. Comme si la jeune fille au turban bleu s'approchait
d'elle, l'employée se dresse[24] soudain et se met à hurler.[25] L'enfant quitte les
tortues et accourt en même temps que sa mère et l'homme qui est revenu
auprès de la jeune fille de son pays, dont il cherche encore le regard et la
115 bouche. Il dit dans sa langue: «Cette gardienne est folle, je le savais, et inex-
périmentée,[26] trop jeune pour ce métier.» Personne ne lui répond, chacun
parle une autre langue. L'étrangère ne crie plus, elle s'est affaissée[27] doucement aux pieds de la chaise, le visage éclairé par le dernier soleil avant la
fermeture. La jeune fille au livre s'est agenouillée près d'elle, elle lui parle en
120 arabe et lui tient la main. Puis elle dénoue son foulard de mousseline
presque bleue et essuie le visage de l'étrangère de la côte atlantique, qui
murmure des mots sans suite. Lorsqu'elle ouvre les yeux, la gardienne fixe
les cheveux blonds, légèrement crêpelés[28] de la jeune fille qui lisait en arabe.
Elle se relève, rend la mousseline humide qui dissimule à nouveau les
125 cheveux de la jeune fille voilée.

«Ainsi, se dit-elle, la jeune fille au turban bleu a les cheveux blonds…
maintenant, je peux m'en aller», et elle laissa vide, pour la première fois
depuis deux semaines, la chaise au coin de la haute fenêtre. Elle ne revint
plus surveiller le tableau, et garda l'uniforme des Musées nationaux qu'elle
130 emporta dans sa maison de l'île, au large[29] de l'Afrique.

◀**14** Pourquoi la gardienne commence-t-elle à crier?

◀**15** Qu'est-ce qui frappe la gardienne quand elle voit la jeune fille au livre sans son foulard?

◀**16** Après avoir quitté le musée, où va la gardienne?

---

[24]se… (ici) se lève   [25]pousser des cris prolongés   [26]qui manque d'expérience   [27]s'est… s'est courbée (ici: s'est assise)   [28]légèrement… *slightly curly*   [29]au… près de

our approfondir...

1. L'activité intitulée «Pour mieux lire» a montré combien il était difficile d'identifier certains pronoms dans l'histoire. Quel est l'effet que produit la confusion des pronoms, des personnages, etc. sur le lecteur/la lectrice? Y a-t-il un rapport entre l'emploi de termes imprécis et les idées centrales du conte?
2. Expliquez l'affinité entre la gardienne et la jeune fille au turban. Pourquoi est-ce que l'employée du musée tient tellement à connaître la couleur des cheveux de la jeune fille?
3. Parmi toutes ces femmes énigmatiques, il y a un seul homme, le touriste, qui s'installe obstinément devant le portrait. Quel rôle joue-t-il dans le récit? Discutez surtout de sa mentalité (par exemple, il n'aime pas les métisses, il préfère le blanc ou le noir, etc.).
4. En un sens, «le personnage» le plus important de ce conte est la jeune fille au turban, qui n'est, après tout, qu'une représentation artistique. D'après vous, quelle est l'importance du fait qu'une œuvre d'art se trouve au centre de l'action du récit?
5. Discutez du dénouement du conte. Pourquoi la gardienne quitte-t-elle le musée? Après avoir fait sa découverte, quel est son état d'esprit? Est-elle satisfaite, déçue, déprimée, triomphante…?

our écrire...

1. Le musée se présente comme une véritable tour de Babel (tour biblique anéantie par une confusion de langues). Discutez de la signification du manque de communication (au moins verbale) dans le conte.
2. Imaginez que vous avez l'occasion d'entrer dans un tableau que vous connaissez (par exemple, *La Grand-Mère de Whistler*, *La Joconde [Mona Lisa]* ou *Le Déjeuner sur l'herbe* de Manet). Qu'est-ce qui vous arrive? Racontez vos aventures au pays des peintres.
3. Dans quelle mesure est-ce que le décor (un musée national dans une grande ville) convient très bien aux thèmes développés dans le conte?
4. Leïla Sebbar a dit qu'elle était obsédée par «la rencontre… de l'Autre et du Même». Comment les thèmes de la similarité et de la différence se manifestent-ils dans l'histoire, et quel est leur rôle dans la crise à la fin?

Pour en savoir plus...

Leïla Sebbar est née en Algérie de mère française et de père algérien. A l'âge de dix-sept ans, elle est venue en France à la fin de la guerre d'Algérie (1954–1962) pour faire des études supérieures de lettres. Même si sa langue maternelle est le français, Sebbar se définit comme un écrivain en exil dont l'identité multiple dépend des croisements culturels qu'elle a vécus. Elle explique ce qui inspire sa création littéraire de la façon suivante: «[mes livres] sont le signe, les signes de mon histoire de croisée, de métisse obsédée par sa route et les chemins de travers, obsédée par la rencontre surréaliste de l'Autre et du Même…» (*Lettres parisiennes, l'autopsie de l'exil*. Paris: Bernard Barrault, 1986, 126). Sebbar a publié des essais, des récits, des nouvelles et des romans, parmi lesquels figurent *Shérazade, 17 ans, brune, frisée, les yeux verts* (1962), *Le Chinois vert d'Afrique* (1984) et *J.H. cherche âme sœur* (1987). «La Jeune Fille au turban» est tiré d'un recueil intitulé *La Négresse à l'enfant*.

Leïla Sebbar

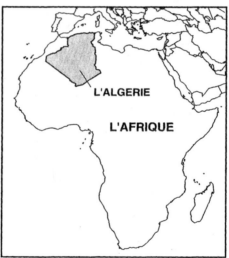

La Ronde

Jean-Marie G. Le Clézio, 1982

Pour entrer dans le texte...

L'aventure énigmatique que Le Clézio raconte dans cette nouvelle ne pourrait se passer que dans une grande ville anonyme. Vélomoteurs, autos, garages, trottoirs, immeubles, soleil, bruits, odeurs—chaque élément de la ville contribue à l'arrière-plan du déroulement de «La Ronde». Un jour, vers une heure de l'après-midi, Martine et Titi se donnent rendez-vous dans la rue de la Liberté, dont le nom s'annonce de plus en plus ironique. Comme beaucoup de héros dans les romans de Le Clézio, les héroïnes de «La Ronde» ressentent une certaine angoisse tout en essayant de se définir et de se trouver une raison d'être.

Dès le début de l'histoire, la tension commence à monter. Dans quoi s'engagent les deux héroïnes, et pourquoi? Petit à petit l'intention des jeunes femmes se dévoile. A quel point pouvez-vous la deviner? Pouvez-vous l'expliquer?

MOTS-CLÉS

l'aliénation *(f.)*
la délinquance juvénile
démarrer
enivrer
l'épreuve *(f.)*
le mobile

la mobylette
se révolter (contre)
rouler
le vélomoteur
la violence gratuite

TERMES LITTÉRAIRES

la métaphore
le montage
le motif
le suspense

Pour mieux lire...

La tension de cette nouvelle s'accroît au fur et à mesure que l'histoire se déroule.
Enumérez chaque indice qui contribue à la tension ou qui révèle un peu plus sur ce
qu'est «la ronde».

La Ronde

Les deux jeunes filles ont décidé de se rencontrer là, à l'endroit où la rue de la Liberté s'élargit pour former une petite place. Elles ont décidé de se rencontrer à une heure, parce que l'école de sténo[1] commence à deux heures, et que ça leur laissait tout le temps néces-
5 saire. Et puis, même si elles arrivaient en retard? Et quand bien même elles seraient renvoyées de l'école, qu'est-ce que ça peut faire? C'est ce qu'a dit Titi, la plus âgée, qui a des cheveux rouges, et Martine a haussé les épaules,[2] comme elle fait toujours quand elle est d'accord et qu'elle n'a pas envie de le dire. Martine a deux ans de moins que Titi, c'est-
10 à-dire qu'elle aura dix-sept ans dans un mois, bien qu'elle ait l'air d'avoir le même âge. Mais elle manque un peu de caractère, comme on dit, et elle cherche à dissimuler sa timidité sous un air renfrogné,[3] en haussant les épaules pour un oui ou pour un non, par exemple.

En tout cas ce n'est pas Martine qui a eu l'idée. Ce n'est peut-être pas
15 Titi non plus, mais c'est elle qui en a parlé la première. Martine n'a pas eu l'air bien surprise, elle n'a pas poussé de hauts cris.[4] Elle a seulement haussé les épaules, et c'est comme cela que les deux jeunes filles se sont mises d'accord. Pour l'endroit, il y a quand même eu une petite discussion. Martine voulait que ça se fasse en dehors de la ville, aux Moulins par exemple, là où
20 il n'y a pas trop de monde, mais Titi a dit que c'était mieux en pleine ville, au contraire, là où il y a des gens qui passent, et elle a tellement insisté que Martine finalement a haussé les épaules. Au fond, en pleine ville ou aux Moulins, c'est la même chose, c'est une question de chance, voilà tout. C'est ce que pensait Martine, mais elle n'a pas jugé bon de le dire à son amie.

25 Pendant tout le temps du déjeuner avec sa mère, Martine n'a presque pas pensé au rendez-vous. Quand elle y pensait, ça l'étonnait de s'apercevoir que ça lui était égal. Ce n'était sûrement pas pareil pour Titi. Elle, ça faisait des jours et des jours qu'elle ruminait toute cette histoire, elle en avait sûre- ment parlé pendant qu'elle mangeait son sandwich sur un banc, à côté de
30 son petit ami. D'ailleurs c'est lui qui a parlé la première fois de prêter son vélomoteur à Martine, parce qu'elle n'en avait pas. Mais lui, on ne peut pas savoir ce qu'il pense de tout cela. Il a de petits yeux étroits où on ne lit

1 Quelle est l'attitude de Martine et de Titi envers leurs études?

2 Comment est Mar- tine? Pourquoi hausse- t-elle les épaules?

3 Avec qui Martine déjeune-t-elle avant le rendez-vous? Et Titi?

---

[1]école de sténographie: une école pour les secrétaires   [2]haussé… *shrugged*   [3]mécontent   [4]poussé… *shout, cry out*

absolument rien, même quand il est furieux ou qu'il s'ennuie.

Pourtant, quand elle est arrivée dans la rue de la Liberté, près de la place, Martine a senti son cœur tout d'un coup qui paniquait. C'est drôle, un cœur
35 qui a peur, ça fait «boum, boum, boum», très fort au centre du corps, et on a tout de suite les jambes molles,[5] comme si on allait tomber. Pourquoi a-t-elle peur? Elle ne sait pas très bien, sa tête est froide, et ses pensées sont indifférentes, même un peu ennuyées; mais c'est comme si à l'intérieur de son corps il y avait quelqu'un d'autre qui s'affolait.[6] En tout cas, elle serre[7] les
40 lèvres et elle respire doucement, pour que les autres ne voient pas ce qui se passe en elle. Titi et son ami sont là, à califourchon[8] sur les vélomoteurs. Martine n'aime pas l'ami de Titi; elle ne s'approche pas de lui pour ne pas avoir à l'embrasser. Titi, ce n'est pas pareil. Martine et elle sont vraiment amies, surtout depuis un an, et pour Martine, tout a changé depuis qu'elle a une
45 amie. Maintenant elle a moins peur des garçons, et elle a l'impression que plus rien ne peut l'atteindre,[9] puisqu'elle a une amie. Titi n'est pas jolie, mais elle sait rire, et elle a de beaux yeux gris-vert; évidemment, ses cheveux rouges sont un peu excentriques, mais c'est un genre qui lui va. Elle protège toujours Martine contre les garçons. Comme Martine est jolie fille, elle a souvent des
50 problèmes avec les garçons, et Titi lui vient en aide, quelquefois elle sait donner des coups de pieds et des coups de poing.

Peut-être que c'est le petit ami de Titi qui a eu l'idée d'abord. C'est difficile à dire parce que ça fait longtemps qu'ils ont tous plus ou moins envie d'essayer, mais les garçons parlent toujours beaucoup et ils ne font pas
55 grand-chose. Alors c'est Titi qui a dit qu'on allait leur montrer, qu'on ne se dégonflerait pas et qu'ils pourraient aller se rhabiller, les types et les filles de la bande,[10] et que Martine après ça n'aurait plus rien à craindre. C'est la raison pour laquelle Martine sent son cœur battre très fort dans sa cage thoracique, parce que c'est un examen, une épreuve. Elle n'y avait pas pensé
60 jusqu'à maintenant, mais tout d'un coup, en voyant Titi et le garçon assis sur les vélomoteurs à l'angle de la rue, au soleil, en train de fumer, elle comprend que le monde attend quelque chose, qu'il doit se passer quelque chose. Pourtant, la rue de la Liberté est calme, il n'y a pas grand monde[11] qui passe. Les pigeons marchent au soleil, sur le bord du trottoir et dans le
65 ruisseau,[12] en faisant bouger mécaniquement leurs têtes. Mais c'est comme si, de toutes parts, était venu un vide intense, angoissant, strident à l'intérieur des oreilles, un vide qui suspendait une menace en haut des

4 Quel est le rapport entre Martine et le petit ami de Titi? Entre Martine et Titi?

5 Comment la vie de Martine a-t-elle changé depuis qu'elle s'est liée d'amitié avec Titi?

6 Quel est l'état d'esprit de Martine en ce moment? Pourquoi?

---

[5]faibles [6]se troublait profondément [7]presse fortement [8]à... une jambe d'un côté, la deuxième de l'autre
[9]blesser [10]qu'on... *that they [Martine and Titi] wouldn't chicken out and the guys and girls in the gang could just take a hike* [11]grand... beaucoup de gens [12]*gutter*

immeubles de sept étages, aux balcons, derrière chaque fenêtre, ou bien à l'intérieur de chaque voiture arrêtée.

70   Martine reste immobile, elle sent le froid du vide en elle, jusqu'à son cœur, et un peu de sueur[13] mouille[14] ses paumes. Titi et le garçon la regardent, les yeux plissés[15] à cause de la lumière du soleil. Ils lui parlent, et elle ne les entend pas. Elle doit être très pâle, les yeux fixes, et ses lèvres tremblent. Puis d'un seul coup cela s'en va, et c'est elle maintenant qui parle, la
75 voix un peu rauque,[16] sans savoir très bien ce qu'elle dit.

«Bon. Alors, on y va? On y va maintenant?»

Le garçon descend de son vélomoteur. Il embrasse Titi sur la bouche, puis il s'approche de Martine qui le repousse avec violence.

«Allez, laisse-la.»

80   Titi fait démarrer[17] brutalement son vélomoteur et vient se placer à côté de Martine. Puis elles démarrent au même moment, en donnant des coups d'accélérateur. Elles roulent un instant sur le trottoir, puis elles descendent ensemble sur la chaussée, et elles restent côte à côte dans le couloir réservé aux bus.

85   Maintenant qu'elle roule, Martine ne ressent plus la peur à l'intérieur de son corps. Peut-être que les vibrations du vélomoteur, l'odeur et la chaleur des gaz ont empli tout le creux[18] qu'il y avait en elle. Martine aime bien rouler en vélomoteur, surtout quand il y a beaucoup de soleil et que l'air n'est pas froid, comme aujourd'hui. Elle aime se faufiler[19] entre les autos, la
90 tête tournée un peu de côté pour ne pas respirer le vent, et aller vite! Titi a eu de la chance, c'est son frère qui lui a donné son vélomoteur, enfin, pas exactement donné; il attend que Titi ait un peu d'argent pour le payer. Le frère de Titi, ce n'est pas comme la plupart des garçons. C'est un type bien, qui sait ce qu'il veut, qui ne passe pas son temps à raconter des salades[20]
95 comme les autres, juste pour se faire valoir. Martine ne pense pas vraiment à lui, mais juste quelques secondes c'est comme si elle était avec lui, sur sa grosse moto Guzzi, en train de foncer[21] à toute vitesse dans la rue vide. Elle sent le poids du vent sur son visage, quand elle est accrochée à deux mains au corps du garçon, et le vertige des virages où la terre bascule,[22] comme en
100 avion.

Les deux jeunes filles roulent le long du trottoir, vers l'ouest. Le soleil est au zénith, il brûle, et l'air frais n'arrive pas à dissiper l'espèce de sommeil qui pèse sur le goudron[23] de la rue et sur le ciment des trottoirs. Les maga-

7 Qu'est-ce qui crée un contraste avec le calme de la rue?

8 Pourquoi Martine n'a-t-elle plus peur quand les jeunes femmes partent en vélomoteur?

9 Qu'est-ce que Martine imagine au sujet du frère de Titi?

[13]*perspiration* [14]*rend humide* [15]*les... squinting* [16]*hoarse* [17]*commencer à rouler* [18]*emptiness* [19]*weaving in and out* [20]*mensonges* [21]*plonger* [22]*rock back and forth* [23]*tar*

sins sont fermés, les rideaux de fer sont baissés, et cela accentue encore l'im-
105 pression de torpeur. Malgré le bruit des vélomoteurs, Martine entend par
instants, au passage, le glouglou[24] des postes de télévision[25] qui parlent tout
seuls au premier étage des immeubles. Il y a une voix d'homme, et de la
musique qui résonne bizarrement dans le sommeil de la rue, comme dans
une grotte.

110 Titi roule devant, à présent, bien droite sur la selle[26] de son vélomoteur.
Ses cheveux rouges flottent au vent, et son blouson d'aviateur se gonfle[27]
dans le dos. Martine roule derrière elle, dans la même ligne, et quand elles
passent devant les vitrines des garages, elle aperçoit du coin de l'œil leurs
silhouettes qui glissent, comme les silhouettes des cavaliers dans les films de
115 cow-boys.

Puis, tout d'un coup, à nouveau, la peur revient à l'intérieur de Martine, et sa gorge devient sèche. Elle vient de s'apercevoir que la rue n'est
pas vraiment vide, que tout cela est comme réglé d'avance, et qu'elles
s'approchent de ce qui va arriver sans pouvoir se détourner. L'angoisse
120 est si forte que tout se met à bouger devant les yeux de Martine, comme
quand on va se trouver mal. Elle voudrait s'arrêter, s'allonger n'importe
où, par terre, contre un coin de mur, les genoux repliés contre son ventre, pour retenir les coups de son cœur qui jettent des ondes à travers
son corps. Son vélomoteur ralentit,[28] zigzague un peu sur la chaussée.[29]
125 Devant elle, au loin, Titi continue sans se retourner, bien droite sur la
selle de son vélomoteur, et la lumière du soleil étincelle[30] sur ses cheveux
rouges.

Ce qui est terrible surtout, c'est que les gens attendent. Martine ne
sait pas où ils sont, ni qui ils sont, mais elle sait qu'ils sont là, partout, le
130 long de la rue, et leurs yeux impitoyables suivent la cavalcade des deux
vélomoteurs le long du trottoir. Qu'est-ce qu'ils attendent, donc? Qu'est-
ce qu'ils veulent? Peut-être qu'ils sont en haut des immeubles blancs, sur
les balcons, ou bien cachés derrière les rideaux des fenêtres? Peut-être
qu'ils sont très loin, à l'intérieur d'une auto arrêtée, et qu'ils guettent
135 avec des jumelles? Martine voit cela, l'espace de quelques secondes, tandis
que sa machine ralentit en zigzaguant sur la chaussée, près du carrefour.
Mais dans un instant, Titi va regarder derrière elle, elle va rebrousser
chemin,[31] elle va dire «Eh bien? Eh bien? Qu'est-ce que tu as? Pourquoi
tu t'arrêtes?»

140 Martine ferme les yeux, et elle savoure ces quelques secondes de nuit

10 Dans ce para-
graphe, quelles images
soulignent l'atmosphère
citadine?

11 Pourquoi Martine
ne s'arrête-t-elle pas
lorsque la peur revient?

12 Pourquoi Martine
ne peut-elle pas sup-
porter l'idée que les
gens l'attendent?

[24]bruit que fait un liquide qui coule (onomatopée)   [25]postes... *TV sets*   [26]petit siège de cuir sur lequel s'assied un
cycliste   [27]se... *puffs out*   [28]roule moins vite   [29]*pavement*   [30]brille   [31]rebrousser... changer d'avis et partir dans
la direction opposée

rouge, dans toute cette journée cruelle. Quand elle regarde à nouveau, la rue
est encore plus déserte et plus blanche, avec le grand fleuve de goudron noir
qui fond sous les rayons du soleil. Martine serre bien fort les lèvres, comme
tout à l'heure, pour ne pas laisser échapper sa peur. Les autres, ceux qui
145 regardent, les embusqués[32] derrière leurs volets, derrière leurs autos, elle les
déteste si fort que ses lèvres recommencent à trembler et que son cœur bat
la chamade.[33] Toutes ces émotions vont et viennent si vite que Martine sent
une ivresse[34] l'envahir, comme si elle avait trop bu et fumé. Elle voit encore,
du coin de l'œil, les visages de ceux qui attendent, qui regardent, les sales
150 embusqués derrière leurs rideaux, derrière leurs autos. Hommes au visage
épais, aux yeux enfoncés,[35] hommes enflés,[36] qui sourient vaguement, et
dans leur regard brille une lueur de désir, une lueur de méchanceté.
Femmes, femmes aux traits durcis, qui la regardent avec envie et mépris,
avec crainte aussi, et puis visages de filles de l'école de sténo, visages des
155 garçons qui tournent, qui s'approchent, qui grimacent. Ils sont là tous,
Martine devine leur présence derrière les vitres des bars, dans les recoins de
la rue que le soleil vide.

Quand elle repart, elle voit Titi arrêtée avant le carrefour suivant, à l'arrêt de bus. Titi est à demi tournée sur la selle de son vélomoteur, ses
160 cheveux rouges sont rabattus[37] sur sa figure. Elle est très pâle, elle aussi, car
la peur trouble l'intérieur de son corps et fait un nœud dans sa gorge. C'est
sûrement le soleil de feu qui donne la peur, et le ciel nu, sans un nuage, au-
dessus des septièmes étages des immeubles neufs.

Martine arrête son vélomoteur à côté de Titi, et elles restent toutes les
165 deux immobiles, la main sur la poignée des gaz, sans rien dire. Elles ne se
parlent pas, elles ne se regardent pas, mais elles savent que la ronde va commencer, maintenant, et leur cœur bat très fort, non plus d'inquiétude, mais
d'impatience.

La rue de la Liberté est vide et blanche, avec ce soleil au zénith qui
170 écrase[38] les ombres, les trottoirs déserts, les immeubles aux fenêtres pareilles
à des yeux éteints,[39] les autos qui glissent silencieusement. Comment tout
peut-il être si calme, si lointain? Martine pense aux moteurs des motos qui
peuvent éclater comme le bruit de tonnerre, et elle voit un instant la rue
s'ouvrir, se précipiter sous les pneus qui la dévorent, tandis que les fenêtres
175 explosent en mille miettes[40] qui jonchent[41] l'asphalte de petits triangles de
verre.

Tout cela est à cause d'elle, d'elle seule: la dame en tailleur bleu attend

◀13 Qu'est-ce que Martine pense des gens qui la regardent, des gens dans leurs appartements, etc.?

---

[32]*those lying in ambush*   [33]bat... est affolé   [34]excitation   [35]poussés vers le fond *(sunken)*   [36]grossis   [37]*flattened*
[38]vainc   [39]qui ont perdu leur vivacité   [40]petits morceaux   [41]*strew*

l'autobus, sans regarder les jeunes filles, un peu comme si elle dormait. Elle a un visage rouge parce qu'elle a marché au soleil, et sous la veste de son
180 tailleur bleu, son chemisier blanc colle à sa peau. Ses petits yeux sont enfoncés dans ses orbites, ils ne voient rien, ou à peine, furtivement, vers le bout de la rue où doit venir le bus. Au bout de son bras droit, elle balance un peu son sac à main de cuir noir, marqué d'un fermoir en métal doré qui envoie des éclats de lumière. Ses chaussures sont noires également, un peu arquées
185 sous le poids du corps, usées en dedans.[42]

◄**14** Comment est la dame qui attend l'autobus?

Martine regarde la dame en tailleur bleu avec tellement d'insistance que celle-ci tourne la tête. Mais ses yeux petits sont cachés par l'ombre de ses arcades sourcilières,[43] et Martine ne peut pas rencontrer son regard. Pourquoi chercher à saisir son regard? Martine ne sait pas ce qui est en elle,
190 ce qui la trouble, ce qui l'inquiète et l'irrite à la fois. C'est peut-être parce qu'il y a trop de lumière ici, cruelle et dure, qui alourdit le visage de cette femme, qui fait transpirer sa peau, qui fait briller les rayons aigus sur le fermoir doré de son sac à main?

Tout d'un coup, Martine donne un coup d'accélérateur, et le vélomoteur
195 bondit sur la chaussée. Aussitôt elle sent l'air sur son visage, et la stupeur s'efface. Elle roule vite, suivie de Titi. Les deux vélomoteurs avancent avec fracas sur la chaussée déserte, s'éloignent. La dame en bleu les suit un instant du regard, elle voit les vélomoteurs tourner deux rues plus loin, à droite. Le bruit aigu des moteurs s'éteint soudain.
200 A quelques pâtés de maisons,[44] pas très loin de la gare, le camion bleu de déménagement démarre lentement, chargé de meubles et de cartons. C'est un camion ancien, haut sur roues, peint en vilain bleu, et que les chauffeurs successifs ont brutalisé depuis un million de kilomètres, à grands coups de frein et en cognant sur le levier de vitesses. Devant le camion bleu, la rue
205 étroite est encombrée de voitures arrêtées. En passant près des bars, le chauffeur se penche, mais il n'aperçoit que l'ombre au fond des salles. Il sent la fatigue et la faim, ou bien c'est la lumière trop dure qui se réverbère[45] sur le goudron de la chaussée. Il plisse les yeux,[46] il grimace. Le camion bleu va vite le long de la rue étroite, et le grondement de son
210 moteur s'amplifie dans les portes cochères. Sur la plate-forme arrière, les meubles grincent, des objets s'entrechoquent dans les cartons d'emballage. L'odeur lourde du gas-oil[47] emplit[48] la cabine, se répand au-dehors, dans une fumée bleue qui traîne le long de la rue. Le vieux camion tangue[49] et roule sur les cahots,[50] il fonce droit devant lui, un peu semblable à un ani-

◄**15** Dans quel état est le camion?

---

[42]usées… *worn out from the inside*   [43]arcades… *arches of the eyebrows*   [44]pâtés… *blocks*   [45]se… *se reflète*
[46]plisse… *squints*   [47]carburant utilisé dans les moteurs Diesel   [48]se répand dans   [49]oscille

215 mal en colère. Les pigeons s'envolent devant son capot.[51] Il traverse une rue, une autre rue, presque sans ralentir, peut-être que le million de kilomètres qu'il a parcourus à travers les rues de la ville lui donne le droit de passage.

16 Où va ce camion? Quel rôle va-t-il jouer?

Seconde, troisième, seconde. Les vitesses grincent,[52] le moteur cogne, fait des ratés.[53] Sur les vitres des magasins la silhouette bleue passe vite, un peu
220 semblable à un animal furieux.

Là-bas, au bord du trottoir, la dame en tailleur bleu attend toujours. Elle vient de consulter sa montre pour la troisième fois, mais les aiguilles[54] semblent s'être bloquées sur cette insignifiance: une heure vingt-cinq. A quoi pense-t-elle? Son visage rouge est impassible, la lumière du soleil
225 marque à peine les ombres de ses orbites, de son nez, de son menton. Eclairée bien en face, elle ressemble à une statue de plâtre, immobile au bord du trottoir. Seule la peau noire de son sac à main et de ses chaussures semble vivante, jetant des éclats de lumière. A ses pieds, son ombre est tassée comme une dépouille,[55] un peu rejetée en arrière. Peut-être
230 qu'elle ne pense à rien, pas même à l'autobus numéro sept qui doit bien venir, qui roule le long des trottoirs vides, quelque part, qui s'arrête pour ramasser deux enfants qui vont au lycée, puis, plus loin, un vieil homme en complet gris. Mais ses pensées sont arrêtées, elles attendent comme elle, en silence. Elle regarde, simplement, parfois un vélomoteur qui passe en
235 faisant son bruit de chaîne, parfois une auto qui glisse sur l'asphalte, avec ce bruit chaud de rue mouillée.

Tout est si lent, et pourtant, il y a comme des éclairs qui frappent le monde, des signes qui fulgurent[56] à travers la ville, des éclats de lumière fous. Tout est si calme, au bord du sommeil, dirait-on, et pourtant il y a
240 cette rumeur et ces cris rentrés, cette violence.

Martine roule devant Titi, elle fonce[57] à travers les rues vides, elle penche tellement son vélomoteur dans les virages que le pédalier racle[58] le sol en envoyant des gerbes[59] d'étincelles.[60] L'air chaud met des larmes dans ses yeux, appuie sur sa bouche et sur ses narines, et elle doit tourner un peu la
245 tête pour respirer. Titi suit à quelques mètres, ses cheveux rouges tirés par le vent, ivre, elle aussi, de vitesse et de l'odeur des gaz. La ronde les emmène loin à travers la ville, puis les ramène lentement, rue par rue, vers l'arrêt d'autobus où attend la dame au sac noir. C'est le mouvement circulaire qui les enivre aussi, le mouvement qui se fait contre le vide des rues, contre le
250 silence des immeubles blancs, contre la lumière cruelle qui les éblouit.[61] La

17 Quelles sont les indications de ce qu'est «la ronde»?

---

[50]*bump* [51]couverture métallique qui sert à protéger le moteur dans un véhicule [52]vitesses... *gears grind* [53]fait... *misfires* [54]*hands (of a watch)* [55]corps mort [56]brillent [57]*speeds* [58]*scrapes* [59]assemblages [60]brillants éclats

ronde des vélomoteurs creuse un sillon[62] dans le sol indifférent, creuse un appel, et c'est pour cela aussi, pour combler ce vertige, que roulent le long des rues le camion bleu et l'autobus vert, afin que s'achève le cercle.

255   Dans les immeubles neufs, de l'autre côté des fenêtres pareilles à des yeux éteints, les gens inconnus vivent à peine, cachés par les membranes de leurs rideaux, aveuglés par l'écran perlé de leurs postes de télévision. Ils ne voient pas la lumière cruelle, ni le ciel, ils n'entendent pas l'appel strident des vélomoteurs qui font comme un cri. Peut-être qu'ils ignorent même que ce sont leurs enfants qui tournent ainsi dans cette ronde, leurs filles au vi-
260 sage encore doux de l'enfance, aux cheveux emmêlés par le vent.

    Dans les cellules de leurs appartements fermés, les adultes ne savent pas ce qui se passe au-dehors, ils ne veulent pas savoir qui tourne dans les rues vides, sur les vélomoteurs fous. Comment pourraient-ils le savoir? Ils sont prisonniers du plâtre et de la pierre, le ciment a envahi leur chair, a obstrué
265 leurs artères. Sur le gris de l'écran de télévision, il y a des visages, des paysages, des personnages. Les images s'allument, s'éteignent, font vaciller la lueur bleue sur les visages immobiles. Au-dehors, dans la lumière du soleil, il n'y a de place que pour les rêves.

18 Quel est le contraste entre les adultes anonymes et Martine dans cette scène?

    Alors la ronde des vélomoteurs se referme, ici, sur la grande rue de la
270 Liberté. Maintenant les vélomoteurs vont tout droit, en jetant vite en arrière tous ces immeubles, ces arbres, ces squares, ces carrefours.[63] La dame en tailleur bleu est seule, au bord du trottoir, comme si elle dormait. Les vélomoteurs roulent tout près du trottoir, dans le ruisseau. Le cœur ne bat plus la chamade. Il est calme, au contraire, et les jambes ne sont plus faibles, les
275 mains ne sont plus moites.[64] Les vélomoteurs roulent au même rythme, l'un à côté de l'autre, et leur bruit est tellement à l'unisson qu'il pourrait faire crouler les ponts et les murs des maisons. Il y a les hommes dans la rue, embusqués dans leurs autos arrêtées, cachés derrière les rideaux de leurs chambres. Ils peuvent espionner avec leurs yeux étrécis,[65] qu'est-ce
280 que ça peut faire?

    Presque sans ralentir, le premier vélomoteur est monté sur le trottoir, il s'approche de la dame en bleu. Quand cela se passe, et juste avant de tomber, la dame regarde Martine qui roule devant elle dans le ruisseau, elle la regarde enfin, ses yeux grands ouverts qui montrent la couleur de ses iris,
285 qui donne la lumière de son regard. Mais cela ne dure qu'un centième de seconde, et ensuite il y a ce cri qui résonne dans la rue vide, ce cri de souffrance et de surprise, tandis que les deux vélomoteurs s'enfuient vers le car-

---

[61]rend aveugles   [62]creuse… *plows a furrow*   [63]*corners, intersections*   [64]humides   [65]rendus étroits

refour.

Il y a à nouveau le vent chaud qui souffle, le cœur qui bondit dans la
290 cage thoracique, et dans la main de Martine serrée sur le sac à main noir, il
y a la sueur. Le vide, surtout, au fond d'elle, car la ronde est finie, l'ivresse ne
peut plus venir. Loin devant, Titi s'échappe, ses cheveux rouges flottant
dans le vent. Son vélomoteur est plus rapide, et elle passe le carrefour, elle
s'en va. Mais à l'instant où le deuxième vélomoteur franchit le carrefour, le
295 camion de déménagement bleu sort de la rue, tout à fait semblable à un
animal, et son capot happe[66] le vélomoteur et l'écrase contre le sol avec un
bruit terrible de métal et de verre. Les pneus freinent[67] en hurlant.

Le silence revient sur la rue, au centre du carrefour. Sur la chaussée, derrière le camion bleu, le corps de Martine est étendu, tourné sur lui-même
300 comme un linge. Il n'y a pas de douleur, pas encore, tandis qu'elle regarde
vers le ciel, les yeux grands ouverts, la bouche tremblant un peu. Mais un
vide intense, insoutenable, qui l'envahit lentement, tandis que le sang coule
en méandres noirs de ses jambes broyées.[68] Pas très loin de son bras, sur la
chaussée, il y a le sac de cuir noir, comme s'il avait été bêtement oublié par
305 terre, et son fermoir de métal doré jette aux yeux des éclats meurtriers.

19 Qui pousse un cri de souffrance et pourquoi?

20 Après avoir atteint leur but, où vont Titi et Martine?

21 Qu'est-ce qui arrive à Martine dans cette dernière scène?

---

[66]attrape avec violence [67]*brake* [68]écrasés, pulvérisés

Pour approfondir...

1. Que font Martine et Titi dans la vie? Pourquoi s'engageraient-elles dans des activités comme celle qui est décrite dans cette nouvelle?

2. Qui a eu l'idée de faire «la ronde»? Qui l'a accomplie? Quelle en est l'ironie?

3. Comment Martine réagit-elle à la lumière et au soleil pendant «la ronde»? Trouvez d'autres passages où il est question de lumière et de chaleur. Discutez du rôle de ces motifs littéraires qui reviennent à plusieurs reprises. Dans quelle mesure servent-ils à établir l'atmosphère qui domine la nouvelle? Sont-ils parfois liés à l'état psychologique des personnages?

4. Quel est l'effet de l'emploi prédominant du temps présent? Vers la fin de la nouvelle, la structure du texte rappelle les techniques du montage cinématographique (la scène des filles en vélomoteur est suivie de la scène avec la dame qui attend l'autobus puis de la scène du camion qui roule le long des rues de la ville). Dans quelle mesure ces techniques contribuent-elles au suspense de l'histoire?

5. Trouvez-vous que cette nouvelle ferait un bon film? Pourquoi ou pourquoi pas? Quels éléments cinématographiques existent déjà dans la nouvelle? Pensez-vous que l'alternance des scènes entre le trottoir et le camion bleu à la fin de la nouvelle est efficace? Si oui, dans quel sens? Sinon, pourquoi pas?

6. Le poète américain Gwendolyn Brooks a écrit un poème intitulé «Boy Breaking Glass», qui traite de la violence apparemment gratuite dans la société. Un vers du poème déclare: «if not an ovation, a desecration». Autrement dit: si le garçon en question ne peut trouver un autre moyen de se faire remarquer ou apprécier, il détruira—il «cassera les vitres», c'est-à-dire qu'il fera du scandale. D'après cette description, voyez-vous des rapports entre «Boy Breaking Glass» et «La Ronde»? Lesquels?

7. Connaissez-vous d'autres histoires ou des films qui ressemblent à «La Ronde»? Pouvez-vous citer des exemples similaires dont vous avez été témoin ou dont vous avez entendu parler dans la société actuelle?

Pour écrire...

1. Examinez les mobiles de Martine tout au long de la nouvelle. Pourquoi participe-t-elle à «la ronde»? Est-ce que ses pensées évoluent?

2. Comparez le caractère de Martine à celui de Titi. Quelles en sont les similitudes et les différences? Comment ces traits de caractère affectent-ils le déroulement de l'histoire?

3. Analysez la notion de la violence gratuite dans cette nouvelle. D'où vient-elle? Tracez le développement de cette violence à travers l'histoire, tout en essayant de comprendre ses racines.

4. Ecrivez une fin différente pour cette nouvelle, en faisant très attention au style. Ou bien, gardez la fin de Le Clézio mais continuez l'histoire pour la résoudre différemment.

Pour en savoir plus...

Jean-Marie Le Clézio

LA FRANCE

Nice

Jean-Marie Gustave Le Clézio, né en 1940 à Nice où il habite aujourd'hui entre de nombreux voyages, est d'origine bretonne et anglaise. A l'âge de vingt-trois ans, il a publié son premier roman, *Le Procès-verbal,* qui a connu un très grand succès (prix Renaudot, 1963). Depuis, il a écrit plus de vingt romans et d'autres collections de récits, dont *Printemps et autres saisons* et *La Ronde et autres faits divers.*

D'abord associée au Nouveau Roman (un mouvement littéraire dominant les années 50 et 60 qui a cherché à créer un roman tout neuf, rejetant la psychologie en faveur de la description objective, de la réflexion et du langage), l'œuvre de Le Clézio est devenue de plus en plus classique dans sa forme et dans son expression. Néanmoins, la description, les sensations physiques et les gestes continuent à le fasciner et à dominer ses œuvres. J.H.H. (Jeune Homme Hogan), le personnage principal du *Livre des fuites,* semble exprimer l'attitude de l'auteur qui continue à évoluer: «Je veux tracer ma route, puis la détruire, ainsi, sans repos. Je veux rompre ce que j'ai créé, pour créer d'autres choses, pour les rompre encore. C'est ce mouvement qui est le vrai mouvement de ma vie.»

Les Mamelles

Birago Diop, 1961

Pour entrer dans le texte...

En Afrique, le conteur de tradition orale utilise généralement le pouvoir du langage pour créer des liens entre le passé et le présent. Le conteur peut être un professionnel de la parole, comme celui qu'on appelle *le griot* (un chanteur et historien traditionnel), ou un simple «amateur», comme la vieille grand-mère qui transmet sa sagesse, le soir, au coin du feu.

En tout cas, le conte oral n'est pas seulement une riche source de plaisir esthétique; c'est aussi une expérience chargée d'enseignement pratique. En effet, l'artiste de tradition orale met toujours la sagesse ancestrale au service des problèmes du présent, souvent pour réconcilier la nouvelle société en Afrique avec son passé lointain. Dans l'histoire que vous allez lire, Birago Diop essaie de saisir le dynamisme d'un conte oral traditionnel, tout en l'adaptant pour que sa leçon morale soit valable pour l'Afrique moderne et pour l'humanité en général.

Mots-clés

la bosse
bossu(e)
enseigner à
l'envie (*f.*)
envier quelque chose à quelqu'un
expliquer

la fée
le génie
la légende
la métaphore
la nature
le surnaturel

Termes littéraires

l'allitération (*f.*)
la fable
la légende
la métaphore
le narrateur
la personnification

Pour mieux lire...

«Quand la mémoire va ramasser du bois mort, elle rapporte le fagot qu'il lui plaît...» La première phrase du conte annonce une longue série de métaphores et de personnifications: la mémoire est transformée en personne qui cherche du bois pour son feu; les monts sont comme des géants; l'hiver devient un tisserand (une sorte d'artisan). La vraie fable des Mamelles ne commence qu'après plusieurs paragraphes, mais lisez les premiers passages attentivement, et essayez d'expliquer la métaphore du feu, et de comprendre les raisons pour lesquelles le narrateur raconte cette histoire.

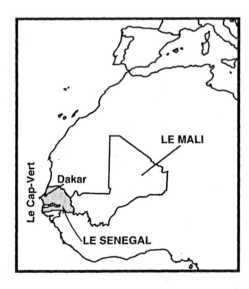

Les Mamelles[1]

Quand la mémoire va ramasser du bois mort,[2] elle rapporte le fagot[3] qu'il lui plaît…

L'horizon bouché[4] m'encercle les yeux. Les verts de l'été et les roux de l'automne en allés,[5] je cherche les vastes étendues de la savane et ne trouve que les monts dépouillés,[6] sombres comme de vieux géants abattus que la neige refuse d'ensevelir parce qu'ils furent sans doute des mécréants[7]…

Mauvais tisserand,[8] l'hiver n'arrive pas à égrener[9] ni à carder son coton; il ne file et tisse qu'une pluie molle. Gris, le ciel est froid, pâle, le soleil grelotte; alors, près de la cheminée, je réchauffe mes membres gourds[10]…

Le feu de bois que l'on a soi-même abattu et débité[11] semble plus chaud qu'aucun autre feu…

Chevauchant[12] les flammes qui sautillent, mes pensées vont une à une sur des sentiers que bordent et envahissent les souvenirs.

Soudain, les flammes deviennent les rouges reflets d'un soleil couchant sur les vagues qui ondulent. Les flots fendus forment, sur le fond qui fuit, des feux follets[13] furtifs. Las de sa longue course, le paquebot[14] contourne paresseusement la Pointe des Almadies…

—Ce n'est que ça les Mamelles? avait demandé une voix ironique à côté de moi…

Eh oui! Ce n'était que ça, les Mamelles, le point culminant du Sénégal. A peine cent mètres d'altitude. J'avais dû le confesser à cette jeune femme qui avait été si timide et si effacée au cours de la traversée, que je n'avais pu résister à l'envie de l'appeler Violette. Et c'est Violette qui demandait, en se moquant, si ce n'était que ça les Mamelles, et trouvait mes montagnes trop modestes.

J'avais eu beau lui dire[15] que plus bas, puisqu'elle continuait le voyage, elle trouverait le Fouta-Djallon, les monts du Cameroun, etc., etc.

> **1** Le narrateur est en Europe au moment où il commence à évoquer le passé: Quels détails climatiques indiquent qu'il est loin de son Sénégal natal?

> **2** Le narrateur était chez lui au coin du feu. Pourquoi parle-t-il maintenant d'un bateau?

> **3** Où le narrateur fait-il la connaissance de Violette? Que pense Violette des Mamelles?

[1]sein: organe qui sécrète le lait   [2]bois… bois sec dont on se sert pour faire un feu   [3]branches d'arbres attachées ensemble   [4]couvert de nuages   [5]en… partis   [6]qui n'ont pas de végétation   [7]gens qui ne croient pas en Dieu   [8]artisan qui fabrique des textiles   [9]enlever les graines   [10]alourdis par le froid   [11]coupé en morceaux de même taille   [12]Étant à cheval sur   [13]feux… will-ó-the-wisps   [14]une sorte de bateau   [15]J'avais… (idiom) Je lui avais dit en vain

Violette n'en pensait pas moins que la nature n'avait pas fait beaucoup de
30 frais[16] pour doter le Sénégal de ces deux ridicules tas de latérites,[17]
moussus[18] ici, dénudés là…

Ce n'est que plus tard, après ce premier retour au pays, bien plus tard,
qu'au contact d'Amadou Koumba,[19] ramassant les miettes de son savoir et
de sa sagesse, j'ai su, entre autres choses, de beaucoup de choses, ce
35 qu'étaient les Mamelles, ces deux bosses de la presqu'île du Cap-Vert, les
dernières terres d'Afrique que le soleil regarde longuement le soir avant de
s'abîmer dans la Grande Mer…

Quand la mémoire va ramasser du bois mort, elle rapporte le fagot qu'il
lui plaît…

4 Le narrateur connaît-il la légende des Mamelles au moment où Violette lui pose la question?

40 Ma mémoire, ce soir, au coin du feu, attache dans le même bout de liane[20]
mes petites montagnes, les épouses de Momar et la timide et blonde Violette pour qui je rapporte, en réponse, tardive peut-être, à son ironique
question, ceci que m'a conté Amadou Koumba.

5 Quels rôles est-ce que Violette et Amadou Koumba ont joués dans la vie du narrateur?

Lorsqu'il s'agit d'épouses, deux n'est point un bon compte. Pour qui veut
45 s'éviter souvent querelles, cris, reproches et allusions malveillantes, il faut
trois femmes ou une seule et non pas deux. Deux femmes dans une même
maison ont toujours avec elles une troisième compagne qui non seulement
n'est bonne à rien, mais encore se trouve être la pire[21] des mauvaises con-
seillères. Cette compagne c'est l'Envie à la voix aigre[22] et acide comme du
50 jus de tamarin.[23]

Envieuse, Khary, la première femme de Momar, l'était. Elle aurait pu
remplir dix calebasses[24] de sa jalousie et les jeter dans un puits, il lui en
serait resté encore dix fois dix outres[25] au fond de son cœur noir comme du
charbon. Il est vrai que Khary n'avait peut-être pas de grandes raisons à être
55 très, très contente de son sort. En effet, Khary était bossue.[26] Oh! une toute
petite bosse de rien du tout, une bosse qu'une camisole bien empesée[27] ou
un boubou[28] ample aux larges plis pouvaient aisément cacher. Mais Khary
croyait que tous les yeux du monde étaient fixés sur sa bosse.

Elle entendait toujours tinter à ses oreilles les cris de «Khary-khougué!
60 Khary-khougué!» (Khary-la-Bossue!) et les moqueries de ses compagnes de
jeu du temps où elle était petite fille et allait comme les autres, le buste nu,
des compagnes qui lui demandaient à chaque instant si elle voulait leur

6 Pourquoi vaut-il mieux avoir trois épouses que deux?

[16]efforts [17]terres rougeâtres [18]*moss-covered* [19]Amadou… un griot sénégalais [20]*ivy* [21]plus mauvaise [22]qui
est d'une acidité plus ou moins désagréable [23]fruit au goût aigre du tamarinier [24]*gourds* [25]peaux d'animal uti-
lisées pour porter de l'eau [26]*hunchbacked* [27]*starched* [28]vêtement très ample

prêter le bébé qu'elle portait sur le dos. Pleine de rage, elle les poursuivait, et malheur à celle qui tombait entre ses mains. Elle la griffait,[29] lui arrachait
65 tresses et boucles d'oreilles. La victime de Khary pouvait crier et pleurer tout son saoul;[30] seules ses compagnes la sortaient, quand elles n'avaient pas trop peur des coups, des griffes de la bossue, car pas plus qu'aux jeux des enfants, les grandes personnes ne se mêlent à leurs disputes et querelles.

Avec l'âge, le caractère de Khary ne s'était point amélioré, bien au con-
70 traire, il s'était aigri comme du lait qu'un génie a enjambé,[31] et c'est Momar qui souffrait maintenant de l'humeur exécrable de sa bossue de femme.

Momar devait, en allant aux champs, emporter son repas. Khary ne voulait pas sortir de la maison, de peur des regards moqueurs, ni, à plus forte raison, aider son époux aux travaux de labour.

75 Las de travailler tout le jour et de ne prendre que le soir un repas chaud, Momar s'était décidé à prendre une deuxième femme et il avait épousé Koumba.

A la vue de la nouvelle femme de son mari, Khary aurait dû devenir la meilleure des épouses, la plus aimable des femmes—et c'est ce que, dans sa
80 naïveté, avait escompté[32] Momar— il n'en fut rien.

Cependant, Koumba était bossue, elle aussi. Mais sa bosse dépassait vraiment les mesures d'une honnête bosse. On eût dit, lorsqu'elle tournait le dos, un canari[33] de teinturière[34] qui semblait porter directement le foulard et la calebasse posés sur sa tête. Koumba, malgré sa bosse, était gaie, douce
85 et aimable.

Quand on se moquait de la petite Koumba-Khoughé du temps où elle jouait, buste nu, en lui demandant de prêter un instant le bébé qu'elle avait sur le dos, elle répondait, en riant plus fort que les autres: «Ça m'étonnerait qu'il vienne avec toi. Il ne veut même pas descendre pour téter.[35]»

90 Au contact des grandes personnes, plus tard, Koumba, qui les savait moins moqueuses peut-être que les enfants, mais plus méchantes, n'avait pas changé de caractère. Dans la demeure de son époux, elle restait la même. Considérant Khary comme une grande sœur, elle s'évertuait[36] à lui plaire. Elle faisait tous les gros travaux du ménage, elle allait à la rivière laver
95 le linge, elle vannait[37] le grain, et pilait[38] le mil. Elle portait, chaque jour, le repas aux champs et aidait Momar à son travail.

Khary n'en était pas plus contente pour cela, bien au contraire. Elle était, beaucoup plus qu'avant, acariâtre[39] et méchante, tant l'envie est une glou-

---

[29]*scratched* [30]tout. . . (idiom): autant qu'on veut [31]sauté par-dessus [32]espéré [33]récipient en terre cuite [34]personne qui donne différentes couleurs aux textiles [35]boire le lait par succion répétée sur le sein [36]faisait beaucoup d'efforts [37]enlevait la poussière et les déchets des graines [38]cassait les graines en morceaux fins [39]de tempérament désagréable

7 Comment se moquait-on de Khary?

8 Pourquoi Khary n'aide-t-elle pas son mari aux champs?

9 Pourquoi Momar a-t-il épousé une deuxième femme?

10 Qu'est-ce qui distingue Koumba de Khary?

tonne qui se repaît[40] de n'importe quel mets,[41] en voyant que Koumba ne semblait pas souffrir de sa grosse bosse.

100   Momar vivait donc à demi heureux entre ses deux femmes, toutes deux bossues, mais l'une, gracieuse, bonne et aimable, l'autre, méchante, grognonne[42] et malveillante[43] comme des fesses[44] à l'aurore.

    Souvent, pour aider plus longtemps son mari, Koumba emportait aux champs le repas préparé de la veille[45] ou de l'aube. Lorsque binant[46] ou sar-
105 clant[47] depuis le matin, leurs ombres s'étaient blotties[48] sous leurs corps pour chercher refuge contre l'ardeur du soleil, Momar et Koumba s'arrê-taient. Koumba faisait réchauffer le riz ou la bouillie,[49] qu'elle partageait avec son époux; tous deux s'allongeaient ensuite à l'ombre du tamarinier qui se trouvait au milieu du champ. Koumba, au lieu de dormir comme
110 Momar, lui caressait la tête en rêvant peut-être à des corps de femme sans défaut.

11 Les deux femmes traitent-elles Momar de la même façon?

Le tamarinier est, de tous les arbres, celui qui fournit l'ombre la plus épaisse; à travers son feuillage que le soleil pénètre difficilement, on peut apercevoir, parfois, en plein jour, les étoiles; c'est ce qui en fait l'arbre le plus
115 fréquenté par les génies et les souffles,[50] par les bons génies comme par les mauvais, par les souffles apaisés et par les souffles insatisfaits.

12 Quel est le pouvoir du tamarinier?

    Beaucoup de fous crient et chantent le soir qui, le matin, avaient quitté leur village ou leur demeure, la tête saine. Ils étaient passés au milieu du jour sous un tamarinier et ils y avaient vu ce qu'ils ne devaient pas voir, ce
120 qu'ils n'auraient pas dû voir: des êtres de l'autre domaine, des génies qu'ils avaient offensés par leurs paroles ou par leurs actes.

13 Pourquoi aurait-on peur des tamariniers?

    Des femmes pleurent, crient, rient et chantent dans les villages qui sont devenues folles parce qu'elles avaient versé par terre l'eau trop chaude d'une marmite[51] et avaient brûlé des génies qui passaient ou qui se reposaient
125 dans la cour de leur demeure.[52] Ces génies les avaient attendues à l'ombre d'un tamarinier et avaient changé leur tête.[53]

14 Qu'est-ce qui arrive à ceux qui offensent les génies?

    Momar ni Koumba n'avaient jamais offensé ni blessé, par leurs actes ou par leurs paroles, les génies; ils pouvaient ainsi se reposer à l'ombre du tamarinier, sans craindre la visite ni la vengeance de mauvais génies.

130   Momar dormait ce jour-là, lorsque Koumba, qui cousait[54] près de lui, crut entendre, venant du tamarinier, une voix qui disait son nom; elle leva

---

[40]se... se nourrit   [41]aliment   [42]d'humeur désagréable, acariâtre   [43]déplaisante   [44]*buttocks*   [45]la nuit précédente
[46]*hoeing*   [47]*weeding*   [48]cachées   [49]aliment liquide et épais   [50]les esprits des morts   [51]pot de cuisine   [52]maison
[53]avaient... *(africanisme)* les avaient rendues folles   [54]*sewed*

la tête et aperçut, sur la première branche de l'arbre, une vieille, très vieille femme dont les cheveux, longs et plus blancs que du coton égrené, recou-
135 vraient le dos.

—Es-tu en paix, Koumba? demanda la vieille femme.

—En paix seulement, Mame (Grand-Mère), répondit Koumba.

—Koumba, reprit la vieille femme, je connais ton bon cœur et ton grand mérite depuis que tu reconnais ta droite de ta gauche.[55] Je veux te rendre un
140 grand service, car je t'en sais digne. Vendredi, à la pleine lune, sur la colline d'argile[56] de N'Guew, les filles-génies danseront. Tu iras sur la colline lorsque la terre sera froide. Quand le tam-tam battra son plein, quand le cercle sera bien animé, quand sans arrêt une danseuse remplacera une autre danseuse, tu t'approcheras et tu diras à la fille-génie qui sera à côté de toi:
145 —Tiens, prends-moi l'enfant que j'ai sur le dos, c'est à mon tour de danser.

◀ **15** Qu'est-ce que la vieille femme propose à Koumba?

Le vendredi, par chance, Momar dormait dans la case de Khary, sa première femme.

Les derniers couchés du village s'étaient enfin retournés dans leur pre-
150 mier sommeil, lorsque Koumba sortit de sa case et se dirigea vers la colline d'argile.

De loin elle entendit le roulement endiablé[57] du tam-tam et les battements des mains. Les filles-génies dansaient le sa-n'diaye,[58] tournoyant l'une après l'autre au milieu du cercle en joie. Koumba s'approcha et
155 accompagna de ses claquements de mains le rythme étourdissant[59] du tam-tam et le tourbillon frénétique des danseuses qui se relayaient.[60]

Une, deux, trois… dix avaient tourné tourné, faisant voler boubous et pagnes… Alors Koumba dit à sa voisine de gauche en lui présentant son dos:

—Tiens, prends-moi l'enfant, c'est à mon tour.
160 La fille-génie lui prit la bosse et Koumba s'enfuit.

Elle courut et ne s'arrêta que dans sa case, où elle entra au moment même où le premier coq chantait.[61]

◀ **16** Quel est l'événement qui change définitivement la condition de Koumba?

La fille-génie ne pouvait plus la rattraper, car c'était le signal de la fin du tam-tam et du départ des génies vers leurs domaines jusqu'au prochain
165 vendredi de pleine lune.

Koumba n'avait plus sa bosse. Ses cheveux finement tressés retombaient sur son cou long et mince comme un cou de gazelle. Momar la vit en sortant le

---

[55]reconnais… distingues le bien du mal   [56]terre utilisée dans la poterie   [57]bien animé   [58]danse du Sénégal   [59]qui donne le vertige   [60]se… se remplaçaient l'une l'autre   [61]le… *the first rooster crowed*

matin de la case de sa première épouse, il crut qu'il rêvait et se frotta plusieurs fois les yeux. Koumba lui apprit ce qui s'était passé.

170 La salive de Khary se transforma en fiel[62] dans sa bouche lorsqu'elle aperçut, à son tour, Koumba qui tirait de l'eau au puits; ses yeux s'injectèrent de sang, elle ouvrit la bouche sèche comme une motte[63] d'argile qui attend les premières pluies, et amère comme une racine de sindian;[64] mais il n'en sortit aucun son, et elle tomba évanouie. Momar et Koumba la 175 ramassèrent et la portèrent dans sa case. Koumba la veilla, la faisant boire, la massant,[65] lui disant de douces paroles.

Quand Khary fut remise sur pied, échappant à l'étouffement[66] par la jalousie qui lui était montée du ventre à la gorge, Koumba toujours bonne compagne, lui raconta comment elle avait perdu sa bosse et lui indiqua 180 comment elle aussi devait faire pour se débarrasser de la sienne.

Khary attendit avec impatience le vendredi de pleine lune qui semblait n'arriver jamais. Le soleil, traînant tout le long du jour dans ses champs, ne paraissait plus pressé de regagner sa demeure et la nuit s'attardait longuement avant de sortir de la sienne pour faire paître[67] son troupeau d'étoiles.

185 Enfin ce vendredi arriva, puisque tout arrive.

Khary ne dîna pas ce soir-là. Elle se fit répéter par Koumba les conseils et les indications de la vieille femme aux longs cheveux de coton du tamarinier. Elle entendit tous les bruits de la première nuit[68] diminuer et s'évanouir, elle écouta naître et grandir tous les bruits de la deuxième nuit. 190 Lorsque la terre fut froide, elle prit le chemin de la colline d'argile où dansaient les filles-génies.

17 Où va-t-elle? Pour quoi faire?

C'était le moment où les danseuses rivalisaient d'adresse,[69] de souplesse et d'endurance, soutenues et entraînées par les cris, les chants et les battements de mains de leurs compagnes qui formaient le cercle, impatientes 195 elles aussi de montrer chacune son talent, au rythme accéléré du tam-tam qui bourdonnait.

Khary s'approcha, battit des mains comme la deuxième épouse de son mari le lui avait indiqué; puis, après qu'une, trois, dix filles-génies entrèrent en tourbillonnant[70] dans le cercle et sortirent haletantes,[71] elle dit à sa voi-200 sine:

—Tiens, prends-moi l'enfant, c'est à mon tour de danser.

—Ah non, alors! dit la fille-génie. C'est bien à mon tour. Tiens, garde-

---

[62]bile (sécrétion associée à la mauvaise humeur)   [63]masse compacte   [64]espèce d'arbre   [65]la… lui donnant un massage   [66]obstruction de la respiration   [67]faire… nourrir (un animal)   [68]la… *ici:* la première partie de la nuit   [69]dextérité   [70]tournant   [71]respirant avec difficulté après un gros effort physique

moi celui-ci que l'on m'a confié[72] depuis une lune entière et que personne n'est venu réclamer.

205   Ce disant, la fille-génie plaqua[73] sur le dos de Khary la bosse que Koumba lui avait confiée. Le premier coq chantait au même moment, les génies disparurent et Khary resta seule sur la colline d'argile, seule avec ses deux bosses.

    La première bosse, toute petite, l'avait fait souffrir à tous les instants de 210 sa vie, et elle était là maintenant avec une bosse de plus, énorme, plus qu'énorme, celle-là! C'était vraiment plus qu'elle ne pourrait jamais en supporter.

    Retroussant ses pagnes,[74] elle se mit à courir droit devant elle. Elle courut des nuits, elle courut si loin et elle courut si vite qu'elle arriva à la mer et 215 s'y jeta.

    Mais elle ne disparut pas toute. La mer ne voulut pas l'engloutir[75] entièrement.

    Ce sont les deux bosses de Khary-Khougué qui surplombent[76] la pointe du Cap-Vert, ce sont elles que les derniers rayons du soleil éclairent sur la 220 terre d'Afrique.

    Ce sont les deux bosses de Khary qui sont devenues les Mamelles.

◀18 Qu'est-ce qui arrive à Khary lorsqu'elle va danser avec les filles-génies?

◀19 Pourquoi Khary s'est-elle jetée dans la mer?

[72]donné   [73]colla   [74]Repliant une partie de son habit pour avoir plus de liberté de mouvement   [75]la submerger
[76]dominent par la hauteur

Pour approfondir...

1. Beaucoup de fables et de légendes enseignent des leçons. D'après vous, quelles sont les leçons morales de cette histoire?

2. Khary n'a qu'une petite bosse, tandis que Koumba en a une très grosse. Mais Khary est quand même jalouse de sa rivale. Pourquoi?

3. Dressez une liste des éléments de la nature qui sont évoqués dans ce conte. Quel rôle est-ce que la nature joue dans l'action de l'histoire, et quels sont les liens entre la nature et le surnaturel?

4. Khary et Koumba suivent les mêmes instructions pour se défaire de leurs bosses, mais elles arrivent à des résultats différents. Pourquoi?

5. Vers le début de l'histoire, nous lisons la phrase suivante: «Les flots fendus forment, sur le fond qui fuit, des feux follets furtifs.» L'allitération (ici la répétition du *f*) devient frappante quand on lit la phrase à voix haute. Quels autres éléments pouvez-vous trouver qui nous rappellent que ce conte vient d'une tradition *orale*?

Pour écrire...

1. Dans votre région, y a-t-il un site bien connu auquel est attachée une légende? Décrivez ce site et racontez-en la légende.

2. Inventez un conte qui retrace l'origine d'une coutume particulière ou d'un animal donné.

3. Recréez une chaîne de souvenirs personnels en partant du passé le plus proche au passé lointain.

4. En racontant cette histoire africaine, Diop l'adapte pour un public étranger. Essayez de montrer les techniques qu'il utilise pour «faire le pont» entre le Sénégal et la France.

Pour en savoir plus...

Dans ses recueils de contes, le Sénégalais Birago Diop (Dakar, 1906–1989) continue la mission de l'artiste traditionnel. Pour cela il transpose dans la langue française les histoires qu'il a recueillies auprès d'Amadou Koumba, le griot attaché à sa famille, et auprès des nombreux paysans qu'il a rencontrés au Sénégal et au Mali dans son travail de vétérinaire. Diop ne fait pas que répéter; il *adapte* ces histoires aussi, car il doit les transmettre à des lecteurs (africains, français et autres) qui ne connaissent peut-être pas leur contexte originel. Le texte des «Mamelles» est extrait d'un recueil intitulé *Contes d'Amadou Koumba*, auquel Diop a ajouté plus tard une suite: *Les Nouveaux Contes d'Amadou Koumba*. Outre ces contes, Birago Diop a écrit beaucoup de poèmes célébrant la culture traditionnelle africaine et le lien indissoluble qu'elle établit entre les morts et les vivants.

Birago Diop

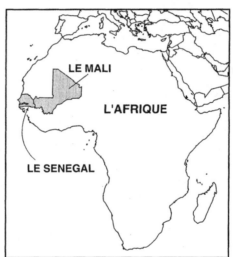

La Boulangère de Monceau

Eric Rohmer, 1962

Pour entrer dans le texte...

Au moment où le jeune Parisien tombe amoureux d'une passante, il ignore encore combien sa quête sera pleine de difficultés et d'imprévus. Au milieu du tumulte parisien, il devra faire face aux agitations de son propre cœur. Il reste à savoir s'il arrivera à trouver des solutions qui lui paraîtront satisfaisantes, c'est-à-dire *morales.*

Eric Rohmer nous invite à entrer dans un univers où l'être humain apparaît sous son véritable jour: aveugle et contradictoire, toujours aux prises avec sa profonde dualité. Mais avec Rohmer, au lieu de sombrer dans le désespoir... ne s'agira-t-il pas plutôt de moins se prendre au sérieux?

Mots-clés

aborder, accoster
faillir faire quelque chose
faire la cour à
feindre, faire semblant
heurter

passer un examen
le rendez-vous
tomber/être amoureux de
tromper
trouver un prétexte

Termes littéraires

le narrateur
le personnage
la perspective narrative
le récit à la première personne

Pour mieux lire...

Tout au long du texte, le narrateur évoque deux images féminines qui semblent beaucoup le hanter: Sylvie la passante, et celle qu'il appelle «la petite boulangère». Enumérez les caractéristiques de chaque «type» féminin.

La Boulangère de Monceau

Paris, le carrefour Villiers.[1] A l'Est, le boulevard des Batignolles avec, en fond, la masse du Sacré-Cœur de Montmartre.[2] Au Nord, la rue de Lévis et son marché, le café *Le Dôme* faisant angle avec l'avenue de Villiers, puis, sur le trottoir[3] opposé, la bouche de métro[4] Villiers, s'ouvrant au pied[5] d'une horloge, sous les arbres du terre-plein,[6] aujourd'hui rasé.[7]

5

A l'Ouest, le boulevard de Courcelles. Il conduit au parc Monceau en bordure duquel l'ancien Cité-Club, un foyer[8] d'étudiants, occupait un hôtel

1 Où est-ce que l'histoire se déroule? Quelle est l'importance de cette mise en scène?

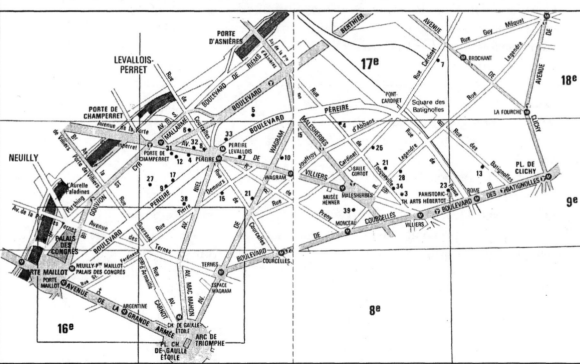

L'histoire se déroule dans le dix-septième arrondissement à Paris.

---

[1]carrefour… voir le plan ci-dessus   [2]Sacré… basilique construite sur la butte Montmartre (1876–1910).   [3]chemin réservé aux piétons, pas aux voitures   [4]bouche… entrée de la station de métro   [5]au… sous   [6]*boulevard strip*
[7]détruit   [8]centre

Napoléon III[9] démoli en 1960. C'est là que j'allais dîner tous les soirs,
10 quand je préparais mon droit,[10] car j'habitais non loin, rue de Rome. A la
même heure, Sylvie, qui travaillait dans une galerie de peinture de la rue de
Monceau, rentrait chez elle en traversant le parc.

Je ne la connaissais encore que de vue. Nous nous croisions[11] parfois sur
les trois cents mètres de boulevard qui séparent le carrefour du foyer. Nous
15 avions échangé quelques regards furtifs, et nous en restions là.[12]

Schmidt, mon camarade, me poussait à la hardiesse:[13]

—Malheureusement, elle est un peu trop grande pour moi, mais toi,
tente ta chance.[14]

—Comment? Je ne vais pas l'aborder[15]!

20 —Pourquoi? On ne sait jamais!…

Oui, elle n'était pas fille à se laisser aborder comme ça dans la rue. Et
accoster «comme ça» c'était encore moins mon genre.[16] Pourtant, je la sup-
posais prête à faire, en ma faveur, exception à sa règle, comme moi je l'eusse
faite à la mienne, mais je ne voulais pour rien au monde gâter mes chances
25 par quelque manœuvre prématurée. J'optai pour l'extrême discrétion, évi-
tant même parfois son regard, et laissant à Schmidt le soin de la scruter.[17]

—Elle a regardé?

—Oui.

—Longtemps?

30 —Assez. Nettement plus que d'habitude.

—Ecoute, dis-je, j'ai envie de la suivre, pour savoir au moins où elle
habite.

—Accoste franchement, mais ne suis pas. Sinon, tu te grilles.[18]

—Accoster!

35 Je m'apercevais à quel point je tenais[19] à elle. Nous étions en mai et la fin
de l'année scolaire approchait. Nul doute qu'elle n'habitât[20] dans le quartier.
Nous l'avions aperçue un panier à la main, faisant des courses: c'était
devant la terrasse du Dôme où nous prenions le café après dîner. Il n'était
que huit heures moins le quart et les boutiques n'avaient pas encore fermé.

40 —Au fond, dis-je, quand elle eut tourné au coin de l'avenue, elle habite
peut-être par ici.

—Attends, dit Schmidt, je vais jeter un coup d'œil.[21]

▶**2** Quelles sont les occupations respectives du narrateur et de Sylvie? Avec quel milieu social les protagonistes sont-ils associés?

▶**3** Pourquoi le narrateur hésite-t-il à aborder Sylvie?

▶**4** Quel rôle Schmidt joue-t-il auprès de son camarade?

▶**5** Pourquoi le narrateur pense-t-il que Sylvie habite dans le 17e arrondissement?

[9]Napoléon… style d'architecture qui date du règne de Napoléon III (1852–1870). [10]mon… examens pour devenir avocat [11]nous… passions l'un à côté de l'autre en allant dans une direction opposée ou différente [12]en… n'al-lions pas plus loin [13]audace [14]tente … *try your luck* [15]m'adresser à elle dans la rue [16]manière d'agir [17]observer [18]tu… *you'll blow it* [19]étais attaché [20]Nul… Il n'y a pas de doute qu'elle n'habite [21]jeter… regarder rapidement

Il revint au bout de quelques instants:

—Elle est entrée dans un magasin. Je ne sais dans quel sens[22] elle sortira,
45 c'est trop risqué.

Un peu plus tard, nous la revîmes passer, «regardant un peu trop droit
devant elle», commenta Schmidt, «pour ne pas être impressionnée par
nous».

6 Expliquez la remar-
que de Schmidt.

—Je m'en fous,[23] je la suis! dis-je en me levant.

50 J'oubliai toute prudence, et m'engageai presque sur ses talons[24] dans la
rue de Lévis. Mais je dus vite battre en retraite[25] car, zigzaguant d'un éventaire[26] à l'autre, elle menaçait à tout moment de me capter dans son champ
de vision.[27] Je repris ma place et nous ne la revîmes plus de la soirée,[28] mais,
même si j'avais réussi à la suivre jusqu'à sa porte, aurais-je été plus avancé?
55 Schmidt avait raison: cette petite guerre d'escarmouches[29] ne pouvait se
prolonger indéfiniment. J'allais me décider à tenter le tout pour le tout,
c'est-à-dire l'aborder carrément[30] en plein milieu du boulevard, quand la
chance, enfin, me sourit.

7 De quoi le narrateur
a-t-il peur?

Il était sept heures à l'horloge du carrefour, nous allions dîner. Je m'étais
60 arrêté pour acheter le journal. Schmidt, sans m'attendre, avait continué
jusqu'au trottoir opposé, d'où il me regardait venir, courant tête baissée. Au
moment de m'engager sur le passage clouté,[31] je le vois me faire des signes
véhéments que je ne comprends pas tout d'abord. Je crois qu'il me désigne
la chaussée et l'imminence d'un danger quelconque. En fait, c'est le trottoir,
65 derrière moi, à droite, qui est visé.[32] Je tourne la tête, mais le soleil, bas sur
l'horizon, m'éblouit. Je recule un peu pour mieux voir: je heurte alors, ou
presque, de plein fouet,[33] l'objet désigné par Schmidt et qui n'est autre que
Sylvie remontant le boulevard de son pas alerte. Je me confonds en excuses:

8 Comment fait-il la
connaissance de Sylvie?

—Oh, pardon!

70 —Il n'y a pas de mal!

—Vraiment?

—Nous ne nous sommes même pas cognés!

—Heureusement… Je ne sais pas ce que j'ai aujourd'hui: tout à l'heure
j'ai failli me casser la figure[34] sur ces trucs[35]-là, dis-je en désignant des gra-
75 vats[36] posés le long du trottoir.

Elle éclate de rire:

—J'aurais voulu voir ça!

---

[22]direction [23]Je… Ça m'est égal [24]m'engageai… marchai tout près derrière [25]battre… abandonner [26]*stall,
stand* [27]champ… perspective [28]de… toute la soirée [29]*skirmish* [30]directement [31]pour piétons [32]désigné
[33]de… directement [34]me… tomber [35]choses [36]*rubble*

—Je dis: j'ai failli.

—Comment?

80 Le bruit de la circulation est si fort à cette heure que nous avons peine[37] à nous comprendre. Je crie presque:

—J'ai failli: il n'y a pas de mal… Oh! ces voitures! On n'entend rien!

Toute conversation est manifestement impossible. Sylvie me quitte et je n'ose la retenir.

85 —Je vais par là, dit-elle.

—Et moi par là, dis-je.

Et j'ajoute très vite:

—Je vous dois un dédommagement.[38] Voulez-vous prendre le café avec nous, dans une heure?

90 Car je doute qu'elle accepte une invitation pour l'immédiat.

—Je suis prise ce soir. Une autre fois: nous nous croisons souvent! Au revoir, Monsieur!

—Au revoir, Mademoiselle!

Et, sans même la regarder s'éloigner, triomphant, je cours rejoindre
95 Schmidt.

Pendant la brève minute que dura notre conversation, je n'avais eu qu'une seule pensée: la retenir à tout prix,[39] dire n'importe quoi, sans songer[40] à l'impression que je pouvais lui faire et qui ne pouvait pas être très bonne. Mais ma victoire était indiscutable. J'avais mis, il faut le dire,
100 dans la bousculade[41] un tout petit peu du mien.[42] Elle n'avait pas eu l'air de s'en offusquer,[43] et s'était empressée,[44] bien au contraire, de saisir la balle au bond.[45] Son refus ne me tracassait[46] guère,[47] puisqu'elle m'autorisait à lui adresser la parole lors d'une prochaine rencontre qui ne saurait[48] tarder: quoi de mieux?

105 Or il arriva la chose à quoi je m'attendais le moins. Ma chance inespérée fut suivie d'une malchance tout aussi extraordinaire. Trois jours, huit jours passèrent, je ne la croisai plus. Schmidt, pour mieux préparer son écrit,[49] était retourné dans sa famille. Tout amoureux que j'étais déjà, l'idée de distraire[50] la moindre parcelle[51] de mes heures d'étude à la recherche de Sylvie
110 ne me venait même pas à l'esprit.[52] Mon seul moment libre était le repas. Je me passai donc de dîner.[53]

Ce dîner durant trente minutes, et mon aller-et-retour trois, mes chances de croiser Sylvie seraient ainsi multipliées par dix. Mais le boule-

▶**9** Quel est le sujet de leur conversation?

◀**10** Pourquoi le narrateur juge-t-il que l'impression qu'il a donnée de lui-même «ne pouvait pas être très bonne»? Que veut-il dire par là?

◀**11** Pourquoi le narrateur est-il satisfait de sa première rencontre avec Sylvie?

◀**12** Quels sacrifices est-il prêt à faire à l'amour?

---

[37]de la difficulté [38]compensation [39]à… absolument [40]penser [41]collision [42]J'avais… J'avais participé à la bousculade. [43]s'en… se vexer [44]dépêchée [45]saisir… *to jump at the opportunity* [46]inquiétait [47]pas [48]pourrait [49]examen écrit [50]consacrer à [51]partie [52]ne… *didn't cross my mind* [53]Je… Je n'ai pas dîné.

vard ne m'apparaissait pas comme le meilleur poste d'observation. En effet,
115 elle pouvait fort bien passer par ailleurs[54] et même—je ne savais pas d'où
elle venait—prendre le métro, ou le bus. En revanche,[55] il était impossible
qu'elle eût cessé d'aller faire son marché.[56] C'est pourquoi je décidai d'étendre[57] le champ de mes investigations à la rue de Lévis.

Et puis, il faut bien le dire, le guet[58] sur le boulevard, en ces fins d'après-
120 midi chaudes, était monotone et fatigant. Le marché offrait la variété, la
fraîcheur et l'irrésistible argument alimentaire. Mon estomac me tiraillait
et, lassé des réfectoires, il réclamait précisément, avant-goût des vacances,
cet intermède gastronomique que le temps des cerises était propre à lui
octroyer.[59] Les odeurs maraîchères[60] de la rue et son brouhaha m'étaient à
125 coup sûr, après tant d'heures de Dalloz[61] et de «polycopiés»,[62] meilleure
récréation que le tintamarre[63] du foyer et ses effluves de popote.[64]

Toutefois, ma recherche restait vaine. Des milliers de personnes
habitaient le quartier. C'est peut-être même l'un de ceux, dans Paris, où la
population est la plus dense. Fallait-il rester en place? Fallait-il tourner en
130 rond? J'étais jeune et l'espoir un peu niais[65] peut-être m'habitait de voir
Sylvie soudain surgir[66] à sa fenêtre, ou sortir tout à coup d'un magasin et se
trouver, comme l'autre jour, nez à nez avec[67] moi. J'optai donc pour la
marche et la flânerie.[68]

C'est ainsi que j'avais découvert, au coin de la rue Lebouteux, une petite
135 boulangerie où je pris l'habitude d'acheter les gâteaux qui constituaient la
partie la plus substantielle de mon repas. Deux femmes la tenaient: la
patronne occupée presque toujours, à cette heure, dans sa cuisine, et une
brunette assez jolie, œil vif, lèvres charnues,[69] visage avenant.[70] Les premiers
jours, si je me souviens bien, je la trouvais souvent aux prises avec[71] des
140 voyous[72] du quartier, venus lui débiter leurs âneries.[73] Elle mettait du temps
à me servir, tant ils étaient collants.[74] J'avais tout loisir de[75] faire mon choix,
mais je n'achetais guère que des sablés.[76] Ces sablés n'étaient ni meilleurs ni
moins bons que dans une autre boulangerie. Ils sont fabriqués en usine, et
on les trouve partout. Mais, d'une part, la rue déserte, par laquelle j'achevais
145 mon périple,[77] m'offrait l'avantage de manger tout à mon aise sans être vu
de Sylvie qui, dans la foule du marché, pouvait au contraire surgir à l'im-

▶**13** Quelle nouvelle stratégie choisit-il pour trouver Sylvie?

◀**14** Qu'espère le narrateur?

◀**15** Pourquoi commence-t-il à fréquenter la boulangerie?

◀**16** Qu'est-ce qui le frappe chez la boulangère?

◀**17** Où aime-t-il manger ses sablés et pourquoi?

[54]par... d'une autre direction [55]En... *On the other hand* [56]son... des achats [57]élargir [58]surveillance [59]Mon estomac... *Tired of cafeteria fare, my stomach spurred me on, craving the gastronomic interlude proferred by springtime as a foretaste of the summer holidays.* [60]associées au jardin [61]livre qu'on utilise à l'école de droit [62]*course pack* [63]bruit [64]effluves... odeur de cuisine [65]bête [66]apparaître [67]nez... devant [68]promenade [69]*fleshy* [70]agréable [71]aux... en lutte contre [72]*hoodlums* [73]débiter... dire des stupidités [74]gênants [75]tout... le temps de [76]petits gâteaux secs [77]voyage

proviste,[78] d'autre part, l'achat de mon gâteau avait fini par sacrifier[79] à une sorte de cérémonial mis au point[80] par moi et la petite boulangère.

Ce fut elle, à vrai dire,[81] qui commença. Pour agacer[82] son petit copain,
150 elle s'était mise, au plus fort[83] de leur querelle, à feindre entre elle et moi comme un accord tacite, par force[84] clins d'œil[85] et sourires en coin auxquels j'opposais un visage de marbre. Je n'avais pris qu'un sablé, et je mis à le manger le temps du[86] parcours qui me ramena au marché. Là, j'eus envie d'un autre, et retournai sur mes pas. Le sourire que la boulangère, main-
155 tenant seule, m'adressa comme à personne connue renforça ma froideur. A mon âge, on ne hait rien tant[87] que faire les courses. J'évite soigneusement toute familiarité avec les vendeurs. J'aime à entrer toujours dans un magasin avec le ton et l'allure de celui qui y pénètre pour la première fois.

—Je voudrais un sablé, dis-je de ma voix la plus neutre.

160 Surprise et comme pour s'assurer de mon identité, elle me jeta un regard un peu appuyé[88] qui me fit honte.[89] Je n'osai poursuivre la comédie et lui demander «combien?» du même air ingénu.

—Quarante francs? fis-je, sans trop peser[90] sur l'interrogation.

—Oui, répondit-elle du tac au tac,[91] devinant déjà ma manie et décidée
165 à jouer le jeu.

Et toujours pas de Sylvie à l'horizon. Me fuyait[92]-elle? Pourquoi, grands dieux? Etait-elle à la campagne, malade, morte, mariée? Toutes les hypothèses étaient permises. A la fin de la semaine, mon guet quotidien était devenu simple formalité. J'avais hâte de retrouver ma boulangerie,
170 soignant chaque jour un peu mieux mon entrée, mes lenteurs, mes bizarreries.

Le masque d'obséquiosité[93] et d'indifférence commerciale arboré[94] par ma vendeuse ne lui servait, je le voyais bien, qu'à mieux relancer[95] le jeu, et ses entorses[96] à la règle n'étaient pas des oublis ou des impatiences, mais
175 bien des provocations. Si jamais elle se hasardait[97] à prévenir[98] mes demandes par le moindre petit geste ou regard vers le gâteau sur lequel j'avais jeté mon dévolu,[99] je feignais de changer d'avis quitte à[100] retomber sur mon premier choix.

—Deux sablés?
180 —Non... Euh!... Oui, un sablé... Euh!... Et puis un autre, oui, donnez-m'en deux!

18 Quel est le cérémonial dont il parle?

19 Pourquoi le narrateur ne répond-il pas au sourire de la boulangère?

20 De quelle manie s'agit-il?

21 Selon le narrateur, à quel jeu la boulangère se livre-t-elle?

---

[78]à... d'une manière inattendue [79]se conformer [80]mis... perfectionné [81]à... pour dire la vérité [82]irriter [83]au... dans la partie la plus terrible [84]beaucoup de [85]clins... *winks* [86]le... pendant [87]*as much as* [88]insistant [89]me... *made me ashamed* [90]insister [91]du... *giving tit for tat* [92]évitait [93]servilité complaisante [94]porté [95]recommencer [96]infractions [97]se... risquait [98]anticiper [99]jeté... fixé mon choix [100]quitte... *even if it meant*

Docile, elle s'exécutait sans trace d'impatience, heureuse de trouver un prétexte à me faire rester plus longtemps dans la boutique peu fréquentée à cette heure tardive. Et ses battements de cils, ses pincements[101] de lèvres, ses
185 maladresses[102] de toutes sortes trahissaient un émoi[103] de moins en moins innocent. Je n'avais pas mis longtemps à[104] m'apercevoir que je ne déplaisais pas à la jolie boulangère, mais, fatuité[105] si l'on veut, le fait que je plaise à une fille me paraissait aller de soi.[106] Et comme, d'autre part, elle n'entrait pas dans mes catégories—c'était le moins qu'on puisse dire[107]—et que
190 Sylvie seule occupait ma pensée… Oui, c'est précisément parce que je pensais à Sylvie que j'acceptais les avances—car c'en étaient—de la boulangère, de bien meilleure humeur que si je n'avais pas été amoureux d'une autre fille.

Cependant la comédie, entraînée sur sa propre pente,[108] sortait de la
195 réserve où elle s'était cantonée[109] les premiers jours, et menaçait de tourner au burlesque. Sûr de ses sentiments à mon égard, je m'amusais à éprouver[110] la docilité de ma vendeuse à mes moindres caprices, arrêtant ses mouvements en plein élan,[111] la surprenant par ma sobriété, ou, tantôt,[112] ma voracité. Il m'arriva de commander jusqu'à dix gâteaux à la fois, incer-
200 tain de pouvoir les avaler. J'y parvins[113] toutefois, mais y mis un bon quart d'heure, debout dans la rue, à quelques pas de la boutique, sans la moindre peur, maintenant, d'être vu.

Je m'engageais ainsi chaque jour de plus en plus, tout en pensant que cela ne pouvait me mener très loin. Et puis, c'était une façon comme une
205 autre non seulement d'occuper mon temps, mais de me venger de Sylvie et de son absence. Toutefois cette vengeance me paraissait assez indigne de moi, et c'est contre la boulangère elle-même que je finissais par tourner mon irritation. Ce qui me choquait, ce n'était pas que je puisse lui plaire, moi, mais qu'elle ait pu penser qu'elle pouvait me plaire, elle, de quelque
210 façon. Et pour me justifier à mes propres yeux, je ne cessais de me répéter que c'était sa faute à elle et qu'il fallait la punir de s'être frottée au loup.[114]

Vint donc le moment où je passai à l'attaque.[115] La boutique était déserte. On allait fermer dans quelques minutes, la patronne surveillait le
215 rôti.[116] Je mangeais mes gâteaux sur place:[117] l'idée me prit[118] d'en offrir un

22 Comment le narrateur interprète-t-il l'attitude de la boulangère à son égard? En est-il surpris? Pourquoi?

23 Le narrateur accepte-t-il les avances de la boulangère? Pourquoi?

24 La certitude d'être aimé par la boulangère pousse le narrateur à l'action. A quoi précisément?

25 Dans quelle mesure le narrateur s'intéresse-t-il à la boulangère?

26 D'après le narrateur, de quoi la boulangère est-elle coupable?

---

[101]*biting*   [102]*clumsiness*   [103]émotion   [104]n'avais… n'avais pas besoin de beaucoup de temps pour   [105]vanité
[106]aller… être naturel   [107]c'était… *it was the least one could say*   [108]*slope*   [109]limitée   [110]*to test*   [111]arrêtant… interrompant ses mouvements   [112]parfois   [113]réussis   [114]s'être… provoquer un loup   [115]passai… commençai l'offensive   [116]viande   [117]sur… là (à la boulangerie)   [118]l'idée… j'ai eu l'idée

à la boulangère. Elle se fit un peu prier[119] et choisit une part de tarte qu'elle engloutit[120] très voracement. Je la taquinai:

—Je croyais qu'à voir des gâteaux toute la journée, on finissait par s'en dégoûter.

220 —Vous savez, dit-elle, la bouche pleine, il y a un mois seulement que je suis ici. Et je ne reste pas longtemps. En septembre, j'aurai une place aux Galeries Lafayette.[121]

—Vous êtes ici toute la journée?

—Oui.

225 —Et le soir, qu'est-ce que vous faites?

Elle ne répond pas. Elle est appuyée en arrière contre le comptoir et baisse les yeux. J'insiste:

—Vous voulez sortir, un soir, avec moi?

Elle fait deux pas en avant jusqu'à la porte, dans la lumière frisante.[122]
230 Son décolleté[123] carré met en valeur la ligne de sa nuque[124] et de ses épaules. Après un silence, elle tourne un peu la tête:

▶27 Quels sont les objectifs du narrateur?

—Vous savez, j'ai juste dix-huit ans!

Je m'avance vers elle et touche du doigt son dos nu:

—Et alors, vos parents ne vous laissent pas sortir?

235 L'arrivée de la patronne lui permet d'esquiver[125] la réponse. Vivement,[126] elle retourne à son comptoir.

Mes examens se terminaient. J'allais partir en vacances. Je croyais Sylvie à tout jamais[127] perdue. Seule, la force de l'habitude me faisait poursuivre tous les soirs ma tournée d'inspection—et peut-être aussi l'espoir d'obtenir
240 de la boulangère la promesse d'un rendez-vous, maigre consolation à mes déboires.[128] L'avant-veille de mon départ, je la croisai dans la rue, portant un cageot[129] de pain. Je m'arrêtai:

—Vous voulez que je vous aide?

—Vous pensez?

245 —Je vous gêne? Vous avez peur qu'on nous voie?

—Oh non! De toute façon, je pars dans un mois.

Elle a un petit sourire qu'elle voudrait provocant. Pour dissiper l'embarras, je l'invite à reprendre sa marche:

▶28 De quelle manière accoste-t-il la boulangère?

—Ça vous gêne que je vous accompagne un bout de chemin?

250 —Enfin…

---

[119]se… résista [120]dévora [121]Galeries… grand magasin français [122]faible [123]vêtement qui laisse voir le cou, une partie de la gorge et du dos [124]nape (of the neck) [125]d'éviter [126]Rapidement [127]à… pour toujours [128]désillusion [129]hamper

J'avise[130] heureusement une porte cochère:[131]

—Ecoutez, mettons-nous là, j'ai un mot à vous dire.

Elle me suit, docilement, jusqu'à une cour intérieure. Elle a posé son cageot à terre et s'est adossée au[132] mur. Elle lève vers moi ses yeux interro-
255 gateurs et graves.

—Je vous fais du tort[133]? dis-je.

—Non, je vous ai dit, c'est pas ça.

Je la regarde bien en face. J'appuie ma main à la muraille, à la hauteur de ses épaules:

260 —Sortons ensemble un soir. Demain?

—Laissez-moi, il vaut mieux.

—Pourquoi?

—J'sais pas. J'vous connais pas!

—Nous ferons connaissance. J'ai l'air si méchant?

265 Elle sourit:

—Non!

Je lui prends la main et joue avec ses doigts:

—Ça ne vous engage à rien. Nous irons au cinéma. Sur les Champs-Elysées. Vous allez bien au ciné?

270 —Oui, le samedi.

—Sortons samedi…

—J'y vais avec des copains.

—Des garçons?

—Des garçons, des filles. Ils sont bêtes!

275 —Raison de plus. Samedi alors?

—Non, pas samedi.

—Un autre jour? Vos parents vous bouclent?[134]

—Oh non! J'espère bien que non.

—Eh bien! Demain, alors! Nous dînerons dans un bon petit restaurant,
280 puis nous irons aux Champs-Elysées. Je vous attends à huit heures au café du carrefour, «*Le Dôme*», vous voyez?

—Il faudra que je m'habille?

Je glisse ma main sous la bretelle[135] de sa robe et, du bout des doigts, caresse son épaule. Elle se laisse faire, mais je sens qu'elle tremble.

285 —Mais non… Vous êtes très bien comme ça. D'accord?

—Je ne sais pas si ma mère…

▶**29** La boulangère veut-elle sortir avec le narrateur? Pourquoi?

◀**30** Quel est le programme de leur sortie?

---

[130]Je découvre   [131]porte… *carriage entrance, gateway*   [132]s'est… a mis le dos contre   [133]du… mal   [134]enferment
[135]*shoulder-strap*

—Mais vous avez dit que…

—Oui, en principe, mais…

—Dites que vous sortez avec une amie.

290 —J'sais bien… Enfin, peut-être.

D'un mouvement d'épaule, elle me force à retirer ma main. Sa voix est rauque.[136] La mienne n'est pas très assurée non plus. J'essaie de plaisanter:

—Ecoutez: vous êtes romanesque?[137]

—Comment?

295 Je détache les syllabes:

—Ro-ma-nesque. Je passe demain vers sept heures et demie. Au cas où on ne pourrait pas se parler dans la boulangerie, voilà ce qu'on va faire. Je demande un gâteau. Si vous m'en donnez deux, c'est d'accord. Dans ce cas, rendez-vous à huit heures au café. Compris?

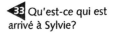 **31** Quel est le code de communication sur lequel les protagonistes se mettent d'accord?

300 —Ben, oui.

—Répétez. Il s'agit de ne pas se tromper.

—Si je vous donne deux gâteaux, c'est oui, dit-elle avec un sérieux consommé, sans le moindre sourire ou ce minimum de désinvolture[138] qui m'eût mis à l'aise et donné meilleure conscience. Où m'étais-je fourré?[139]

305 Le lendemain, un vendredi, je passai mon oral et je fus reçu.[140] Je n'avais plus envie d'aller à mon rendez-vous, mais les camarades avec qui j'aurais pu sortir et fêter mon succès faisaient partie d'autres groupes d'examen, et la perspective d'une soirée solitaire m'était insupportable.

32 Le narrateur va-t-il à son rendez-vous? Pourquoi?

Quand j'arrivai rue Lebouteux, il était déjà huit heures moins le quart.
310 Fidèle à notre convention,[141] je demandai un sablé et je vis la boulangère m'en tendre un premier, puis un second, avec une pointe d'hésitation ironique qui, ma foi, plaida en sa faveur. Je sortis et repris le chemin du carrefour, tout en commençant d'entamer[142] mes gâteaux. Mais à peine avais-je fait une dizaine de mètres que[143] je sursautai.[144] Oui, c'était Sylvie
315 qui s'avançait sur le trottoir opposé et traversait la rue à ma rencontre. Elle portait un bandage à la cheville et s'appuyait sur une canne. J'eus le temps d'avaler ma bouchée et de dissimuler les sablés dans le creux[145] de ma main.

—Bonjour! dit-elle, toute souriante.

—Bonjour! Comment allez-vous? Vous êtes blessée?

320 —Oh rien! Une entorse[146] qui a traîné[147] trois semaines.

33 Qu'est-ce qui est arrivé à Sylvie?

---

[136]*hoarse* [137]*sentimental* [138]*ease* [139]*Où… What had I gotten myself into?* [140]*je… I took my oral exam and passed it* [141]*arrangement* [142]*de manger* [143]*à peine.. hardly had I gone ten meters when* [144]*fis un mouvement brusque* [145]*milieu de la paume* [146]*sprain* [147]*dragged out for*

—Je m'étonnais de ne pas vous avoir revue.

—Je vous ai aperçu hier, mais vous aviez l'air perdu dans vos pensées.

—Ah oui ? Tiens!…

En un instant ma décision fut prise. Sylvie était là. Tout le reste dis-
325 paraissait. Il fallait au plus vite quitter ce lieu maudit.[148]

**34** Pourquoi cet endroit est-il "maudit"?

—Vous avez dîné? dis-je.

—Non… Je n'ai même pas goûté.[149]

Et elle fixait ostensiblement les sablés dans ma main.

—La chaleur me donne faim, dis-je platement.[150]

330 —C'est votre droit!

Elle se mit à rire, mais qu'importaient ses sarcasmes! Je n'avais qu'une idée: l'entraîner[151] loin d'ici. Je repris:

—On dîne ensemble, vous voulez?

—Pourquoi pas? Mais il faut que je remonte chez moi. Voulez-vous
335 m'attendre? J'habite au premier, j'en ai pour une minute.

Et je la vis s'engouffrer[152] dans la porte de l'immeuble d'angle, juste en face de la boulangerie.

35 Où habite Sylvie?

Cette minute-là en dura quinze et j'eus tout loisir de méditer sur mon imprudence. Sans doute aurais-je pu convier[153] Sylvie un autre jour et
340 garder pour ce soir la boulangère. Mais mon choix fut, avant tout, *moral.* Sylvie retrouvée, poursuivre la boulangère était pis[154] que du vice: un pur non-sens.

Pour compliquer la situation, la pluie s'était mise à tomber. C'est cela pourtant qui me sauva. Huit heures avaient déjà sonné, mais la boulangère
345 devait attendre que l'averse[155] eût cessé avant de sortir. Les dernières gouttes achevaient de tomber quand Sylvie apparut, un imperméable sur les épaules. Je lui proposai d'aller chercher un taxi.

36 Quelles sont les difficultés auxquelles le narrateur doit faire face?

—Avec la pluie, vous n'en trouverez pas, dit-elle. Je peux très bien marcher.

350 —Vraiment?

—Oui.

Je me mis à son côté et me contraignis[156] à suivre son rythme. La rue était déserte et la boulangère, si elle sortait, pourrait nous apercevoir. De toute façon, pensai-je lâchement,[157] elle sera trop loin pour qu'il y ait un

---

[148]damné [149]*had a snack* [150]banalement [151]l'emmener [152]entrer rapidement [153]inviter [154]pire [155]pluie
[156]forçai [157]*in a cowardly manner*

355 drame. Je n'osai me retourner et le trajet[158] fut interminable. Nous aperçut-
elle ou languit-elle au café à m'attendre? Je n'en saurai jamais rien.

Quant à la conquête de Sylvie, c'était déjà chose faite. La raison m'en fut
révélée le soir même.

—Dans mon immobilité forcée, j'avais des distractions, dit-elle en me
360 fixant d'un air moqueur. Vous ne savez peut-être pas, ma fenêtre donne sur
la rue: j'ai tout vu.

Je tremblai une seconde, mais elle enchaîna:[159]

—Vous êtes odieux, vous avez failli me donner des remords. Je ne pouvais tout de même pas vous faire signe! J'ai horreur des gens qui font les
365 cent pas[160] devant ma porte. Tant pis, si vous vous détraquez l'estomac[161]
avec vos sales petits sablés.

—Ils sont très bons.

—Je le sais. J'y ai goûté. En somme, je connais tous vos vices!

Nous nous sommes mariés six mois plus tard et, au début, nous avons
370 habité quelque temps rue Lebouteux. Nous allons parfois acheter notre pain
ensemble, mais ce n'est plus la même petite boulangère.

37 D'après Sylvie, pourquoi le narrateur allait-il à la boulangerie?

38 À quels vices Sylvie fait-elle allusion?

---

[158]voyage   [159]continua   [160]font… *pace up and down*   [161]vous…rendez votre estomac malade

Pour approfondir...

1. Quels sentiments le narrateur éprouve-t-il à l'égard de Sylvie et de la boulangère? Se trouve-t-il devant un dilemme? Pourquoi?
2. Quel est son état d'esprit au moment où l'action se déroule?
3. Quelle est la fonction des sablés dans ce conte? Quel(s) sens l'histoire semble-t-elle attribuer à l'acte de manger?
4. Quel rapport voyez-vous entre les études que fait le narrateur et le reste de l'histoire?
5. Le narrateur affirme avoir fait un «choix… moral». Comment se justifie-t-il? Est-il convaincant?
6. Si vous étiez l'avocat du narrateur, avec quel(s) argument(s) le défendriez-vous?
7. Expliquez pourquoi le titre du conte pourrait surprendre. Comment auriez-vous intitulé le texte? Pourquoi?
8. Cette histoire pourrait-elle se dérouler aujourd'hui aux Etats-Unis?
9. Le personnage principal de «La Boulangère de Monceau» est le narrateur lui-même qui décrit ses aventures à la première personne. Cela signifie qu'il contrôle le cours du texte. Y a-t-il des passages dans le texte où son point de vue paraît problématique et même contestable?

Pour écrire...

1. «La Boulangère de Monceau» fait partie des *Six Contes moraux* d'Eric Rohmer. En quoi ce conte est-il moral?
2. Le texte de Rohmer évoque la rencontre de divers milieux sociaux. A la lumière de votre étude sociologique de ce conte, évaluez-en la résolution.
3. Tout en restant fidèle à l'histoire de Rohmer, récrivez «La Boulangère de Monceau» du point de vue de la boulangère.
4. En cherchant une justification pour son mauvais traitement de la boulangère, le narrateur se compare à un loup. Est-ce que la comparaison vous semble juste? Quel aspect de son caractère cette comparaison révèle-t-elle? En analysant non seulement les actions du narrateur, mais aussi sa façon de se représenter, faites son portrait psychologique.

Pour en savoir plus...

Dans les années cinquante, Eric Rohmer (Nancy, 1920–) faisait partie d'un groupe de jeunes critiques (dont François Truffaut, Jean-Luc Godard et Claude Chabrol), qui présentaient de nouvelles théories cinématographiques dans les célèbres *Cahiers du cinéma*. Ces futurs grands cinéastes de la Nouvelle Vague proposaient des mises-en-scène concentrées sur l'ambiance psychologique. Ils soutenaient aussi «un cinéma d'auteur», où les réalisateurs étaient considérés comme des écrivains dans le registre audiovisuel. Rohmer n'a jamais caché sa grande passion pour la littérature, qui a pris une place prépondérante dans la plupart de ses œuvres (*La Marquise d'O, Perceval le Gallois, Six Contes moraux, Comédies et proverbes,* etc.). Après avoir rédigé le texte de «La Boulangère de Monceau», il en a fait un film.

Eric Rohmer

L'Enlèvement

(Sidonie Gabrielle) Colette, 1922

Pour entrer dans le texte...

Tirée d'un recueil intitulé *La Maison de Claudine,* cette nouvelle évoque l'un des
thèmes les plus répandus de l'œuvre de Colette: son enfance paradisiaque pendant
laquelle elle connaît autant la tendresse que la férocité de sa mère. «L'Enlèvement»
profite d'une double perspective, comme d'ailleurs la plupart des nouvelles qui
traitent de la jeunesse de Colette. Il y a celle, innocente, de la petite fille de neuf
ans, fascinée par l'image romantique de «l'enlèvement», mais aussi celle de la
narratrice, femme expérimentée qui comprend trop bien la signification
menaçante du terme. A cheval entre les deux points de vue, le récit provoque le
sourire nostalgique du lecteur adulte qui a dû abandonner à jamais ses «songeries»
pour pouvoir entrer dans le monde logique et parfois périlleux des adultes.

119

Mots-clés

aîné(e)
l'aventure *(f.)*
le déménagement; déménager
l'enlèvement *(m.)*; enlever
le fantasme
la fugue; faire une fugue

la gravure
la rançon
le ravisseur, la ravisseuse
le rêve
le songe

Termes littéraires

l'ambiance (*f.*)
la narratrice
la perspective narrative
sémantique *(adj.)*

Pour mieux lire...

Ce petit texte est plus complexe qu'il ne le paraît. Il s'agit d'une femme qui se rappelle une expérience traumatique qui lui est arrivée au moment du mariage de sa sœur. Sa mère a peur, parce qu'elle n'arrête pas de rêver qu'on enlève (kidnappe) la narratrice. Plusieurs incidents sont mentionnés dans le texte pour renforcer ce sentiment de danger imminent. Réfléchissez aux différentes couches sémantiques du titre de cette histoire, en préparant une liste de tout ce qui est «enlevé» au cours de la nouvelle.

L'Enlèvement nocturne de Nicolas Ponce, d'après P.A. Baudoin

L'Enlèvement

«Je ne peux plus vivre comme ça, me dit ma mère. J'ai encore rêvé qu'on t'enlevait cette nuit. Trois fois je suis montée jusqu'à ta porte. Et je n'ai pas dormi.»

Je la regardai avec commisération, car elle avait l'air fatigué et
5 inquiet. Et je me tus,[1] car je ne connaissais pas de remède à son souci.[2]

«C'est tout ce que ça te fait, petite monstresse?

—Dame, maman… Qu'est-ce que tu veux que je dise? Tu as l'air de m'en vouloir[3] que ce ne soit qu'un rêve.»

10 Elle leva les bras au ciel, courut vers la porte, accrocha en passant le cordon de son pince-nez à une clef de tiroir,[4] puis le jaseron[5] de son face-à-main[6] au loquet de la porte, entraîna dans les mailles de son fichu[7] le dossier pointu et gothique d'une chaise second Empire,[8] retint la moitié d'une imprécation et disparut après un regard indigné, en murmurant:

15 «Neuf ans!… Et me répondre de cette façon quand je parle de choses graves!»

Le mariage de ma demi-sœur venait de me livrer sa chambre, la chambre du premier étage, étoilée de bleuets sur un fond blanc-gris.[9]

Quittant ma tanière[10] enfantine—une ancienne logette de portier à
20 grosses poutres,[11] carrelée, suspendue au-dessus de l'entrée cochère et commandée par[12] la chambre à coucher de ma mère—je dormais, depuis un mois, dans le lit que je n'avais osé convoiter, ce lit dont les rosaces de fonte argentée[13] retenaient dans leur chute des rideaux de guipure[14] blanche, doublés d'un bleu impitoyable. Le placard-cabinet de toilette m'appartenait,
25 et j'accoudais à l'une ou l'autre fenêtre une mélancolie, un dédain tous deux feints,[15] à l'heure où les petites Blancvillain et les Trinitet[16] passaient, mordant leur tartine[17] de 4 heures, épaissie de haricots rouges figés dans une sauce au vin. Je disais, à tout propos:

1 De quoi la mère a-t-elle peur?

2 Pourquoi la petite fille a-t-elle changé de chambre?

3 Est-elle contente de son déménagement? Pourquoi?

---

[1]me… restai silencieuse [2]inquiétude [3]m'en… te fâcher contre moi [4]accrocha… *in passing, she caught the cord of her pince-nez on the key of a drawer* [5]ruban [6]binocle que l'on tient à la main [7]châle en dentelle [8]second… style décoratif du temps de Napoléon III (1852–1870) [9]étoilée… description du papier peint sur les murs de la chambre [10]habitation souterraine des bêtes sauvages [11]pièces de bois supportant une construction [12]commandée… *ici:* communicant avec [13]rosaces… *rosettes of burnished lead* [14]sorte de dentelle [15]simulés [16]les petites… des amies de la narratrice; Blancvillain et Trinitet sont des noms de famille. [17]tranche de pain recouverte de beurre, etc.

«Je monte à ma chambre… Céline a laissé les persiennes[18] de ma cham-
30 bre ouvertes…»

Bonheur menacé: ma mère, inquiète, rôdait. Depuis le mariage de ma
sœur, elle n'avait plus son compte d'enfants. Et puis, je ne sais quelle histoire de jeune fille enlevée, séquestrée, illustrait la première page des jour-
naux. Un chemineau,[19] éconduit à la nuit tombante par notre cuisinière,
35 refusait de s'éloigner, glissait son gourdin[20] entre les battants de la porte
d'entrée, jusqu'à l'arrivée de mon père… Enfin des romanichels,[21] rencontrés sur la route, m'avaient offert, avec d'étincelants sourires et des regards
de haine, de m'acheter mes cheveux, et M. Demange, ce vieux monsieur qui
ne parlait à personne, s'était permis de m'offrir des bonbons dans sa
40 tabatière.[22]

4 ▸ Quels incidents ont augmenté l'inquiétude de la mère?

«Tout ça n'est pas bien grave, assurait mon père.

—Oh! toi… Pourvu qu'on ne trouble pas ta cigarette d'après-déjeuner
et ta partie de dominos… Tu ne songes même pas qu'à présent la petite
couche en haut, et qu'un étage, la salle à manger, le corridor, le salon, la
45 séparent de ma chambre. J'en ai assez de trembler tout le temps pour mes
filles. Déjà l'aînée qui est partie avec ce monsieur…

—Comment, partie?

—Oui, enfin, mariée. Mariée ou pas mariée, elle est tout de même partie
avec un monsieur qu'elle connaît à peine.»

5 ▸ Quelle est l'attitude de la mère envers le mariage? Est-ce une attitude convention-nelle?

50 Elle regardait mon père avec une suspicion tendre.

«Car, enfin, toi, qu'est-ce que tu es pour moi? Tu n'es même pas mon
parent…[23]»

Je me délectais, aux repas, de récits à mots couverts, de ce langage,
employé par les parents, où le vocable hermétique remplace le terme vul-
55 gaire, où la moue significative et le «hum» théâtral appellent et soutiennent
l'attention des enfants.

«A Gand, dans ma jeunesse, racontait ma mère, une de nos amies, qui
n'avait que seize ans, a été enlevée… Mais parfaitement! Et dans une voiture à
deux chevaux encore. Le lendemain… hum!… Naturellement. Il ne pouvait
60 plus être question de la rendre à sa famille. Il y a des… comment dirais-je?
des effractions[24] que… Enfin ils se sont mariés. Il fallait bien en venir là.»

6 ▸ De quelle sorte d'effraction s'agit-il ici?

«Il fallait bien en venir là!»

Imprudente parole… Une petite gravure[25] ancienne, dans l'ombre du
corridor, m'intéressa soudain. Elle représentait une chaise de poste, attelée

---

[18]*shutters*   [19]mendiant   [20]gros bâton court   [21]vagabonds   [22]petite boîte où l'on met du tabac   [23]*relative*
[24]transgressions, péchés   [25]*engraving*

65 de deux chevaux étranges à cous de chimères. Devant la portière béante,[26]
un jeune homme habillé de taffetas portait d'un seul bras, avec la plus
grande facilité, une jeune fille renversée dont la petite bouche ouverte en O,
les jupes en corolle chiffonnées autour de deux jambes aimables, s'ef-
forçaient d'exprimer l'épouvante. *L'Enlèvement!* Ma songerie, innocente,
70 caressa le mot et l'image…

Une nuit de vent, pendant que battaient les portillons mal attachés de la
basse-cour, que ronflait[27] au-dessus de moi le grenier, balayé d'ouest en est
par les rafales[28] qui, courant sous les bords des ardoises[29] mal jointes,
75 jouaient des airs cristallins d'harmonica, je dormais, bien rompue[30] par un
jeudi passé aux champs à gauler[31] les châtaignes et fêter le cidre nouveau.
Rêvai-je que ma porte grinçait? Tant de gonds,[32] tant de girouettes[33] gémis-
saient alentour… Deux bras, singulièrement experts à soulever un corps
endormi, ceignirent ici mes reins, ici ma nuque, pressant en même temps
80 autour de moi la couverture et le drap. Ma joue perçut l'air plus froid de
l'escalier; un pas assourdi, lourd, descendit lentement, et chaque pas me
berçait[34] d'une secousse[35] molle. M'éveillai-je tout à fait? J'en doute. Le
songe[36] seul peut, emportant d'un coup d'aile une petite fille par-delà son
enfance, la déposer, ni surprise, ni révoltée, en pleine adolescence hypocrite
85 et aventureuse. Le songe seul épanouit dans une enfant tendre l'ingrate
qu'elle sera demain, la fourbe complice du passant, l'oublieuse qui quittera
la maison maternelle sans tourner la tête… Telle je partais, pour le pays où
la chaise de poste, sonnante de grelots[37] de bronze, arrête devant l'église un
jeune homme de taffetas et une jeune fille pareille, dans le désordre de ses
90 jupes, à une rose au pillage… Je ne criai pas. Les deux bras m'étaient si
doux, soucieux de m'étreindre assez, de garer,[38] au passage des portes, mes
pieds ballants. Un rythme familier, vraiment, m'endormait entre ces bras
ravisseurs…
Au jour levé, je ne reconnus pas ma soupente[39] ancienne, encombrée
95 maintenant d'échelles et de meubles boiteux,[40] où ma mère en peine
m'avait portée, nuitamment,[41] comme une mère chatte qui déplace en
secret le gîte[42] de son petit. Fatiguée, elle dormait, et ne s'éveilla que quand
je jetai, aux murs de ma logette oubliée, mon cri perçant:
«Maman! viens vite! Je suis enlevée!»

7 Quelle est la scène représentée dans la gravure?

8 D'après la petite fille, que veut dire le mot **enlèvement?** D'où vient sa définition du mot?

9 Précisez l'état d'esprit de la petite fille pendant son «enlèvement».

10 Où est-ce qu'elle se trouve quand elle se réveille le lendemain matin? Qui l'y a emmenée?

---

[26]ouverte [27]faire un bruit en respirant pendant le sommeil [28]coups de vent violents [29]plaques qui servent à couvrir un toit [30]*ici:* fatiguée [31]battre un arbre pour faire tomber les fruits [32]pièces métalliques sur lesquelles pivote une porte [33]instruments qui indiquent la direction du vent [34]balançait [35]*jolt* [36]rêve [37]*bells* [38]*ici:* protéger [39]chambre [40]*ici:* en mauvais état [41]pendant la nuit [42]logement

our approfondir...

1. «L'Enlèvement» présente une figure maternelle dominatrice qui occupe une place primordiale dans les pensées de la narratrice. Sur quels aspects de la relation mère/fille Colette insiste-t-elle dans son texte? Comment qualifieriez-vous ce rapport?
2. Commentez cette phrase tirée de la fin de la nouvelle: «Le songe seul peut, emportant d'un coup d'aile une petite fille par-delà son enfance, la déposer, ni surprise, ni révoltée, en pleine adolescence hypocrite et aventureuse.» Dans quelle mesure est-ce que le «songe» de la petite fille marque son passage de l'enfance à l'adolescence?
3. En quoi le mariage est-il un concept important dans cette nouvelle et à quoi est-il associé? Que pensent les parents de la narratrice de l'institution du mariage? Comment expliquez-vous cette différence d'opinion?
4. A la fin de la nouvelle, la narratrice imagine qu'elle est la victime d'un enlèvement. Quel est le portrait que nous brosse Colette du ravisseur? Quelles caractéristiques nous révèle-t-elle sur cet individu, et pourquoi?

Pour écrire...

1. Dans la nouvelle de Colette, la narratrice adulte met en scène son propre personnage à l'âge de neuf ans. Evoquez un souvenir d'enfance où la perspective de l'enfant que vous étiez se superpose à la vision de l'adulte que vous êtes actuellement.
2. Si vous lisez de près le songe de la narratrice, vous remarquerez que Colette y emploie des stratégies très précises pour créer une ambiance mystérieuse et magique (par exemple: elle se réfère à certains sons évocateurs). Ecrivez un paragraphe où vous vous servez de petits détails significatifs pour évoquer une certaine atmosphère.
3. Lorsque la jeune héroïne de «L'Enlèvement» abandonne sa chambre (lieu familier) pour celle de sa demi-sœur (espace inconnu et encore inexploré), elle découvre une nouvelle vision du monde. Racontez comment un changement spatial dont vous avez fait l'expérience, est devenu pour vous un véritable rite d'initiation.

Pour en savoir plus...

Colette (née Sidonie Gabrielle Colette en 1873) a passé une enfance heureuse et vagabonde à Saint-Sauveur-en-Puisaye, un petit village de Bourgogne dont elle a gardé une nostalgie profonde pendant toute sa vie. Séparée de son premier mari en 1906, elle est devenue artiste de *music-hall,* tout en poursuivant sa carrière littéraire. Connue surtout pour ses romans tels que *Chéri* (1920), *La Naissance du jour* (1928), et *Gigi* (1944), Colette a aussi écrit plusieurs recueils de nouvelles parmi lesquels figurent *La Maison de Claudine, La Femme cachée* et *Bella-Vista.* Décédée à Paris en 1954, elle a été la première femme française à obtenir des funérailles nationales.

Colette

Saint-Sauveur-en-Puisaye

LA BOURGOGNE

LA FRANCE

La maison de Colette à Saint-Sauveur-en-Puisaye

L'Hôte

Albert Camus, 1957

Pour entrer dans le texte...

Dès 1830, la France entreprend la colonisation de l'Algérie et s'engage ainsi dans un conflit qui durera jusqu'en 1962. De 1954 à 1962, une guerre violente oppose les colons et l'armée régulière aux nationalistes algériens réunis au sein du mouvement de guérilla appelé Front de Libération Nationale (FLN). Ce conflit se termine avec l'indépendance de l'Algérie.

«L'Hôte» décrit avec beaucoup de concision et d'exactitude les grandes forces qui s'affrontent dans l'Algérie des années cinquante: d'un côté, les colons venus de France et de divers pays européens, qui forment une minorité jouissant de privilèges économiques et politiques plus ou moins exorbitants; de l'autre, les populations arabisées des régions côtières de la Méditerranée et les Kabyles (le groupe majoritaire parmi les Berbères) des régions montagneuses qui veulent la reconnaissance de la souveraineté totale de l'Algérie. Bien que formant la majorité des habitants de l'Algérie, ce groupe a été non seulement privé de droits politiques depuis les débuts de l'occupation française en 1830, mais il a été également la principale victime d'une exploitation sans merci: inégalité flagrante des salaires, impôts extrêmement élevés et une discrimination institutionnalisée dans le domaine de l'emploi et de la justice.

Mots-clés

s'allier avec
un arrangement
avoir recours à la violence
compatir
un déchirement
défendre ses intérêts
des divergences (*f.*)

être déchiré, tiraillé
être en désaccord
faire un choix
prendre parti pour quelqu'un
rester neutre
un tiraillement

Termes littéraires

le motif
le personnage

Pour mieux lire...

Au moment où Camus a écrit ce texte, la guerre avait déjà éclaté entre les deux groupes décrits ci-dessus. Pendant votre lecture, relevez les détails qui indiquent l'existence d'une forte tension politique et sociale entre les colons européens et les Arabes.

L'Hôte

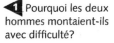

L'instituteur regardait les deux hommes monter vers lui. L'un était à cheval, l'autre à pied. Ils n'avaient pas encore entamé[1] le raidillon[2] abrupt qui menait à l'école, bâtie au flanc d'une colline. Ils peinaient,[3] progressant lentement dans la neige, entre les pierres, 5 sur l'immense étendue du haut plateau désert. De temps en temps, le cheval bronchait[4] visiblement. On ne l'entendait pas encore, mais on voyait le jet de vapeur qui sortait alors de ses naseaux.[5] L'un des hommes, au moins, connaissait le pays. Ils suivaient la piste[6] qui avait pourtant disparu depuis plusieurs jours sous une couche blanche et sale. L'instituteur 10 calcula qu'ils ne seraient pas sur la colline avant une demi-heure. Il faisait froid; il rentra dans l'école pour chercher un chandail.[7]

Il traversa la salle de classe vide et glacée. Sur le tableau noir les quatre fleuves de France, dessinés avec quatre craies de couleurs différentes, coulaient vers leur estuaire depuis trois jours. La neige était tombée brutale- 15 ment à la mi-octobre, après huit mois de sécheresse, sans que la pluie eût apporté une transition et la vingtaine d'élèves qui habitaient dans les villages disséminés sur le plateau ne venaient plus. Il fallait attendre le beau temps. Daru ne chauffait plus que l'unique pièce qui constituait son logement, attenant à[8] la classe, et ouvrant aussi sur[9] le plateau à l'est. Une 20 fenêtre donnait encore, comme celles de la classe, sur[10] le midi.[11] De ce côté, l'école se trouvait à quelques kilomètres de l'endroit où le plateau commençait à descendre vers le sud. Par temps clair, on pouvait apercevoir les masses violettes du contrefort[12] montagneux où s'ouvrait la porte du désert.

25 Un peu réchauffé,[13] Daru retourna à la fenêtre d'où il avait, pour la première fois, aperçu les deux hommes. On ne les voyait plus. Ils avaient donc attaqué[14] le raidillon. Le ciel était moins foncé:[15] dans la nuit, la neige avait cessé de tomber. Le matin s'était levé sur une lumière sale qui s'était à peine renforcée à mesure que[16] le plafond de nuages remontait. A deux heures de 30 l'après-midi, on eût[17] dit que la journée commençait seulement. Mais cela

1 Pourquoi les deux hommes montaient-ils avec difficulté?

2 Pourquoi l'instituteur pense-t-il que l'un des deux hommes connaît le pays?

3 Pourquoi les élèves ne viennent-il plus à l'école?

4 Quel moment de la journée est-ce?

---

[1]commencé   [2]partie d'un chemin qui monte en pente raide *(steep)*   [3]avaient des difficultés, de la peine   [4](pour un cheval) faisait un faux pas   [5]le nez d'un animal   [6]route qui n'est ni pavée ni asphaltée   [7]*pullover de laine*   [8]contiguë à   [9]faisant face à   [10]donnait sur *faced*   [11]sud   [12]chaîne de montagnes contre laquelle s'appuie une autre   [13]moins froid   [14](*sens figuré*) commencé l'escalade   [15]de couleur sombre   [16]à... conjonction qui indique une progression parallèle   [17]aurait

valait mieux que ces trois jours où l'épaisse neige tombait au milieu des
ténèbres incessantes, avec de petites sautes[18] de vent qui venaient secouer la
double porte de la classe. Daru patientait alors de longues heures dans sa
chambre, dont il ne sortait que pour aller sous l'appentis,[19] soigner les poules
35 et puiser dans la provision de charbon. Heureusement, la camionnette de
Tadjid, le village le plus proche au nord, avait apporté le ravitaillement[20] deux
jours avant la tourmente.[21] Elle reviendrait dans quarante-huit heures.

    Il avait d'ailleurs de quoi[22] soutenir un siège, avec les sacs de blé qui
encombraient la petite chambre et que l'administration lui laissait en
40 réserve pour distribuer à ceux de ses élèves dont les familles avaient été vic-
times de la sécheresse. En réalité, le malheur les avaient tous atteints[23]
puisque tous étaient pauvres. Chaque jour, Daru distribuait une ration aux
petits. Elle[24] leur avait manqué, il le savait bien, pendant ces mauvais jours.
Peut-être un des pères ou des grands frères viendrait ce soir et il pourrait les
45 ravitailler en grains. Il fallait faire la soudure[25] avec la prochaine récolte,
voilà tout. Des navires de blé arrivaient maintenant de France, le plus dur
était passé. Mais il serait difficile d'oublier cette misère, cette armée de fantômes haillonneux[26] errant dans le soleil, les plateaux calcinés mois après
mois, la terre recroquevillée[27] peu à peu, littéralement torréfiée,[28] chaque
50 pierre éclatant en poussière sous le pied. Les moutons mouraient alors par
milliers, et quelques hommes, çà et là, sans qu'on puisse toujours le savoir.

    Devant cette misère, lui qui vivait presque en moine[29] dans cette école
perdue, content d'ailleurs du peu qu'il avait, et de cette vie rude, s'était senti
un seigneur, avec ses murs crépis,[30] son divan étroit, ses étagères de bois
55 blanc, son puits,[31] et son ravitaillement hebdomadaire[32] en eau et en nourriture. Et, tout d'un coup, cette neige, sans avertissement, sans la détente de
la pluie. Le pays était ainsi, cruel à vivre, même sans les hommes, qui, pourtant, n'arrangeaient[33] rien. Mais Daru y était né. Partout ailleurs, il se sentait
exilé.

60   Il sortit et avança sur le terre-plein[34] devant l'école. Les deux hommes
étaient maintenant à mi-pente.[35] Il reconnut dans le cavalier Balducci, le
vieux gendarme qu'il connaissait depuis longtemps. Balducci tenait au bout
d'une corde un Arabe qui avançait derrière lui, les mains liées,[36] le front

5 Que fait l'institu-
teur du ravitaillement
qu'on lui apporte?

6 De quoi «cette
armée de fantômes»
souffre-t-elle?

7 Faites une liste des
détails qui soulignent
l'hostilité du paysage.

8 Pourquoi Daru se
sent-il un seigneur?

9 Qui sont les deux
hommes qui s'ap-
prochent? Pourquoi
l'Arabe a-t-il les mains
liées?

---

[18]brusques changements dans la direction du vent   [19]petit bâtiment attaché à un plus grand et utilisé comme
hangar et lieu de stockage   [20]provisions   [21]tempête soudaine et violente   [22]de... une quantité suffisante de
quelque chose   [23]affectés   [24]Leur ration   [25]faire... satisfaire aux besoins des consommateurs au moment où
l'offre d'un produit est la plus faible (avant une récolte, une importation de produits)   [26]habillés de vêtements
déchirés   [27]repliée sur elle-même   [28]grillée   [29]en... comme un moine *(monk)*   [30]recouverts de plâtre ou de ciment
[31]*well*   [32]*weekly*   [33]satisfaisaient aux besoins de quelqu'un; amélioraient une situation   [34]espèce de plate-forme
que l'on construit devant un bâtiment   [35]à... au milieu de la pente   [36]attachées

baissé. Le gendarme fit un geste de salutation auquel Daru ne répondit pas,
65 tout entier occupé à regarder l'Arabe vêtu d'une djellaba[37] autrefois bleue,
les pieds dans des sandales, mais couverts de chaussettes en grosse laine
grège,[38] la tête coiffée d'un chèche[39] étroit et court. Ils approchaient. Balducci maintenait sa bête au pas pour ne pas blesser l'Arabe et le groupe
avançait lentement.

70   A portée de[40] voix, Balducci cria: «Une heure pour faire les trois kilomètres d'El Ameur ici!» Daru ne répondit pas. Court et carré dans son
chandail épais, il les regardait monter. Pas une seule fois, l'Arabe n'avait levé
la tête. «Salut, dit Daru, quand ils débouchèrent sur[41] le terre-plein. Entrez
vous réchauffer.» Balducci descendit péniblement de sa bête, sans lâcher la
75 corde. Il sourit à l'instituteur sous ses moustaches hérissées.[42] Ses petits
yeux sombres, très enfoncés sous le front basané,[43] et sa bouche entourée de
rides, lui donnaient un air attentif et appliqué.[44] Daru prit la bride, con-
duisit la bête vers l'appentis, et revint vers les deux hommes qui l'at-
tendaient maintenant dans l'école. Il les fit pénétrer dans sa chambre. «Je
80 vais chauffer la salle de classe, dit-il. Nous y serons plus à l'aise.» Quand il
entra de nouveau dans la chambre, Balducci était sur le divan. Il avait
dénoué[45] la corde qui le liait à l'Arabe et celui-ci s'était accroupi[46] près du
poêle.[47] Les mains toujours liées, le chèche maintenant poussé en arrière, il
regardait vers la fenêtre. Daru ne vit d'abord que ses énormes lèvres,
85 pleines, lisses, presque négroïdes; le nez cependant était droit, les yeux sombres, pleins de fièvre. Le chèche découvrait un front buté[48] et, sous la peau
recuite[49] mais un peu décolorée par le froid, tout le visage avait un air à la
fois inquiet et rebelle qui frappa Daru quand l'Arabe, tournant son visage
vers lui, le regarda droit dans les yeux. «Passez à côté, dit l'instituteur, je vais
90 vous faire du thé à la menthe. —Merci, dit Balducci. Quelle corvée[50]! Vivement la retraite.»[51] Et s'adressant en arabe au prisonnier: «Viens, toi.»
L'Arabe se leva et, lentement, tenant ses poignets joints devant lui, passa
dans l'école.

Avec le thé, Daru apporta une chaise. Mais Balducci trônait[52] déjà sur la
95 première table d'élève et l'Arabe s'était accroupi contre l'estrade[53] du
maître, face au poêle qui se trouvait entre le bureau et la fenêtre. Quand il
tendit le verre de thé au prisonnier, Daru hésita devant ses mains liées. «On

10 Comparez la
description de Balducci
à celle de l'Arabe. Quel
est l'élément le plus
frappant de chacune?

---

[37](*mot arabe*) longue robe à manches longues et à capuchon, portée par les femmes et les hommes d'Afrique du
Nord   [38]peu raffinée   [39](*mot arabe*) écharpe pouvant servir à plusieurs choses   [40]A... A une distance accessible
[41]débouchèrent... arrivèrent à un endroit plus vaste   [42]en forme de petites pointes   [43]à la peau brune   [44]diligent,
sérieux   [45]défait, détaché   [46]assis à demi   [47]*stove*   [48]caractérisé par l'obstination   [49]cuite, bronzée   [50]travail
désagréable   [51]Vivement... exclamation qui indique qu'il attend la fin de sa carrière professionnelle avec impatience   [52]était assis comme un roi   [53]plate-forme

peut le délier, peut-être.—Sûr, dit Balducci. C'était pour le voyage.» Il fit
mine[54] de se lever. Mais Daru, posant le verre sur le sol, s'était agenouillé[55]
100 près de l'Arabe. Celui-ci, sans rien dire, le regardait faire de ses yeux
fiévreux. Les mains libres, il frotta l'un contre l'autre ses poignets gonflés,[56]
prit le verre de thé et aspira le liquide brûlant, à petites gorgées rapides.

    —Bon, dit Daru. Et comme ça, où allez-vous?

    Balducci retira sa moustache du thé: «Ici, fils.»

105   —Drôles d'élèves! Vous couchez ici?

    —Non. Je vais retourner à El Ameur. Et toi, tu livreras[57] le camarade à
Tinguit. On l'attend à la commune mixte.[58]

    Balducci regardait Daru avec un petit sourire d'amitié.

    —Qu'est-ce que tu racontes, dit l'instituteur. Tu te fous de moi?[59]

110   —Non, fils. Ce sont les ordres.

    —Les ordres? Je ne suis pas…

    Daru hésita; il ne voulait pas peiner[60] le vieux Corse.

    —Enfin, ce n'est pas mon métier.

    —Eh! Qu'est-ce que ça veut dire? A la guerre, on fait tous les métiers.

115   —Alors, j'attendrai la déclaration de guerre!

    Balducci approuva de la tête.

    —Bon. Mais les ordres sont là et ils te concernent aussi. Ça bouge,[61]
paraît-il.[62] On parle de révolte prochaine. Nous sommes mobilisés,[63] dans
un sens.

120   Daru gardait son air buté.

    —Ecoute, fils, dit Balducci. Je t'aime bien, il faut comprendre. Nous
sommes une douzaine à El Ameur pour patrouiller dans le territoire d'un
petit département et je dois rentrer. On m'a dit de te confier ce zèbre[64] et de
rentrer sans tarder. On ne pouvait pas le garder là-bas. Son village s'agitait,
125 ils voulaient le reprendre. Tu dois le mener à Tinguit dans la journée de
demain. Ce n'est pas une vingtaine de kilomètres qui font peur à un
costaud[65] comme toi. Après, ce sera fini. Tu retrouveras tes élèves et la
bonne vie.

    Derrière le mur, on entendit le cheval s'ébrouer[66] et frapper du sabot.
130 Daru regardait par la fenêtre. Le temps se levait[67] décidément, la lumière
s'élargissait sur le plateau neigeux. Quand toute la neige serait fondue, le

11 Quelle est la valeur des actions de Daru dans ce passage? Quel aspect de son caractère révèlent-elles?

12 Qu'est-ce que Balducci demande à Daru de faire? Que répond Daru?

13 Expliquez cette remarque de Balducci. Quelle est la signification du pronom **nous** ici?

14 Pourquoi Balducci ne peut-il pas livrer l'Arabe lui-même?

---

[54]fit… donna l'impression de faire quelque chose   [55]mis à genoux   [56]dilatés, enflés   [57]remettras aux autorités   [58]commune… division territoriale administrée par les Arabes et les Européens   [59]te… *(vulg.)* te moques de moi   [60]heurter les sentiments de quelqu'un   [61]Ça… Il y a une rébellion   [62]paraît… selon les rumeurs   [63]recrutés pour l'armée   [64]individu bizarre   [65]homme robuste   [66]souffler bruyamment en secouant la tête   [67]se… devenait meilleur

soleil régnerait de nouveau et brûlerait une fois de plus les champs de pierre. Pendant des jours, encore, le ciel inaltérable déverserait[68] sa lumière sèche sur l'étendue solitaire où rien ne rappelait l'homme.

135   —Enfin, dit-il en se retournant vers Balducci, qu'est-ce qu'il a fait?

Et il demanda, avant que le gendarme ait ouvert la bouche:

—Il parle français?

—Non, pas un mot. On le recherchait depuis un mois, mais ils le cachaient. Il a tué son cousin.

140   —Il est contre nous?

—Je ne crois pas. Mais on ne peut jamais savoir.

—Pourquoi a-t-il tué?

—Des affaires de famille, je crois. L'un devait[69] du grain à l'autre, paraît-il. Ça n'est pas clair. Enfin, bref, il a tué le cousin d'un coup de serpe.[70] Tu

145 sais, comme un mouton, zic!…

Pourquoi a-t-on arrêté l'Arabe?

Balducci fit le geste de passer une lame sur sa gorge et l'Arabe, son attention attirée, le regardait avec une sorte d'inquiétude. Une colère subite vint à Daru contre cet homme, contre tous les hommes et leur sale méchanceté, leurs haines inlassables,[71] leur folie du sang.

150   Mais la bouilloire chantait sur le poêle. Il resservit du thé à Balducci, hésita, puis servit à nouveau l'Arabe qui, une seconde fois, but avec avidité. Ses bras soulevés entrebâillaient[72] maintenant la djellaba et l'instituteur aperçut sa poitrine maigre et musclée.

—Merci, petit, dit Balducci. Et maintenant, je file.[73]

155   Il se leva et se dirigea vers l'Arabe, en tirant une cordelette de sa poche.

—Qu'est-ce que tu fais? demanda sèchement Daru.

Balducci, interdit,[74] lui montra la corde.

—Ce n'est pas la peine.

Le vieux gendarme hésita:

160   —Comme tu voudras. Naturellement, tu es armé?

—J'ai mon fusil de chasse.

—Où?

—Dans la malle.

—Tu devrais l'avoir près de ton lit.

165   —Pourquoi? Je n'ai rien à craindre.

—Tu es sonné,[75] fils. S'ils se soulèvent,[76] personne n'est à l'abri,[77] nous sommes tous dans le même sac.

Qu'est-ce que Balducci conseille à Daru de faire? Pourquoi?

---

[68]verserait en grande quantité   [69]avait une dette (envers)   [70]*billhook (a pruning blade)*   [71]*tireless*   [72]ouvraient un peu   [73]pars en vitesse   [74]déconcerté   [75]un peu fou   [76]se… se révoltent   [77]à… en sécurité

—Je me défendrai. J'ai le temps de les voir arriver.

Balducci se mit à rire, puis la moustache vint soudain recouvrir les dents
170 encore blanches.

—Tu as le temps? Bon. C'est ce que je disais. Tu as toujours été un peu
fêlé.[78] C'est pour ça que je t'aime bien, mon fils était comme ça.

Il tirait en même temps son revolver et le posait sur le bureau.

—Garde-le, je n'ai pas besoin de deux armes d'ici El Ameur.

175 Le revolver brillait sur la peinture noire de la table. Quand le gendarme
se retourna vers lui, l'instituteur sentit son odeur de cuir et de cheval.

—Ecoute, Balducci, dit Daru soudainement, tout ça me dégoûte,[79] et ton
gars le premier. Mais je ne le livrerai[80] pas. Me battre, oui, s'il le faut. Mais
pas ça.

17 Pourquoi Daru refuse-t-il de livrer l'Arabe?

180 Le vieux gendarme se tenait devant lui et le regardait avec sévérité.

—Tu fais des bêtises,[81] dit-il lentement. Moi non plus, je n'aime pas ça.
Mettre une corde à un homme, malgré les années, on ne s'y habitue pas et
même, oui, on a honte. Mais on ne peut pas les laisser faire.

—Je ne le livrerai pas, répéta Daru.

185 —C'est un ordre, fils. Je te le répète.

—C'est ça. Répète-leur ce que je t'ai dit: je ne le livrerai pas.

Balducci faisait un visible effort de réflexion. Il regardait l'Arabe et Daru.
Il se décida enfin.

—Non, je ne leur dirai rien. Si tu veux nous lâcher,[82] à ton aise, je ne te
190 dénoncerai pas. J'ai l'ordre de livrer le prisonnier: je le fais. Tu vas maintenant me signer le papier.

—C'est inutile. Je ne nierai pas que tu me l'as laissé.

—Ne sois pas méchant avec moi. Je sais que tu diras la vérité. Tu es d'ici,
tu es un homme. Mais tu dois signer, c'est la règle.

18 Pourquoi Balducci veut-il que Daru lui signe un papier?

195 Daru ouvrit son tiroir, tira une petite bouteille carrée d'encre violette, le
porte-plume[83] de bois rouge avec la plume *sergent-major* qui lui servait à
tracer les modèles d'écriture et il signa. Le gendarme plia soigneusement le
papier et le mit dans son portefeuille. Puis il se dirigea vers la porte.

—Je vais t'accompagner, dit Daru.

200 —Non, dit Balducci. Ce n'est pas la peine d'être poli. Tu m'as fait un
affront.

19 De quoi Balducci accuse-t-il Daru?

Il regarda l'Arabe, immobile, à la même place, renifla[84] d'un air chagrin
et se détourna vers la porte: «Adieu, fils», dit-il. La porte battit derrière lui.

---

[78]fou [79]inspire de l'aversion par sa corruption morale [80]donnerai aux autorités [81]stupidités [82]abandonner
(quelqu'un avec qui on a entretenu des relations très étroites) [83]tige de bois au bout de laquelle on engage une
plume pour écrire. *Sergent-major* était une marque commerciale réputée. [84]aspira bruyamment par le nez

Balducci surgit devant la fenêtre puis disparut. Ses pas étaient étouffés[85] par
205 la neige. Le cheval s'agita derrière la cloison,[86] des poules s'effarèrent.[87] Un
moment après, Balducci repassa devant la fenêtre tirant le cheval par la
bride. Il avançait vers le raidillon sans se retourner, disparut le premier et le
cheval le suivit. On entendit une grosse pierre rouler mollement. Daru
revint vers le prisonnier qui n'avait pas bougé, mais ne le quittait pas des
210 yeux. «Attends», dit l'instituteur en arabe, et il se dirigea vers la chambre. Au
moment de passer le seuil,[88] il se ravisa,[89] alla au bureau, prit le revolver et
le fourra[90] dans sa poche. Puis, sans se retourner, il entra dans sa chambre.

Longtemps, il resta étendu sur son divan à regarder le ciel se fermer peu
à peu, à écouter le silence. C'était ce silence qui lui avait paru pénible[91] les
215 premiers jours de son arrivée, après la guerre. Il avait demandé un poste[92]
dans la petite ville au pied des contreforts qui séparent du désert les hauts
plateaux. Là, des murailles rocheuses, vertes et noires au nord, roses ou
mauves au sud, marquaient la frontière de l'éternel été. On l'avait nommé à
un poste plus au nord, sur le plateau même. Au début, la solitude et le
220 silence lui avaient été durs sur ces terres ingrates,[93] habitées seulement par
des pierres. Parfois, des sillons[94] faisaient croire à des cultures, mais ils
avaient été creusés pour mettre au jour[95] une certaine pierre, propice à la
construction. On ne labourait[96] ici que pour récolter des cailloux.[97]
D'autres fois, on grattait quelques copeaux[98] de terre, accumulée dans des
225 creux, dont on engraisserait[99] les maigres jardins du village. C'était ainsi, le
caillou seul couvrait les trois quarts de ce pays. Les villes y naissaient, bril-
laient, puis disparaissaient; les hommes y passaient, s'aimaient ou se mor-
daient[100] à la gorge, puis mouraient. Dans ce désert, personne, ni lui ni son
hôte n'étaient rien. Et pourtant, hors de ce désert, ni l'un ni l'autre, Daru le
230 savait, n'auraient pu vivre vraiment.

Quand il se leva, aucun bruit ne venait de la salle de classe. Il s'étonna de
cette joie franche qui lui venait à la seule pensée que l'Arabe avait pu fuir et qu'il
allait se retrouver seul sans avoir rien à décider. Mais le prisonnier était là. Il
s'était seulement couché de tout son long entre le poêle et le bureau. Les
235 yeux ouverts, il regardait le plafond. Dans cette position, on voyait surtout ses
lèvres épaisses qui lui donnaient un air boudeur.[101] «Viens», dit Daru.
L'Arabe se leva et le suivit. Dans la chambre, l'instituteur lui montra une chaise

20 Expliquez la signification de ce geste. Quel est l'état d'esprit de Daru à ce moment-là?

21 Comment l'attitude de Daru envers cet endroit a-t-elle changé depuis qu'on l'a nommé au poste sur le plateau?

22 Pourquoi Daru aurait-il aimé que l'Arabe s'en aille?

---

[85]rendus silencieux [86]séparation, division [87]eurent peur [88]entrée [89]se... changea d'avis [90]fit entrer [91]très difficile [92]travail [93]stériles [94]marques plus ou moins profondes faites dans la terre par la lame d'une charrue ou d'un tracteur [95]mettre... révéler [96]cultivait la terre [97]petites pierres [98]couches superficielles [99]rendrait fertiles [100]serraient avec les dents [101]mécontent, de mauvaise humeur

près de la table, sous la fenêtre. L'Arabe prit place sans cesser de regarder Daru.

—Tu as faim?

240 —Oui, dit le prisonnier.

Daru installa deux couverts.[102] Il prit de la farine et de l'huile, pétrit[103] dans un plat une galette[104] et alluma le petit fourneau à butagaz.[105] Pendant que la galette cuisait, il sortit pour ramener de l'appentis du fromage, des œufs, des dattes et du lait condensé. Quand la galette fut cuite, il la mit à
245 refroidir sur le rebord de la fenêtre, fit chauffer du lait condensé étendu d'eau et, pour finir, battit les œufs en omelette. Dans un de ses mouvements, il heurta[106] le revolver enfoncé dans sa poche droite. Il posa le bol, passa dans la salle de classe et mit le revolver dans le tiroir de son bureau. Quand il revint dans la chambre, la nuit tombait. Il donna de la lumière et
250 servit l'Arabe: «Mange», dit-il. L'autre prit un morceau de galette, le porta vivement à sa bouche et s'arrêta.

—Et toi? dit-il.

—Après toi. Je mangerai aussi.

Les grosses lèvres s'ouvrirent un peu, l'Arabe hésita, puis il mordit réso-
255 lument dans la galette.

Le repas fini, l'Arabe regardait l'instituteur.

—C'est toi le juge?

—Non, je te garde jusqu'à demain.

—Pourquoi tu manges avec moi?

260 —J'ai faim.

L'autre se tut.[107] Daru se leva et sortit. Il ramena un lit de camp de l'appentis, l'étendit entre la table et le poêle, perpendiculairement à son propre lit. D'une grande valise qui, debout dans un coin, servait d'étagère à dossiers, il tira deux couvertures qu'il disposa sur le lit de camp. Puis il s'ar-
265 rêta, se sentit oisif,[108] s'assit sur son lit. Il n'y avait plus rien à faire ni à préparer. Il fallait regarder cet homme. Il le regardait donc, essayant d'imaginer ce visage emporté de fureur. Il n'y parvenait pas. Il voyait seulement le regard à la fois sombre et brillant, et la bouche animale.

—Pourquoi tu l'as tué? dit-il d'une voix dont l'hostilité le surprit.

270 L'Arabe détourna son regard.

—Il s'est sauvé. J'ai couru derrière lui.

Il releva les yeux sur Daru et ils étaient pleins d'une sorte d'interrogation malheureuse.

> **23** Dans quelle mesure cette action indique-t-elle une modification dans l'état d'esprit de Daru?

> **24** Comment peut-on expliquer la réaction de l'Arabe à l'hospitalité de Daru?

> **25** Comment l'Arabe explique-t-il son crime?

---

[102]ustensiles de table pour le repas   [103]mélangea   [104]petit gâteau plat   [105]fourneau... *cooking stove*   [106] toucha plus ou moins brusquement   [107]se... garda le silence   [108]inoccupé, inactif

—Maintenant, qu'est-ce qu'on va me faire?

275 —Tu as peur?

L'Arabe se raidit,[109] en détournant les yeux.

—Tu regrettes?

L'Arabe le regarda, bouche ouverte. Visiblement, il ne comprenait pas. L'irritation gagnait Daru. En même temps, il se sentait gauche et

280 emprunté[110] dans son gros corps, coincé[111] entre les deux lits.

Pourquoi Daru s'irrite-t-il?

—Couche-toi là, dit-il avec impatience. C'est ton lit.

L'Arabe ne bougeait pas. Il appela Daru:

—Dis!

L'instituteur le regarda.

285 —Le gendarme revient demain?

—Je ne sais pas.

—Tu viens avec nous?

—Je ne sais pas. Pourquoi?

Le prisonnier se leva et s'étendit à même[112] les couvertures, les pieds vers

290 la fenêtre. La lumière de l'ampoule électrique lui tombait droit dans les yeux qu'il ferma aussitôt.

—Pourquoi? répéta Daru, planté devant le lit.

L'Arabe ouvrit les yeux sous la lumière aveuglante et le regarda en s'efforçant[113] de ne pas battre les paupières.

295 —Viens avec nous, dit-il.

Pourquoi l'Arabe demande-t-il à Daru de les accompagner?

Au milieu de la nuit, Daru ne dormait toujours pas. Il s'était mis au lit après s'être complètement déshabillé: il couchait nu habituellement. Mais quand il se trouva sans vêtements dans la chambre, il hésita. Il se sentait vulnérable, la tentation lui vint de se rhabiller. Puis il haussa les épaules; il

300 en avait vu d'autres[114] et, s'il le fallait, il casserait en deux son adversaire. De son lit, il pouvait l'observer, étendu sur le dos, toujours immobile et les yeux fermés sous la lumière violente. Quand Daru éteignit,[115] les ténèbres semblèrent se congeler[116] d'un coup. Peu à peu, la nuit redevint vivante dans la fenêtre où le ciel sans étoiles remuait doucement. L'instituteur distingua

305 bientôt le corps étendu devant lui. L'Arabe ne bougeait toujours pas, mais ses yeux semblaient ouverts. Un léger vent rodait autour de l'école.[117] Il chasserait peut-être les nuages et le soleil reviendrait.

Dans la nuit, le vent grandit. Les poules s'agitèrent un peu, puis se

---

[109]se… manifesta une résistance [110]pas naturel [111]mal à l'aise, emprisonné [112]à… directement sur [113]faisant un effort [114]en… avait connu des situations semblables ou pires [115]interrompit l'éclairage [116]se… se solidifier sous l'effet du froid [117]rodait… faisait le tour de l'école plusieurs fois

turent. L'Arabe se retourna sur le côté, présentant le dos à Daru et celui-ci
310 crut l'entendre gémir.[118] Il guetta[119] ensuite sa respiration, devenue plus
forte et plus régulière. Il écoutait ce souffle si proche et rêvait sans pouvoir
s'endormir. Dans la chambre où, depuis un an, il dormait seul, cette
présence le gênait. Mais elle le gênait aussi parce qu'elle lui imposait une
sorte de fraternité qu'il refusait dans les circonstances présentes et qu'il con-
315 naissait bien: les hommes, qui partagent les mêmes chambres, soldats ou
prisonniers, contractent un lien étrange comme si, leurs armures quittées
avec les vêtements, ils se rejoignaient chaque soir, par-dessus leurs différences, dans la vieille communauté du songe et de la fatigue. Mais Daru se
secouait,[120] il n'aimait pas ces bêtises, il fallait dormir.

320 Un peu plus tard pourtant, quand l'Arabe bougea imperceptiblement,
l'instituteur ne dormait toujours pas. Au deuxième mouvement du prisonnier, il se raidit, en alerte. L'Arabe se soulevait lentement sur les bras, d'un
mouvement presque somnambulique.[121] Assis sur le lit, il attendit, immobile, sans tourner la tête vers Daru, comme s'il écoutait de toute son atten-
325 tion. Daru ne bougea pas: il venait de penser que le revolver était resté dans
le tiroir de son bureau. Il valait mieux agir tout de suite. Il continua cependant d'observer le prisonnier qui, du même mouvement huilé,[122] posait ses
pieds sur le sol, attendait encore, puis commençait à se dresser[123] lentement.
Daru allait l'interpeller[124] quand l'Arabe se mit en marche, d'une allure[125]
330 naturelle cette fois, mais extraordinairement silencieuse. Il allait vers la
porte du fond qui donnait sur l'appentis. Il fit jouer[126] le loquet[127] avec précaution et sortit en repoussant la porte derrière lui, sans la refermer. Daru
n'avait pas bougé: «Il fuit,[128] pensait-il seulement. Bon débarras!»[129] Il tendit pourtant l'oreille.[130] Les poules ne bougeaient pas: l'autre était donc sur
335 le plateau. Un faible bruit d'eau lui parvint alors dont il ne comprit ce qu'il
était qu'au moment où l'Arabe s'encastra[131] de nouveau dans la porte, la
referma avec soin, et vint se recoucher sans un bruit. Alors Daru lui tourna
le dos et s'endormit. Plus tard encore, il lui sembla entendre, du fond de son
sommeil, des pas furtifs[132] autour de l'école. «Je rêve, je rêve!» se répétait-il.
340 Et il dormait.

Quand il se réveilla, le ciel était découvert; par la fenêtre mal jointe
entrait un air froid et pur. L'Arabe dormait, recroquevillé maintenant sous

28 Qu'est-ce qui empêche Daru de dormir?

29 Le narrateur présente «une sorte de fraternité» comme si c'était un phénomène universel. D'après vous, a-t-il raison?

30 Pourquoi l'Arabe sort-il? Quels sont les sentiments de Daru à ce moment-là?

[118]manifester sa douleur par des plaintes [119]surveilla attentivement [120]se... revint à la réalité [121]d'une personne qui marche en dormant [122]facile et aisé [123]se... se lever [124]l'appeler [125]façon [126]fit... tourna dans un sens et dans l'autre [127]fermeture de la porte [128]s'échappe [129]exclamation qui marque sa joie de voir partir une personne que l'on n'aime pas [130]tendit... écouta attentivement [131]se plaça à l'intérieur [132]discrets et rapides

les couvertures, la bouche ouverte, totalement abandonné. Mais quand Daru le secoua, il eut un sursaut[133] terrible, regardant Daru sans le recon-
345 naître avec des yeux fous et une expression si apeurée[134] que l'instituteur fit un pas en arrière. «N'aie pas peur. C'est moi. Il faut manger.» L'Arabe se-coua la tête et dit oui. Le calme était revenu sur son visage, mais son expression restait absente et distraite.

Le café était prêt. Ils le burent, assis tous deux sur le lit de camp, en mor-
350 dant leurs morceaux de galette. Puis Daru mena l'Arabe sous l'appentis et lui montra le robinet où il faisait sa toilette. Il rentra dans la chambre, plia les couvertures et le lit de camp, fit son propre lit et mit la pièce en ordre. Il sortit alors sur le terre-plein en passant par l'école. Le soleil montait déjà dans le ciel bleu; une lumière tendre et vive inondait le plateau désert. Sur le
355 raidillon, la neige fondait[135] par endroits. Les pierres allaient apparaître de nouveau. Accroupi au bord du plateau, l'instituteur contemplait l'étendue déserte. Il pensait à Balducci. Il lui avait fait de la peine, il l'avait renvoyé, d'une certaine manière, comme s'il ne voulait pas être dans le même sac. Il entendait encore l'adieu[136] du gendarme et, sans savoir pourquoi, il se sen-
360 tait étrangement vide et vulnérable. A ce moment, de l'autre côté de l'école, le prisonnier toussa. Daru l'écouta, presque malgré lui, puis, furieux, jeta un caillou qui siffla dans l'air avant de s'enfoncer dans la neige. Le crime imbé-cile de cet homme le révoltait, mais le livrer était contraire à l'honneur: d'y penser seulement le rendait fou d'humiliation. Et il maudissait[137] à la fois
365 les siens qui lui envoyaient cet Arabe et celui-ci qui avait osé tuer et n'avait pas su s'enfuir. Daru se leva, tourna en rond sur le terre-plein, attendit, immobile, puis entra dans l'école.

L'Arabe, penché sur le sol cimenté de l'appentis, se lavait les dents avec deux doigts. Daru le regarda, puis: «Viens», dit-il. Il rentra dans la chambre,
370 devant le prisonnier. Il enfila[138] une veste de chasse sur son chandail et chaussa des souliers[139] de marche. Il attendit debout que l'Arabe eût remis son chèche et ses sandales. Ils passèrent dans l'école et l'instituteur montra la sortie à son compagnon. «Va», dit-il. L'autre ne bougea pas. «Je viens», dit Daru. L'Arabe sortit. Daru rentra dans la chambre et fit un paquet avec des
375 biscottes,[140] des dattes et du sucre. Dans la salle de classe, avant de sortir, il hésita une seconde devant son bureau, puis il franchit le seuil de l'école et boucla[141] la porte. «C'est par là», dit-il. Il prit la direction de l'est, suivi par

31 Quels sentiments Daru éprouve-t-il lorsqu'il pense à Balducci? Regrette-t-il d'avoir refusé de livrer l'Arabe?

32 Dans quel sens les sentiments de Daru sont-ils contradictoires dans ce passage?

33 Pourquoi le prisonnier ne veut-il pas sortir?

[133]mouvement brusque et soudain   [134]terrifiée   [135]devenait liquide   [136]«au revoir» définitif   [137]appelait la colère divine sur quelqu'un ou quelque chose   [138]mit   [139]chaussures   [140]tranches de pain séchées au four   [141]ferma à clé

le prisonnier. Mais, à une faible distance de l'école, il lui sembla entendre un léger bruit derrière lui. Il revint sur ses pas, inspecta les alentours[142] de la
380 maison: il n'y avait personne. L'Arabe le regardait faire, sans paraître comprendre. «Allons», dit Daru.

Ils marchèrent une heure et se reposèrent auprès d'une aiguille calcaire.[143] La neige fondait de plus en plus vite, le soleil pompait aussitôt les flaques, nettoyait à toute allure[144] le plateau qui, peu à peu, devenait sec et
385 vibrait comme l'air lui-même. Quand ils reprirent la route, le sol résonnait sous leurs pas. De loin en loin, un oiseau fendait[145] l'espace devant eux avec un cri joyeux. Daru buvait, à profondes aspirations, la lumière fraîche. Une sorte d'exaltation naissait en lui devant le grand espace familier, presque entièrement jaune maintenant, sous sa calotte[146] de ciel bleu. Ils marchèrent
390 encore une heure, en descendant vers le sud. Ils arrivèrent à une sorte d'éminence[147] aplatie, faite de rochers friables. A partir de là, le plateau dévalait à l'est, vers une plaine basse où l'on pouvait distinguer quelques arbres maigres et, au sud, vers des amas rocheux qui donnaient au paysage un aspect tourmenté.

395 Daru inspecta les deux directions. Il n'y avait que le ciel à l'horizon, pas un homme ne se montrait. Il se tourna vers l'Arabe, qui le regardait sans comprendre. Daru lui tendit un paquet: «Prends, dit-il. Ce sont des dattes, du pain, du sucre. Tu peux tenir[148] deux jours. Voilà mille francs aussi.» L'Arabe prit le paquet et l'argent, mais il gardait ses mains pleines à hauteur
400 de la poitrine, comme s'il ne savait que faire de ce qu'on lui donnait. «Regarde maintenant, dit l'instituteur, et il lui montrait la direction de l'est, voilà la route de Tinguit. Tu as deux heures de marche. A Tinguit, il y a l'administration et la police. Ils t'attendent.» L'Arabe regardait vers l'est, retenant toujours contre lui le paquet et l'argent. Daru lui prit le bras et lui
405 fit faire, sans douceur, un quart de tour vers le sud. Au pied de la hauteur où ils se trouvaient, on devinait un chemin à peine dessiné. «Ça, c'est la piste qui traverse le plateau. A un jour de marche d'ici, tu trouveras les pâturages et les premiers nomades. Ils t'accueilleront et t'abriteront[149] selon leur loi.» L'Arabe s'était retourné maintenant vers Daru et une sorte de panique se
410 levait sur son visage: «Ecoute», dit-il. Daru secoua la tête: «Non, tais-toi. Maintenant, je te laisse.» Il lui tourna le dos, fit deux grands pas dans la direction de l'école, regarda d'un air indécis l'Arabe immobile et repartit. Pendant quelques minutes, il n'entendit plus que son propre pas, sonore sur

34 Est-ce la première fois que Daru croit entendre un bruit?

35 Pourquoi Daru se sent-il si joyeux en ce moment?

36 Quelles sont les deux directions?

37 Pourquoi l'Arabe panique-t-il quand Daru lui montre les deux directions qu'il peut choisir?

---

[142]l'espace environnant [143]aiguille… *chalky crag* [144]à… très vite [145]coupait [146]bonnet [147]lieu en hauteur [148]survivre [149]te protégeront

la terre froide, et il ne détourna pas la tête. Au bout d'un moment, pourtant,
415 il se retourna. L'Arabe était toujours là, au bord de la colline, les bras pen-
dants maintenant, et il regardait l'instituteur. Daru sentit sa gorge se nouer.
Mais il jura d'impatience, fit un grand signe, et repartit. Il était déjà loin
quand il s'arrêta de nouveau et regarda. Il n'y avait plus personne sur la
colline.

420   Daru hésita. Le soleil était maintenant assez haut dans le ciel et commençait de lui dévorer le front. L'instituteur revint sur ses pas, d'abord un
peu incertain, puis avec décision. Quand il parvint à la petite colline, il ruis-
selait de sueur. Il la gravit[150] à toute allure et s'arrêta, essoufflé, sur le sommet. Les champs de roche, au sud, se dessinaient nettement sur le ciel bleu,
425 mais sur la plaine, à l'est, une buée de chaleur montait déjà. Et dans cette
brume légère, Daru, le cœur serré, découvrit l'Arabe qui cheminait[151] lentement sur la route de la prison.

Un peu plus tard, planté devant la fenêtre de la salle de classe, l'instituteur regardait sans la voir la jeune lumière bondir des hauteurs du ciel sur
430 toute la surface du plateau. Derrière lui, sur le tableau noir, entre les méandres des fleuves français s'étalait, tracée à la craie par une main malhabile,
l'inscription qu'il venait de lire: «Tu as livré notre frère. Tu paieras.» Daru
regardait le ciel, le plateau et, au-delà, les terres invisibles qui s'étendaient
jusqu'à la mer. Dans ce vaste pays qu'il avait tant aimé, il était seul.

38 Quelle surprise attend Daru dans la salle de classe? Quelle est la signification du fait que cette inscription est tracée sur une carte de France?

[150]monta [151]marchait

Pour approfondir...

1. Dans un dictionnaire Robert ou Larousse, trouvez les deux définitions possibles du mot **hôte**. Justifiez chacun des deux sens du mot **hôte** d'après les relations que Daru entretient avec les autres personnages et le pays où il vit.
2. Décrivez en quelques mots le milieu physique dans lequel vivent Daru et les Arabes. Quels en sont les motifs dominants?
3. Identifiez les passages qui montrent une difficulté de communication entre l'Arabe et Balducci, entre Balducci et Daru, et entre Daru et l'Arabe.
4. Daru est-il un partisan de la violence? Citez des exemples.
5. Daru se comporte-t-il de la même façon que Balducci envers l'Arabe? Citez des exemples concrets et expliquez les différences dans leurs attitudes respectives.
6. L'Arabe voit-il Daru et Balducci de la même façon? Que voit-il chez l'un et chez l'autre?
7. Pouvez-vous imaginer ce que Balducci pourrait dire à ses supérieurs et aux autres Européens sur l'attitude de Daru?
8. Pour expliquer le crime de l'Arabe, Balducci, le représentant de l'ordre et de la justice, dit ceci: «Des affaires de famille, *je crois.* L'un devait du grain à l'autre, *paraît-il. Ça n'est pas clair. Enfin, bref,* il a tué le cousin d'un coup de serpe…» Dans quelle mesure les hésitations de Balducci sont-elles caractéristiques d'une justice dominée par le racisme?
9. Selon vous, pourquoi l'Arabe choisit-il d'aller vers la ville et la prison? Le choix que Daru lui donne est-il un vrai choix? Expliquez.

Pour écrire...

1. Faites un portrait moral du personnage de Daru. Quelles raisons morales invoque-t-il pour motiver son refus de livrer l'Arabe? Pourquoi est-il gêné en présence de l'Arabe? Pourquoi refuse-t-il de choisir pour lui? En quoi lui ressemble-t-il? Expliquez sa solitude à la fin de l'histoire.
2. Ecrivez une histoire (réelle ou inventée) dans laquelle une personne essaie de réparer une injustice faite à une autre personne. Quelle est la situation de la victime? Pourquoi s'agit-il d'une injustice? Quelles actions sont nécessaires pour réparer cette injustice? Est-ce que la première personne prend des risques importants? Est-ce que sa propre sécurité est plus importante que la justice?
3. Imaginez un dénouement différent pour cette histoire.

Pour en savoir plus...

Né en Algérie, Albert Camus (Mondovi, 1913– Villeblevin, France, 1960) est surtout connu pour ses romans *L'Etranger* (1942), *La Peste* (1947) et *La Chute* (1956). «L'Hôte» est extrait du recueil de nouvelles intitulé *L'Exil et le Royaume* (1957), au titre très révélateur. Dans son texte, Camus montre à travers Daru la «solitude» politique et sociale à laquelle est condamné l'Européen «libéral», qui se révolte contre l'attitude méprisante des autres Blancs envers les Arabes, mais qui ne peut pas non plus comprendre complètement la culture des indigènes et cautionner leurs revendications d'indépendance totale. Cet Européen libéral, dont Camus a connu personnellement le drame, vit dans un désert, car il n'est compris ni des autres Européens ni des colonisés. Les Européens le considèrent comme un traître, qui supporte les revendications des colonisés, alors que les colonisés le soupçonnent d'être une entrave (un obstacle) à leur libération totale. D'où le sentiment de vivre exilé chez soi, d'être seul au milieu des êtres humains.

Albert Camus

L'Etrangère

Anne-Marie Niane, 1985

Pour entrer dans le texte...

De 1946 à 1954, la France est engagée dans la «campagne d'Indochine», un long conflit difficile et sanglant qui oppose l'armée française aux troupes du Viêt-minh, le front pour l'indépendance du Viêt-nam. Pour augmenter le nombre de ses troupes, la France fait appel à ses colonies et recrute en particulier ceux qu'on a appelés les «tirailleurs (soldats) sénégalais», des hommes venus du Sénégal, et du Soudan français, qui se retrouvaient à Dakar pour être envoyés sur les lieux des opérations militaires françaises. C'est ainsi qu'un grand nombre d'Africains se sont trouvés dans les rangs de l'armée française en Indochine où certains se sont mariés, ont eu des enfants et sont retournés en Afrique avec leur famille. On peut dire que l'histoire coloniale de la France a provoqué des déplacements ethniques et culturels inhabituels et même paradoxaux…

«L'Etrangère» raconte une histoire d'amour, née dans le contexte de la campagne d'Indochine. La narratrice, vietnamienne, tombe amoureuse et épouse un jeune Sénégalais engagé dans l'armée française en Indochine. Mais après la défaite de la France à Diên Biên Phu en 1954, le couple émigre au Sénégal. Devenue étrangère dans le pays de son mari, elle découvre comment les différences culturelles entre deux personnes qui s'aiment, restent parfois difficiles à franchir.

145

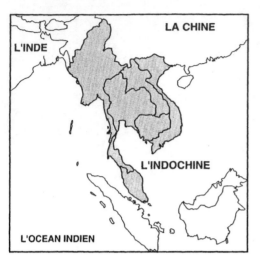

Limites de l'Indochine française. Elle a fait place aux etats indépendants du Cambodge, du Laos et du Viêt-nam.

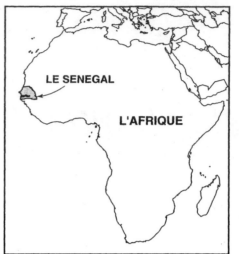

Colonisé par la France dès 1842, le Sénégal a accédé à l'indépendance en 1960 sous la présidence de Léopold Sédar Senghor. Bien que le français soit la langue utilisée dans l'administration et l'enseignement, un décret de 1971 a fixé la reconnaissance des six langues maternelles nationales (ouolof, pular, sérère, diola, mandingue et soninké).

MOTS-CLÉS

la désapprobation
la discrimination raciale
un étranger, une étrangère
l'identité culturelle
l'immigration *(f.)*
l'incompréhension *(f.)*, l'hostilité *(f.)*

les inégalités sociales
le pays d'adoption
le pays d'origine
les racines *(f.)*
le racisme

TERMES LITTÉRAIRES

la narratrice   le récit à la première personne

POUR MIEUX LIRE...

La narratrice raconte sa vie, depuis son enfance à Saigon jusqu'à sa vieillesse à Dakar. Elle décrit certains événements parce qu'ils illustrent le mieux son évolution psychologique. Faites une liste des sentiments (ignorance, dégoût, mélancolie, résignation, acceptation, etc.) qui sont illustrés par ces événements.

L'Etrangère

L a chaleur est oppressante. Il pleuvra certainement ce soir. Je m'assois dans ce jardin public, sur un banc un peu à l'écart[1] pour éviter le ballon que les enfants se lancent joyeusement. Il me faut reprendre mon souffle. Comme le moindre effort physique est harassant[2] à
5 mon âge! La plus petite course prend des proportions extraordinaires et tellement décourageantes à soixante-six ans.

Je reviens d'une visite faite à une amie dans le quartier populaire de la Gueule Tapée.[3] Je me souviens avoir été impressionnée par les consonances gutturales de ces deux mots lorsqu'ils furent prononcés devant moi pour la
10 première fois. Je sus bien plus tard qu'ils désignaient un animal. Il faut dire que j'étais arrivée depuis peu à Dakar. J'ignorais tout du ouolof et ma connaissance de la langue française, ma vision du monde étaient alors très limitées. L'univers s'arrêtait aux confins du Viêt-nam dont je suis originaire. Le Sénégal, pays de mon mari, représentait l'inaccessible, le mystère. Vingt-
15 deux ans en Indochine avaient valu à Karim une maîtrise parfaite de ma langue maternelle. Il en connaissait les inflexions, les nuances, les ambiguïtés. Et je percevais toute la différence de nos cultures à travers les souvenirs qu'il savait si bien évoquer pour moi. Ses descriptions m'aidaient à situer le cadre de son passé. Les vieilles rues de Saint-Louis du Sénégal,
20 l'architecture coloniale des balcons, le quartier des pêcheurs et même les sites privilégiés des génies[4] qui hantaient la ville m'étaient familiers.

Aucune bride[5] n'entravait mon imagination d'autant plus fertile et libre qu'elle manquait d'éléments de comparaison. La seule ville qui n'avait pas de secrets pour moi était Saigon. Les successions de régimes politiques, les
25 guerres incessantes et le temps ont changé jusqu'à son nom. Aucun lien ne doit exister maintenant entre Hô Chi-Minh-Ville[6] et ce qui fut le théâtre de mon enfance. Il est difficile de porter un regard de juge sur l'Histoire quand elle se teinte du halo des souvenirs. Quelquefois, comme aujourd'hui, la pensée refuse de se fixer sur la routine quotidienne. Et je revois, embellis
30 par une mémoire défaillante[7] et imprégnés de la noblesse des choses

1 Quels renseignements avons-nous ici sur la narratrice?

2 Par quels moyens la narratrice a-t-elle d'abord connu le Sénégal?

3 Pourquoi est-ce que Hô Chi-Minh-Ville a changé?

[1]à... à une certaine distance   [2]fatigant, difficile physiquement   [3]Gueule... *(crazy mouth)* un quartier de la ville de Dakar   [4]esprits, bons ou mauvais, qui influent sur la destinée des gens   [5]partie du harnais d'un cheval servant à le conduire   [6]Hô... nouveau nom de la ville de Saigon au Viêt-nam du sud   [7]qui n'est pas parfaite ou qui ne fonctionne pas très bien

passées, la maison de mon enfance à Gia-Dinh, l'impasse du bout de la rue, les stands rouge et or des restaurants chinois et la douce réverbération de leurs lampes ciselées. Il me semble entendre les cris des marchands ambulants dont les confiseries[8] attisaient nos gourmandises[9] d'enfants. Je les
35 attendais impatiemment ces marchands qui passaient à heures fixes, serrant dans mes menottes[10] les piastres[11] données par les voisines contre menus petits services.[12]

Mes amies et moi-même n'étions jamais plus riches qu'à la fête du Têt.[13] L'argent reçu pour les vœux[14] formulés aux aînés[15] payait nos ravisse-
40 ments[16] devant les bouquets du jardin botanique. Ce petit pécule[17] nous permettait de vivre à l'unisson avec les héros légendaires du théâtre annamite.[18] Et quel étonnement devant le monde étrange des films muets! Au sortir de la séance de cinéma, nous allions scander[19] les contorsions rythmées du dragon qui, à l'occasion du Nouvel An, promenait dans les rues
45 son corps torturé et son immense regard de feu. Des milliers de ballons lâchés par les enfants parsemaient[20] le ciel de globes multicolores. Ces taches poursuivaient en grappes serrées leur course lente et hasardeuse dans l'atmosphère. Elles semblaient constituer un hommage rendu à la voûte céleste.[21]

50 Ce fut également dans l'atmosphère enfiévrée des kermesses[22] de l'armée française que je vis Karim pour la première fois. Je n'arrivais pas à expliquer le paradoxe de l'uniforme français sur le teint[23] noir de ce grand Sénégalais. Les contradictions apparentes de l'histoire et de la géographie constituaient une énigme pour l'analphabète[24] que j'étais. Elles devaient avoir une
55 réponse plus tard par la bouche de mes enfants qui eurent accès au savoir. Mais au moment où je rencontrais Karim, la compréhension des tournants de l'Histoire ne me semblait pas importante. J'embrassais les faits, je ressentais les événements avec les yeux de mon âme et la vulnérabilité de mon adolescence. Je vivais alors dans l'attente des permissions[25] de Karim. Cha-
60 cune de nos excursions s'effaçait de mon esprit uniquement lorsqu'une autre lui avait succédé. Karim m'intimidait avec ce regard vif, ce sourire éclatant que dévoilaient des lèvres minces et finement ourlées.[26] Dans le visage rond et plein, le nez seul trahissait[27] le type négroïde.

4 Quelles sont les images que la narratrice a gardées de son enfance au Viêt-nam?

5 De quel paradoxe la jeune femme parle-t-elle?

[8]nom générique pour toutes sortes de bonbons [9]désir d'un enfant de manger des choses sucrées comme des bonbons ou des biscuits [10]petites mains [11]monnaie utilisée en Indochine [12]contre… en échange de petites faveurs faites par les enfants [13]abbrév. de Têt Nguyen Dau, fête vietnamienne du premier de l'an selon le calendrier lunaire d'origine chinoise pendant laquelle on célèbre le culte des ancêtres (voir la page 161) [14]*wishes* [15]ancêtres [16]joies [17]modeste somme d'argent économisée petit à petit [18]culture du peuple mongolien de la région du Viêt-nam nommée Annam, répandue en Indochine et dans le Sud de la Chine [19]marquer fortement [20]couvraient [21]voûte… *vault of heaven* [22]fêtes populaires. Ici les fêtes sont organisées par l'armée française pour distraire les soldats. [23]nuance de la. couleur du visage [24]personne qui ne sait ni lire ni écrire, ou une personne ignorante [25]*leaves* [26]ici: *delicately rimmed* [27]indiquait

Comparé aux hommes de ma race, Karim faisait un peu l'effet d'un
65 géant. Cette taille au-dessus de la moyenne contrastait singulièrement avec
sa douceur. Je me demande aujourd'hui si l'attirance qu'il exerçait sur moi
ne pourrait être attribuée à la recherche inconsciente d'une certaine protection. L'absence d'une autorité paternelle avait certainement cristallisé en
Karim toutes mes frustrations de femme-enfant. Je n'avais guère plus de
70 trois ans quand mon père s'éteignit[28] après une longue et mystérieuse maladie. Karim fut l'amant mais aussi le père que je n'avais jamais connu. De
ce fait, je supportais mal[29] tout ce qui pouvait faire obstacle à nos relations.
Jusque-là j'avais senti confusément la désapprobation de mon entourage.
Elle se manifesta bientôt concrètement. Je déplorais auprès de Lê-Thy, une
75 amie d'enfance, l'absence de certaines denrées.[30] Elle me répondit que je ne
savais pas y faire.[31] Quand on composait[32] avec l'oppresseur, on devait pouvoir disposer[33] de certaines choses qui manquent aux femmes honnêtes. Ces
paroles marquèrent une étape[34] de ma vie. Je pris conscience de l'hostilité et
du mépris[35] de mes compatriotes.
80 Le dimanche qui suivit cet incident, Karim vint me chercher pour aller à
Dalat. Les cascades tumultueuses de cette ville et son étonnante végétation
ne parvenaient pas à me faire oublier le regard ironique de Lê-Thy.
Après une longue période de découragement, je décidai de faire front.[36]
A la malveillance[37] et à l'agressivité j'opposais une indifférence que j'étais
85 loin d'éprouver. Je ne dormais pas certaines nuits, craignant d'être l'objet de
représailles du Viêt-minh.[38] Ce contexte-là donna à la demande en mariage
de Karim les proportions d'une délivrance; une délivrance parce qu'il m'offrait officiellement sa protection et me réhabilitait dans ma dignité de
femme. Personne ne m'appellerait plus «Traînée».[39] Et le qualificatif
90 quelque peu péjoratif de «Femme de Français» forçait le respect. Je ne pourrais plus être accusée de composer avec l'oppresseur, je devenais une partie
de lui-même. Mon sort[40] serait désormais inéluctablement lié au sien. Sous
tous les cieux, personne ne condamnerait jamais une femme pour avoir
partagé le destin de son époux.
95 Notre mariage fut célébré en toute simplicité à la mairie et à l'église de
Gia-Dinh. En dépit de ces temps troublés, je m'épanouissais[41] dans mon
ménage.[42]

6 Comment la jeune femme considère-t-elle Karim?

7 Que comprend la jeune femme grâce à Lê-Thy?

8 En quoi est-ce que le mariage avec Karim apaise la peur de la jeune femme?

[28]mourut (euphémisme) [29]je... j'acceptais difficilement [30]*commodities, produce* [31]je... je n'étais pas capable de
toujours obtenir ce que je désirais [32]se compromettait [33]avoir l'usage [34]*milestone* [35]*scorn* [36]faire... *to face
up to it* [37]hostilité [38]Des espions viêt-minh infiltraient les populations vietnamiennes et surveillaient ceux qui
avaient des relations avec l'armée française parce qu'ils les considéraient comme des traîtres. [39](vulg.) femme de
mauvaise vie [40]destin [41]*blossomed* [42]la vie d'une personne mariée

Les années qui suivirent, je donnai naissance à huit enfants. Ils étaient chéris par leur grand-mère et son mari. Les attentions dont mon beau-père les entourait nous remettaient à l'esprit sa stérilité. J'étais restée fille unique et ne devais jamais connaître la joie d'avoir des frères et sœurs, fussent-ils d'un second lit. Mes enfants formaient donc le noyau[43] et le cœur du foyer. Ils grandissaient, beaux, particuliers avec leur teint foncé sur des traits plus asiatiques que négroïdes.

Ma première fille venait d'avoir dix-huit ans quand la débâcle française à Diên Biên Phu[44] consacra la libération du peuple vietnamien. J'avoue humblement que cette date importante dans l'histoire de mon pays est restée dans mon esprit synonyme d'exil. Prisonnière des limites de mon ignorance, je ne me rendais pas compte que les événements pouvaient, du jour au lendemain, bouleverser[45] l'existence de milliers d'individus comme moi. Il fallait partir de Saigon. La perspective de quitter le Vietnam et surtout celle d'y laisser ma vieille mère m'enlevèrent toutes mes forces. Mon corps brisé par la peur et le désespoir ne réagissait plus. Je tombai malade et restai longtemps alitée.[46] Aucune médication ne put venir à bout de cette langueur qui envahissait tout mon être.

▶ **9** Pourquoi est-ce que la jeune femme tombe malade?

Durant ma maladie, je vis Thi-Ba—c'est ainsi que Karim appelait ma mère—prendre soin de mes enfants comme elle ne l'avait jamais encore fait. Consciente du fait qu'elle ne les reverrait peut-être plus, elle apportait un soin particulier à coiffer l'opulente chevelure de mes filles. Quant aux trois garçons, ils pouvaient rentrer tard le soir sans être réprimandés. Et pourtant chacun savait à quel point l'aïeule[47] aimait réunir toute la famille autour du dîner. Puis, un jour, je vis de grosses larmes rouler sur ses joues ridées alors qu'elle donnait le bain à ma cadette[48] âgée de deux mois. A cet instant précis, elle me parut plus voûtée[49] que d'habitude.

▶ **10** Pourquoi Thi-Ba a-t-elle du chagrin?

Ce même soir, Karim m'annonça que nous quitterions Saigon dans six semaines.

Les jours passèrent rapidement dans les préparatifs fébriles du départ. Les lourdes cantines[50] se remplissaient de mille choses inutiles que je ne pensais pas trouver à Dakar. Dans cette agitation, je remarquais cependant que Thi-Ba avait cessé de faire à ses petits-enfants les mille recommandations qu'ils écoutaient d'une oreille distraite. Je n'eus pas l'occasion de

---

[43]partie centrale [44]La bataille de Diên Biên Phu (nov. 53–mai 54) a été un succès complet pour le Viêt-minh et s'est révélée décisive pour la fin de la guerre. Cette défaite a précipité le cessez-le-feu décidé par la Conférence de Genève en avril 1954 et les Français ont dû évacuer le Viêt-nam du Nord en 1954–55 puis le Viêt-nam du Sud en 1956. [45]perturber, créer du désordre dans [46]couchée [47]grand-mère [48]*youngest child* [49]*stooped* [50]*tin trunks*

réfléchir longtemps à ce changement d'attitude. Ma mère m'annonça un
soir qu'elle souhaitait partir avec nous. Il lui fallait connaître le cadre[51] dans
lequel nous allions désormais évoluer. Un séjour de trois mois à Dakar
135 estomperait[52] ses inquiétudes concernant l'adaptation des enfants à leur
nouvelle existence. Elle rentrerait ensuite à Saigon où mon beau-père l'at-
tendrait. J'informai Karim du vœu de ma mère. A l'expression émue de son
visage, je sus qu'il pensait comme moi: nos enfants étaient devenus la raison
de vivre de leur grand-mère. Sa venue à Dakar constituait le moyen de
140 reculer l'échéance[53] d'une réalité trop dure à supporter pour ses vieux jours.
La demande de passeport fut rapidement introduite. Les yeux bridés de
Thi-Ba retrouvèrent leur lumière et mes garçons recommencèrent leurs
plaisanteries sur les dents que la mastication des feuilles de bétel[54] avait rendues grises.

145   Deux semaines plus tard, nous embarquions sur le «Claude-Bernard».
La coque immense du bateau avait impressionné les enfants qui posaient
des questions à mon beau-père venu nous accompagner. Il eut beaucoup de
mal à s'éclipser au premier hurlement de la sirène. Le départ était proche et
il devait redescendre. Il s'arrêta au milieu de la passerelle,[55] réajusta ses
150 lunettes et fit un signe de la main à sa femme. Elle portait l'un de mes
enfants et répondit par un lent hochement[56] de tête. Nous ne le savions pas
encore, mais ce fut leur dernier regard l'un pour l'autre. Thi-Ba n'eut jamais
le courage de nous quitter et mourut à Dakar vingt et un ans plus tard.
Dépositaire d'une culture avec laquelle nous ne devions plus avoir de con-
155 tacts, elle ponctuait nos joies et nos peines de son sourire gris et de ses
paroles inlassablement optimistes en toutes circonstances. Il était surprenant de voir comment ses traits d'esprit[57] déclenchaient[58] les rires. Un
sens de l'humour, inhabituel chez une personne de cet âge, lui valait l'admi-
ration et la compagnie des plus jeunes. Quelquefois, heurtée[59] dans ses sen-
160 timents, elle savait aussi prendre une mine renfrognée[60] des jours entiers et
personne n'osait alors lui adresser la parole. J'ai toujours pensé que son
autorité devait beaucoup à sa longue chevelure immaculée, ramassée en
chignon sur la nuque.[61] Après sa mort, les après-midi où j'étais seule à la
maison, il m'arrivait souvent de me retourner en entendant des pas. Elle
165 aurait pu être là avec sa tunique rouge sombre à col haut et son pantalon
noir. Elle aurait pu continuer à me fixer de ses petits yeux tendrement
inquisiteurs qui savaient si bien lire en moi.

11 Quelle décision Thi-Ba prend-elle et pourquoi?

---

[51]environnement [52]diminuerait, réduirait [53]reculer… to adjourn, postpone [54]plante originaire de Malaisie, aux
principes astringents et stimulants, qui est mélangée avec du tabac et mastiquée [55]gangplank [56]nod [57]trait…
flashes of wit [58]provoquaient [59]abruptly uneven [60]mine… sullen expression [61]partie du cou

Thi-Ba fut longtemps pleurée par ses petits-enfants qui, par une grise matinée de janvier, quittaient le Viêt-nam avec elle.

12 Que représente la mort de Thi-Ba pour la famille de la narratrice et pourquoi?

170 Je garde de ce long voyage très peu de souvenirs. Sans doute parce que la mémoire refoule[62] dans ses méandres les événements que la raison refuse. Ma peur de l'inconnu était cependant atténuée[63] par la joie de Karim de retrouver son pays. Malgré son insistance, je gardais[64] la cabine, victime du mal de mer.[65] Ses amis sénégalais venaient m'y rendre visite et leur enthou-
175 siasme à revoir une terre qu'ils avaient quittée adolescents éveilla ma curiosité. Beaucoup d'entre eux repartaient seuls. Contrairement à Karim, ils n'avaient pas contracté mariage avec les Vietnamiennes qui avaient été longtemps leur compagne d'exil. Je songeais à plusieurs d'entre elles qui avaient des enfants et me posais des questions sur leur avenir.
180 De multiples arrêts jalonnaient[66] ce long périple.[67] Mes enfants se disputaient le privilège de raconter à leur grand-mère ce qu'ils avaient vu avec Karim en visitant les ports d'escale.[68] Je fus obligée de descendre à Marseille où régnait une grande vague de froid. De ma fenêtre d'hôtel, je regardais les Marseillais retenir les chapeaux que le mistral[69] s'évertuait à[70] leur arracher.
185 Je les voyais dans les cafés siroter leurs verres de vin et déguster leurs chocolats chauds.

Quelle mélancolie et quel dépaysement ! Le Viêt-nam me manquait déjà. Comment serait Dakar?

190 J'étais souvent seule avec ma mère et mes plus jeunes enfants. Les autres passaient une partie de leur journée avec Karim aux séances permanentes du cinéma.

Vingt-deux jours s'écoulèrent ainsi avant la reprise de notre long voyage, à bord du «Lyautey» cette fois-ci. Enfermée dans ma cabine, je trouvais tous
195 les jours semblables. Puis, le 5 mars 1955, sous la vive lumière du soleil africain, Dakar se profila à l'horizon.

Trois mois avaient passé.

Nous vivions dans une petite maison que Karim avait fait acheter par son frère à quelque temps de notre départ de Saigon. Les trois petites cham-
200 bres avaient été aménagées[71] tant bien que mal en salon et chambres à coucher et la grande cour, pleine de sable, résonnait des rires des enfants. Arrivés en pleine année scolaire, les plus âgés n'avaient pu être inscrits à l'école et passaient leurs journées à organiser des jeux. Ma belle-famille

---

[62]rejette inconsciemment [63]diminuée [64]restais dans [65]mal… *seasickness* [66]ponctuaient [67]voyage [68]ports… les villes portuaires où le bateau s'arrête avant sa destination finale [69]vent violent qui souffle du nord vers la mer [70]s'évertuait… faisait de grands efforts pour [71]*fixed up*

vivait à Saint-Louis et le marché représentait le grand contact avec le milieu
205 sénégalais. J'y allais tous les matins et la communication était difficile. Je fus
bientôt surnommée «la Chinoise». Ce quolibet,[72] attribué à tort, me suivait
à mon passage dans les rues. Et je compris ce que Karim pouvait ressentir
quand les Saigonnais l'appelaient «Taî denh», ce qui signifiait «Français
noir».

210 J'établis des contacts avec les Vietnamiennes parties de leur pays dans les
mêmes conditions que moi. Petit à petit, je finis par les connaître toutes et les
visites que nous nous faisions m'aidèrent à surmonter ma nostalgie de
Saigon.

Les années qui suivirent, la situation professionnelle de Karim
215 s'améliora. Ses revenus nous permirent d'acquérir une petite voiture et
d'agrandir la maison. Notre mode de vie changeait et nous formions une
famille très unie et heureuse. Au contact du monde musulman, Karim avait
recommencé à pratiquer sa religion. Durant le mois de Ramadan il jeû-
nait.[73] Je veillais[74] à confectionner[75] comme les ménagères sénégalaises les
220 bouillies[76] et les repas destinés à la rupture[77] du jeûne. Nous restions tard à
discuter pendant que les enfants apprenaient leurs leçons. Le passage des
années ne se marquait plus par l'évocation du dernier Têt. Le chapelet du
temps s'égrenait[78] maintenant au souvenir de la Tabaski[79] précédente: le
mouton sacrifié l'année passée était plus vigoureux ou moins beau.

225 Je pensais alors que toute ma vie s'écoulerait ainsi dans la sérénité.
Occupée par les multiples petites besognes[80] ménagères, je ne prêtais qu'une
légère attention aux rentrées désormais tardives de Karim. Il fallait consacrer
beaucoup de temps à mon petit univers. Entre le travail scolaire des uns,
l'éveil à la vie sentimentale et les problèmes professionnels des autres, il me
230 restait peu de temps pour penser à moi-même. Je regardais mes enfants
grandir et ma cadette qui avait maintenant douze ans, parlait parfaitement le
ouolof. Elle faisait l'objet de mille gâteries[81] de la part de Karim.

Il vouait[82] à ses enfants un amour hors du commun et, dans la limite de
ses moyens, assurait notre bien-être[83] matériel de manière exemplaire. Je
235 crois que ces aspects de son caractère ont masqué son détachement à mon
égard. Peut-être ai-je aussi manqué de lucidité. Toujours est-il que la
rumeur d'une liaison de Karim avec une Saint-Louisienne me surprit
douloureusement. Quand j'eus à en parler autour de moi, je constatai

◀**13** En quoi est-ce que son insertion dans la culture sénégalaise est difficile?

◀**14** Comment est-ce que la jeune femme s'adapte à sa nouvelle culture?

---

[72]mot amusant à l'adresse de quelqu'un   [73]se privait de nourriture   [74]faisais attention   [75]préparer méticuleuse-
ment   [76]*mushes*   [77]fin   [78]chapelet... L'expression «égrener son chapelet» *(to say the rosary)* est utilisée ici pour
exprimer les étapes successives du temps.   [79]dans la tradition musulmane, fête du mouton qui célèbre le sacrifice
d'Isaac considéré comme symbole de la soumission à Dieu   [80]travaux   [81]*cajoleries*   [82]consacrait   [83]*well-being*

qu'apparemment toute la communauté vietnamienne connaissait déjà
240 l'existence de cette femme dans la vie de mon mari. Au désespoir d'être
moins aimée s'ajoutait désormais l'humiliation d'être la dernière à savoir. Et
quelle amère solitude quand Karim partait à Saint-Louis le samedi! Tout le
long du week-end, j'emmenais les plus jeunes au cinéma, au jardin
zoologique et j'allais rendre visite aux amies. Il fallait empêcher ma pensée
245 de s'attarder sur certains raisonnements pour que Saigon ne devienne pas
dans mon esprit un paradis perdu.

Maïmouna fut épousée selon la coutume. Quelques années plus tard, «sa
parole lui fut rendue» selon le rite musulman qui concrétise le divorce. Je ne
fis sa connaissance qu'au décès[84] de Karim. Elle vint me présenter ses con-
250 doléances. Karim avait compris que ma culture ne me permettait pas d'accepter la polygamie et de la vivre comme il se doit. Il ne nous avait jamais
mises en présence l'une de l'autre. Durant les cérémonies rituelles du
troisième et du huitième jour,[85] je regardais Maïmouna évoluer et je la trouvais belle. Des origines peules[86] devaient expliquer ce teint particulier qui
255 s'apparentait à un hâle.[87] Je fus étonnée également devant le regard ardent
de ses yeux marron clair et la fine arête[88] de son nez. De forte corpulence,
elle marchait lentement et les mouvements imprimés à son boubou[89]
ajoutaient à sa grâce. La seule impression défavorable me fut donnée par les
lourds bracelets et les longues chaînes en or. Elle les arborait[90] dans des cir-
260 constances bien tristes. Chaque fois que nos regards se croisaient dans la
foule venue partager notre douleur, elle me souriait. Elle comprenait peut-
être qu'il ne s'agissait pas d'une curiosité malveillante mais du désir de
comprendre Karim jusque dans son envoûtement[91] pour une autre femme.
Petit à petit, une certaine complicité me lia à Maïmouna. Après le quaran-
265 tième jour, au moment où elle repartait à Saint-Louis, nous étions déjà des
amies. Les choses auraient été différentes si j'avais connu Maïmouna du
vivant de Karim. Tout les unissait: leur race, leurs conceptions, leur enfance
à Saint-Louis. Ils pouvaient percevoir l'humour ou la gravité d'une situation de la même façon. Par moments je me sentais étrangère et si éloignée
270 de Karim.

Ce sentiment atteignit son paroxysme quand Karim contracta une
troisième union. J'étais un peu plus armée psychologiquement et ma décep-

15 Quels sentiments est-ce que la présence de Maïmouna provoque chez la narratrice?

[84]mort   [85]Selon le rite musulman, on célèbre les funérailles le troisième, huitième et quarantième jours après la date de la mort du défunt.   [86]les Peuls: groupe sénégalo-guinéen vivant au Sénégal, au Burkina Faso et au Cameroun. Le Sénégal compte une vingtaine de peuples ethniques parmi lesquels les Ouolofs (40%), les Sérères (18%), les Lébous, les Toucouleurs, les Diolas et les Peuls. Chaque ethnie possède sa langue mais le ouolof est compris et parlé par la majorité des Sénégalais.   [87]tan   [88]bridge   [89]longue tunique portée par les femmes et les hommes en Afrique   [90]portait, montrait   [91]bewitchment

tion fut moins grande... Je me demandais souvent jusqu'à quel point il avait le droit de m'imposer des normes que je ne pouvais en aucun cas
275 intérioriser. Mais il m'arrivait aussi de penser que ma négation de certaines valeurs africaines correspondait à un rejet de la personnalité profonde de Karim. Aux amies qui me suggéraient la séparation, je répondais que mes huit enfants avaient besoin de leur père. Karim n'avait jamais failli à ses devoirs envers eux.

280 Je gardais au fond de moi-même et pour mes moments de solitude les autres raisons de mon refus du divorce. Elles tenaient au souvenir de certains soirs de promenade avec Karim dans la rue Catinat à Saigon, à l'angoisse de ne pas le voir revenir après une offensive Viêt-minh et un peu plus tard à notre émotion devant les succès scolaires des enfants. Avais-je vécu
285 tous ces événements inutilement? Séparée de Karim, que pouvait signifier ma présence à Dakar? Il était peut-être un peu tard maintenant pour orienter ma vie différemment et me créer d'autres centres d'intérêt. De nombreuses Vietnamiennes avaient vécu la même situation. Elles avaient trouvé le courage d'assumer la séparation et d'apprendre un métier. Leur recherche
290 d'un nouvel équilibre laissait quand même filtrer un goût d'amertume[92] et d'inachevé.[93] Je refusais cette expérience pour mes enfants et pour moi-même. Rester dans mon foyer[94] nécessitait aussi un courage de tous les jours.

Et je décidai d'accepter une nouvelle fois le statut de première femme.
295 Cela fut difficile et n'avait rien de comparable à la situation vécue avec Maïmouna. L'entente ne fut jamais réelle entre Aïssa et moi. Dans ces conditions, la polygamie devint un carcan[95] bien lourd à porter. Nous ne vivions pas sous le même toit et l'essentiel de nos relations se réduisait à une rivalité à distance d'autant plus stupide qu'elle ne semblait devoir jamais
300 s'arrêter.

Quand Karim décida de s'expatrier à cause de sa nationalité française,[96] je ne pus me résoudre à le suivre. Je l'attendrais au Sénégal et nous y passerions paisiblement les jours de sa retraite[97] qui n'était plus lointaine. Du reste, ma présence auprès de lui aurait créé probablement des conflits. Il
305 était entendu que Aïssa le rejoindrait six mois après son départ. Il y avait aussi le fait que certaines institutions sociales, sorties de leur contexte, sont difficilement viables: je voyais mal comment nous aurions pu vivre en France.

16 Pourquoi la narratrice décide-t-elle d'accepter la polygamie de son mari?

17 De quelles institutions sociales parle-t-elle?

[92]*bitterness* [93]quelque chose qui n'est pas terminé [94]ménage [95]contrainte [96]Quand... Avant l'indépendance des colonies françaises, les Africains vivant dans les colonies avaient automatiquement la nationalité française. [97]*retirement*

Huit ans auparavant, Karim avait fait un stage[98] de douze mois à Montbéliard.[99] Les perspectives étaient bien différentes maintenant. Au moment
où Karim embrassa ses enfants, je ne pus m'empêcher de souffrir. Contrairement au départ pour Montbéliard, je m'en voulais d'avoir mal.[100]
Comment pouvais-je être aussi entière?[101] Pourquoi mes sentiments
n'avaient-ils pas subi l'usure du temps et l'impact des événements? Le pire
est que je me reprochais ce petit instant de révolte. Mon éducation avait été
façonnée à coups de principes culpabilisants et la ligne directrice[102] d'un
comportement[103] exemplaire se ramenait à[104] un mot: la patience. Je suis
heureuse de constater aujourd'hui que la femme a d'autres devoirs et
d'autres droits que celui de subir. Mes filles donnent librement leur opinion
dans le cadre de leur ménage. Mais une personnalité se refait difficilement
et il m'est arrivé plus d'une fois de leur souligner leur attitude irrespectueuse, à mon goût, envers leurs maris.

Trois ans après le départ de Karim, je reçus la visite d'un jeune homme.
Etudiant sénégalais à Paris, il passait le week-end chez Karim et Aïssa. Il
était porteur d'un message. Karim souhaitait la présence de nos plus jeunes
enfants auprès de lui. Les démarches[105] devaient être rapidement entreprises pour les inscrire dans des établissements scolaires à Paris. Jamais
éloignée de mes parents auparavant, je reçus cette nouvelle comme un coup
du sort. Au mois d'octobre cependant, je m'étais faite à l'idée de la séparation. Les revers[106] cumulés de la vie ont l'avantage de vous rendre moins
vulnérable à chaque épreuve.[107] La grande ombre résidait dans les relations
pouvant exister entre ma coépouse et mes enfants. Mes inquiétudes sur ce
plan se confirmèrent. Les lettres que je recevais dénotaient un certain
malaise. Je me remis en cause.[108] Mes paroles, mon comportement en
général avaient fait naître chez mes enfants une hostilité envers Aïssa. Partis
dans cet esprit, avaient-ils fait les efforts nécessaires pour parvenir à une
certaine entente?

L'heure n'était plus aux examens de conscience. Je demandai donc aux
aînés d'écrire aux plus jeunes pour les exhorter à la patience. Une fois leurs
études achevées, ils reviendraient auprès de moi au Sénégal. Il s'agissait de
s'armer de patience et de faire de ce séjour en France une étape fructueuse
de leur vie, qui ne soit pas parsemée de conflits stériles. Mes trois filles semblaient accepter ce raisonnement avec plus de réticence que leur frère. Mais
l'influence du temps aidant, elles réussirent à se faire à l'autorité d'Aïssa.

▶**18** Quelles valeurs la narratrice reconnaît-elle comme étant le fruit de son éducation?

---

[98]travail temporaire pour obtenir une formation ou un perfectionnement professionnels [99]ville à l'est de la France
[100]je m'en... *I felt guilty for suffering* [101]*whole* [102]*guiding line* [103]conduite d'une personne [104]*came down to*
[105]procédures nécessaires [106]aspects déplaisants ou difficiles [107]*ordeal* [108]Je... Je me mis en question.

345   Les difficultés éprouvées de ce point de vue furent vite oubliées. Elles devinrent même l'objet de plaisanteries quand mes enfants s'établirent avec leurs conjoints au Sénégal pour entrer dans la vie professionnelle. A l'exception du garçon qui restait auprès de Karim, l'univers auquel j'avais consacré ma vie se reconstituait. Il s'agrandit d'année en année. La naissance de cha-

350 cun de mes petits-fils fut vécue dans la fièvre de l'attente et la joie de la découverte: découverte du nouveau visage qui venait enrichir de sa présence ce que je m'amusais à définir comme étant «le clan». Je me surprenais quelquefois à adopter les attitudes que Thi-Ba, de son vivant, prenait avec les enfants. Mais n'est-ce pas là le cycle de la vie? Mes loisirs se composaient

355 maintenant de séances de cinéma auxquelles j'emmenais mes petits-enfants.

◀**19** Définissez ce que la narratrice appelle «le cycle de la vie».

    Il me restait assez d'énergie pour leur confectionner, à l'occasion, les repas épicés et colorés de mon pays. Un rythme de vie était pris. Il aurait pu continuer encore longtemps si des nouvelles alarmantes sur la santé de Karim ne nous étaient parvenues.

360   Certains de mes enfants retournèrent à Paris; leur séjour de deux semaines me parut bien long. Je sus à leur retour que Karim avait beaucoup vieilli. L'ablation[109] d'un poumon l'avait considérablement affaibli et il quitterait la clinique après trois semaines de convalescence. Karim me fit dire qu'à l'issue[110] de cette maladie, il irait à La Mecque et rentrerait ensuite

365 au Sénégal.

    Je fus bouleversée à l'idée de revoir mon vieil époux.

    Les jours qui suivirent, je posai sans cesse les mêmes questions dans l'espoir de déceler dans les réponses un élément nouveau, une précision complémentaire sur ce retour. Un soir, quand je fus certaine d'être à l'abri de

370 tous les regards, je ressortis de mes effets personnels un miroir brisé. Il me renvoya l'image d'une vieille dame.

◀**20** Quel est l'effet de la nouvelle du retour de Karim sur la narratrice?

    Je n'avais jamais eu les yeux bridés[111] comme l'auraient laissé supposer mes origines. Plus jeune, je leur avais accordé tous mes soins parce qu'ils constituaient dans mon esprit l'atout[112] majeur dont la nature m'avait

375 dotée.[113] Petits et bordés de longs cils, ils avaient toujours reflété fidèlement mes états d'âme.[114] Aujourd'hui, sous la courbe fine et blanche de mes sourcils, sous les paupières légèrement bouffies[115] par l'âge, ils semblent s'être voilés d'une fine pellicule diaphane.[116] Je remarquais également de minuscules taches rousses sur mes joues et les petites rides[117] aux commis-

380 sures[118] des lèvres. Un affaissement des traits[119] avait fait perdre à mon vi-

---

[109]retrait chirurgical d'un organe   [110]fin   [111]*slanting*   [112]*asset*   [113]équipée   [114]états... *moods, frames of mind*
[115]*swollen*   [116]pellicule... *translucent layer*   [117]*wrinkles*   [118]*coins*   [119]affaissement... *sagging of the features*

sage la pureté de son ovale et l'expression s'était durcie, peut-être après l'apparition de cette ridule[120] entre les sourcils, à la racine du nez petit et droit. Je caressai mes lèvres charnues[121] dont les contours n'étaient plus nettement délimités. Puis, amusée, je reposai le miroir. Mes mains fines, veinées, le lissèrent[122] longtemps alors que ma mémoire me renvoyait du passé la silhouette gracieuse d'une jeune fille pleine de joie de vivre.

Le vent froid en cette fin de novembre soufflait dans la cour et je ramassai les jouets épars qui traînaient. Des bruits de pas à la porte me firent lever les yeux. Trois de mes filles venaient d'entrer. Pourquoi arrivaient-elles en même temps et si tôt? Elles venaient généralement me voir après les heures de bureau et il n'était que dix-sept heures. Je vis qu'elles pleuraient. Leurs larmes me firent pressentir un malheur. Craignant l'impact de la nouvelle sur moi, la plus âgée me prit la taille[123] et le bras et m'annonça que Karim venait de mourir à Paris.

Anéantie par la douleur,[124] je vécus dans un état second les événements liés à l'enterrement:[125] la nuit où j'allai à l'aéroport accueillir la dépouille mortelle,[126] la réception des parents et amis venus nous réconforter. Leurs paroles semblaient venir de loin.

Après l'inhumation,[127] une grande foule vint faire les condoléances aux femmes restées à la maison, l'Islam leur interdisant l'accès du cimetière. En revoyant les condisciples de Karim, je pris conscience du fait qu'il était irrémédiablement parti. Je ne le verrai plus sourire. Je n'avais même plus le recours de l'attente, si longue fût-elle.[128]

Avec la disparition de Karim, ma vie perdait une grande partie de sa signification. Tous nos enfants avaient désormais fondé un foyer. La vieillesse aurait été douce, partagée avec le compagnon de ma vie. A la douleur de n'avoir pu réaliser ce vœu se mêlaient maintenant les problèmes financiers. Les diverses démarches entreprises pour l'obtention des pensions civile et militaire furent longues à aboutir.[129] Il me fut demandé de prouver la nationalité française de mon mari.[130] Je pensais que l'administration n'avait pas toujours été aussi pointilleuse.[131] Elle ne s'était pas encombrée de formalités au moment de recruter des soldats africains pour ses guerres. Je n'étais pas seule à déplorer cet état de choses. D'autres veuves, comme moi, avaient l'humiliante impression de demander l'aumône.[132] Des vies

21 Est-ce que la narratrice est triste d'avoir vieilli? Pourquoi?

---

[120]petite ride   [121]*fleshy*   [122]*smoothed*   [123]*waist*   [124]*pain*   [125]funérailles   [126]dépouille… le corps du mort (euphémisme)   [127]*burial*   [128]si… même si elle était très longue   [129]réussir   [130]Après l'indépendance des colonies, les Africains sont redevenus citoyens de leur propre pays. Comme la narratrice, beaucoup ont eu des difficultés à obtenir des pensions militaires ou civiles qui leur étaient dues, soit parce qu'ils avaient perdu leurs papiers ou parce qu'ils n'avaient pas assez de preuves satisfaisantes.   [131]*fussy*   [132]*alms*

415 sacrifiées au désir de puissance d'une nation quelle qu'elle soit, nous semblaient pourtant un tribut bien lourd à payer. Nous avions le sentiment
désagréable que les années passées à servir une administration désormais
réticente étaient perdues. Ma situation se régularisa au bout d'un temps qui
me parut infini.

22 Quels sont les sentiments de la narratrice envers la France?

420   Des années se sont écoulées. Je regarde évoluer mes petits-enfants
devenus adolescents. Et je souris quand des conflits de générations les
opposent à leurs parents. Je partage les joies et les peines des diverses
familles qui se sont fondées. Il arrive souvent que le souvenir de Thi-Ba et
de Karim soit évoqué à l'occasion des fêtes qui réunissent autour de moi
425 tous les foyers. Le soir, après leur départ, je pense quelquefois à la mort, avec
sérénité.

    A mon arrivée à Dakar, je nourrissais l'espoir de retourner un jour au
Viêt-nam. Cette idée m'a quittée. La terre sénégalaise est un peu la mienne
maintenant puisqu'elle abrite les racines de ma descendance.

430   C'est le crépuscule.[133] Perdue dans mes souvenirs, je n'ai pas vu le jardin
se vider lentement. Je suis à une assez grande distance de chez moi et je
marche lentement. Il me faut rentrer. L'un de mes enfants m'attend certainement à la maison.

23 Comparez ce paragraphe avec le premier. Que remarquez-vous?

[133]lumière qui succède au coucher du soleil

Pour approfondir...

1. Que pensez-vous de la décision de la narratrice d'accepter les autres femmes de Karim? Expliquez son choix. Qu'auriez-vous fait à sa place et pourquoi?
2. A plusieurs reprises, la narratrice compare l'Histoire à une force qui la dépasse. Pouvez-vous expliquer ce sentiment? A-t-elle raison?
3. Décrivez les allusions qui sont faites à la France (l'escale à Marseille, l'administration, etc.). Comment peut-on expliquer les sentiments de la narratrice à l'égard de la France?
4. Alors qu'elle est originaire du Viêt-nam, la narratrice affirme que le Sénégal est devenu son pays. Que pensez-vous de cette affirmation? Vous paraît-elle surprenante? Quelles sont les raisons de ce changement? Comparez les raisons de ce changement à la décision de Thi-Ba de ne jamais retourner au Viêt-nam.

Pour écrire...

1. Ecrivez l'histoire (réelle ou inventée) d'une amitié ou d'une relation amoureuse entre un jeune Américain et une personne d'une culture différente. Quelles sont les différences culturelles qu'ils découvrent? Quels sont les problèmes qu'ils rencontrent dans la société et dans leur famille? Est-ce que l'amitié ou l'amour peuvent être plus forts que les préjugés?
2. Le titre de la nouvelle, «L'Étrangère», indique que la narratrice se définit comme étrangère au Sénégal, et peut-être déjà au Viêt-nam. Analysez cette idée. A quels moments se sent-elle particulièrement étrangère? Est-ce que ce sentiment disparaît plus tard? Finalement, qu'est-ce qu'une *patrie*? Est-il possible d'être «chez soi» dans un pays étranger? Inversement, est-il possible de se sentir étranger (étrangère) dans son propre pays? Expliquez et donnez des exemples.
3. Décrivez l'évolution des trois générations de femmes: Thi-Ba, la narratrice et ses filles. Voyez-vous des ressemblances et des différences importantes? Comparez ces personnages avec les générations de femmes dans votre famille. Croyez-vous que votre génération ait plus d'opportunités que les générations précédentes? Expliquez.

Pour en savoir plus...

Née en 1950 à Saigon, au Viêt-nam, d'un père sénégalais et d'une mère vietnamienne, mariée et mère de trois enfants, Anne-Marie Niane exerce la profession d'attachée de direction à la Société Africaine de Raffinage à Dakar. Licenciée d'anglais, elle a fait ses études à Paris et à Dakar où elle réside régulièrement depuis 1955. «L'Etrangère» est sa première œuvre publiée. Elle a reçu le Grand Prix du Jury au neuvième concours radiophonique de la Meilleure Nouvelle de Langue Française en 1985.

Fidèles dans la pagode de Saigon, Viêt-nam, pendant la fête du Têt.

Mateo Falcone

Prosper Mérimée, 1829

Pour entrer dans le texte...

En 1829, l'île de la Corse représentait, dans l'imagination française, ce que le «Far West» peut évoquer chez les Américains. C'est d'abord de la «grande nature», assez sauvage et d'une beauté éblouissante. De ce milieu sauvage, où régnait la loi du plus fort, sont nées quelques grandes personnalités, dont Napoléon (né en 1769 à Ajaccio) n'est pas la moindre. En revanche, la vie quotidienne laissait à désirer: les Corses étaient pauvres, les conditions de vie y étaient rudes, et la justice paraissait parfois aussi sévère qu'arbitraire.

Prosper Mérimée évoque ces impressions générales en racontant un seul épisode spécifique. Il s'agit de Mateo Falcone, un homme dur et fier, célèbre pour son adresse au tir au fusil, et qui a eu quelques démêlés avec la loi dans sa jeunesse. Menant une vie modeste à la campagne, Falcone habite, avec sa femme et son fils, près du *maquis,* un paysage sauvage et dense où, selon la tradition, les criminels se réfugient. Situé à la frontière qui sépare la civilisation de la sauvagerie, Falcone représente la rencontre de deux ordres différents. Que se passe-t-il quand ces forces entrent en conflit? Quel parti faut-il prendre? C'est la leçon que Falcone va apprendre à son fils.

La Corse Située à 170 kilomètres au sud de Nice, la Corse est une île de taille moyenne (185 km de long, 85 km de large). Jointe à la France en 1768 (un an avant la naissance de Napoléon), la Corse a gardé son caractère indépendant. Une grande partie de « L'Ile de Beauté» (le surnom de la Corse) a échappé au développement moderne, grâce surtout à son relief montagneux et accidenté. Elle vit maintenant de sa production agricole, de quelques industries légères et du tourisme.

MOTS-CLÉS

l'arme à feu (le fusil, le revolver, la mitraillette)
la conscience
se défendre; la défense
être intransigeant(e) sur…
honorer sa parole; manquer à sa parole
pardonner une faute à quelqu'un

punir, châtier
la punition, le châtiment
la tentation
trahir
un traître
se vendre au plus offrant
la vengeance
se venger de quelqu'un

TERMES LITTÉRAIRES

le caractère
l'ironie *(f.)*
le personnage
le thème

our mieux lire...

«Mateo Falcone» met en scène une tension entre les thèmes de «la civilisation» et de «la sauvagerie». Pendant que vous lisez, dressez une liste des personnages qui représentent ces deux forces. Quels personnages ne se conforment pas à cette division? Pourquoi?

Mateo Falcone

En sortant de Porto-Vecchio et se dirigeant au N.-O., vers l'intérieur
de l'île, on voit le terrain s'élever assez rapidement, et, après trois
heures de marche par des sentiers tortueux, obstrués[1] par de gros
quartiers de rocs, et quelquefois coupés par des ravins, on se trouve
5   sur le bord d'un *maquis*[2] très étendu. Le maquis est la patrie des
bergers corses et de quiconque s'est brouillé avec la justice.[3] Il faut savoir
que le laboureur corse, pour s'épargner la peine de fumer son champ,[4] met
le feu à une certaine étendue de bois: tant pis si la flamme se répand plus
loin que besoin n'est; arrive que pourra,[5] on est sûr d'avoir une bonne
10 récolte en semant sur cette terre fertilisée par les cendres des arbres qu'elle
portait. Les épis[6] enlevés, car on laisse la paille,[7] qui donnerait de la peine à
recueillir, les racines qui sont restées en terre sans se consumer poussent au
printemps suivant des cépées[8] très épaisses qui, en peu d'années, parvien-
nent à une hauteur de sept ou huit pieds. C'est cette manière de taillis
15 fourré[9] que l'on nomme *maquis*. Différentes espèces d'arbres et d'arbris-
seaux le composent, mêlés et confondus comme il plaît à Dieu. Ce n'est que
la hache à la main que l'homme s'y ouvrirait un passage et l'on voit des
maquis si épais et si touffus[10] que les mouflons[11] eux-mêmes ne peuvent y
pénétrer.

Expliquez ce qu'est le *maquis*.

20   Si vous avez tué un homme, allez dans le maquis de Porto-Vecchio, et
vous y vivrez en sûreté, avec un bon fusil, de la poudre et des balles; n'oubliez pas un manteau brun garni d'un capuchon,[12] qui sert de couverture et
de matelas. Les bergers vous donnent du lait, du fromage et des châtaignes,[13] et vous n'aurez rien à craindre de la justice ou des parents du
25 mort, si ce n'est quand il vous faudra descendre à la ville pour y renouveler
vos munitions.

A quoi sert le maquis?

    Mateo Falcone, quand j'étais en Corse, en 18—, avait sa maison à une
demi-lieue[14] de ce maquis. C'était un homme assez riche pour le pays;

[1]encombrés   [2]végétation dense   [3]quiconque… tous ceux qui ont eu des problèmes avec les autorités   [4]fumer…
y répandre du fumier *(manure)*   [5]arrive… *come what may*   [6]ears (of corn, wheat)   [7]chaff   [8] bouquets de jeunes
arbres   [9]taillis… *dense thicket*   [10]denses   [11]espèces de chèvres   [12]garni… *hooded*   [13]chestnuts   [14]deux kilomètres (approx.)

vivant noblement, c'est-à-dire sans rien faire, du produit de ses troupeaux
30 que des bergers, espèce de nomades, menaient paître[15] çà et là sur les montagnes. Lorsque je le vis, deux années après l'événement que je vais raconter, il me parut âgé de cinquante ans tout au plus. Figurez-vous un homme petit mais robuste, avec des cheveux crépus,[16] noirs comme le jais,[17] un nez aquilin, les lèvres minces, les yeux grands et vifs, et un teint couleur de
35 revers de bottes. Son habileté au tir[18] du fusil passait pour extraordinaire, même dans son pays, où il y a tant de bons tireurs. Par exemple, Mateo n'aurait jamais tiré sur un mouflon avec des chevrotines, mais à cent vingt pas il l'abattait[19] d'une balle dans la tête ou dans l'épaule, à son choix. La nuit, il se servait de ses armes aussi facilement que le jour, et l'on m'a cité de
40 lui ce trait d'adresse qui paraîtra peut-être incroyable à qui n'a pas voyagé en Corse. A quatre-vingts pas on plaçait une chandelle allumée derrière un transparent de papier, large comme une assiette. Il mettait en joue,[20] puis on éteignait la chandelle, et, au bout d'une minute, dans l'obscurité la plus complète, il tirait et perçait le transparent trois fois sur quatre.

45   Avec un mérite aussi transcendant, Mateo Falcone s'était attiré une grande réputation. On le disait aussi bon ami que dangereux ennemi: d'ailleurs serviable et faisant l'aumône,[21] il vivait en paix avec tout le monde dans le district de Porto-Vecchio. Mais on contait de lui qu'à Corte, où il avait pris femme, il s'était débarrassé fort vigoureusement d'un rival qui
50 passait pour aussi redoutable en guerre qu'en amour: du moins on attribuait à Mateo certain coup de fusil qui surprit ce rival comme il était à se raser devant un petit miroir pendu à sa fenêtre. L'affaire assoupie,[22] Mateo se maria. Sa femme Giuseppa lui avait donné d'abord trois filles (dont il enrageait), et enfin un fils, qu'il nomma Fortunato: c'était l'espoir
55 de sa famille, l'héritier du nom. Les filles étaient bien mariées: leur père pouvait compter au besoin sur les poignards et les escopettes[23] de ses gendres.[24] Le fils n'avait que dix ans, mais il annonçait déjà d'heureuses dispositions.

    Un certain jour d'automne, Mateo sortit de bonne heure avec sa femme
60 pour aller visiter un de ses troupeaux dans une clairière du maquis. Le petit Fortunato voulait l'accompagner, mais la clairière était trop loin; d'ailleurs il fallait bien que quelqu'un restât pour garder la maison; le père refusa donc: on verra s'il n'eut pas lieu de s'en repentir.

3 Faites le portrait de Falcone. Quels sont ses traits les plus saillants?

4 Que pensait Falcone de ses filles? Pourquoi voulait-il un fils?

---

[15]*to graze*   [16]*woolly*   [17]noir... *pitch black*   [18]habileté... *marksmanship*   [19]le tuait   [20]mettait... visait *(aimed)*
[21]charité   [22]oubliée   [23]vieux fusils   [24]*sons-in-law*

Il était absent depuis quelques heures, et le petit Fortunato était tran-
65 quillement étendu au soleil, regardant les montagnes bleues, et pensant que
le dimanche prochain il irait dîner à la ville, chez son oncle le *caporal*,
quand il fut soudainement interrompu dans ses méditations par l'explosion
d'une arme à feu. Il se leva et se tourna du côté de la plaine d'où partait ce
bruit. D'autres coups de fusil se succédèrent tirés à intervalles inégaux, et
70 toujours de plus en plus rapprochés; enfin, dans le sentier qui menait de la
plaine à la maison de Mateo parut un homme, coiffé d'un bonnet pointu
comme en portent les montagnards, barbu, couvert de haillons, et se traînant avec peine en s'appuyant sur son fusil. Il venait de recevoir un coup de
feu[25] dans la cuisse.

75 Cet homme était un *bandit* qui, étant parti de nuit pour aller acheter de
la poudre en ville, était tombé en route dans une embuscade de voltigeurs[26]
corses. Après une vigoureuse défense, il était parvenu à faire sa retraite,
vivement poursuivi et tiraillant de rocher en rocher. Mais il avait peu d'a-
vance sur les soldats, et sa blessure le mettait hors d'état de gagner le maquis
80 avant d'être rejoint.

Il s'approcha de Fortunato et lui dit:

—Tu es le fils de Mateo Falcone?

—Oui.

—Moi je suis Gianetto Sanpiero. Je suis poursuivi par les collets[27]
85 jaunes. Cache-moi, car je ne puis aller plus loin.

—Et que dira mon père si je te cache sans sa permission?

—Il dira que tu as bien fait.

—Qui sait?

—Cache-moi vite; ils viennent.

90 —Attends que mon père soit revenu.

—Que j'attende! malédiction! Ils seront ici dans cinq minutes. Allons,
cache-moi, ou je te tue.

Fortunato lui répondit avec le plus grand sang-froid:

—Ton fusil est déchargé, et il n'y a plus de cartouches dans ta carchera.[28]
95 —J'ai mon stylet.

—Mais courras-tu aussi vite que moi? Il fit un saut, et se mit hors d'atteinte.

—Tu n'es pas le fils de Mateo Falcone! Me laisseras-tu donc arrêter
devant ta maison?

◄5 Qui vient demander de l'aide à Fortunato, et pourquoi?

---

[25]coup... une balle [26]soldats [27]parties du vêtement qui entoure le cou (allusion à l'uniforme des soldats) [28]sorte de sac

100   L'enfant parut touché.

—Que me donneras-tu si je te cache? dit-il en se rapprochant.

Le bandit fouilla dans une poche de cuir qui pendait à sa ceinture, et il en tira une pièce de cinq francs qu'il avait réservée sans doute pour acheter de la poudre. Fortunato sourit à la vue de la pièce d'argent; il s'en saisit, et

105 dit à Gianetto: «Ne crains rien.»

Aussitôt il fit un grand trou dans un tas de foin[29] placé auprès de la maison. Gianetto s'y blottit,[30] et l'enfant le recouvrit de manière à lui laisser un peu d'air pour respirer, sans qu'il fût possible cependant de soupçonner que ce foin cachât un homme. Il s'avisa, de plus, d'une finesse de sauvage assez

110 ingénieuse. Il alla prendre une chatte et ses petits, et les établit sur le tas de foin pour faire croire qu'il n'avait pas été remué depuis peu. Ensuite, remarquant des traces de sang sur le sentier près de la maison, il les couvrit de poussière avec soin, et, cela fait, il se recoucha au soleil avec la plus grande tranquillité.

115   Quelques minutes après, six hommes en uniforme brun à collet jaune, et commandés par un adjudant,[31] étaient devant la porte de Mateo. Cet adjudant était quelque peu parent de Falcone. (On sait qu'en Corse on suit les degrés de parenté beaucoup plus loin qu'ailleurs.) Il se nommait Tiodoro Gamba: c'était un homme actif, fort redouté des bandits dont il avait déjà

120 traqué plusieurs.

—Bonjour, petit cousin, dit-il à Fortunato en l'abordant; comme te voilà grandi! As-tu vu passer un homme tout à l'heure?

—Oh! je ne suis pas encore si grand que vous, mon cousin, répondit l'enfant d'un air niais.

125   —Cela viendra. Mais n'as-tu pas vu passer un homme, dis-moi?

—Si j'ai vu passer un homme?

—Oui, un homme avec un bonnet pointu en velours noir, et une veste brodée de rouge et de jaune?

—Un homme avec un bonnet pointu, et une veste brodée de rouge et de

130 jaune?

—Oui, réponds vite, et ne répète pas mes questions.

—Ce matin, M. le curé est passé devant notre porte, sur son cheval Piero. Il m'a demandé comment papa se portait, et je lui ai répondu…

—Ah! petit drôle, tu fais le malin! Dis-moi vite par où est passé

135 Gianetto, car c'est lui que nous cherchons; et, j'en suis certain, il a pris par ce sentier.

---

[29]tas… *haystack*   [30]s'y… *se cacha (ici)*   [31]*grade militaire*

6 Comment Fortunato traite-t-il Gianetto? Qu'est-ce qui le décide à cacher le fugitif?

7 Comment le cache-t-il?

—Qui sait?

—Qui sait? C'est moi qui sais que tu l'as vu.

—Est-ce qu'on voit les passants quand on dort?

140 —Tu ne dormais pas, vaurien;[32] les coups de fusil t'ont réveillé.

—Vous croyez donc, mon cousin, que vos fusils font tant de bruit. L'escopette de mon père en fait bien davantage.

—Que le diable te confonde! maudit garnement![33] Je suis bien sûr que tu as vu le Gianetto. Peut-être même l'as-tu caché. Allons, camarades, entrez

145 dans cette maison, et voyez si notre homme n'y est pas. Il n'allait plus que d'une patte, et il a trop de bon sens, le coquin, pour avoir cherché à gagner le maquis en clopinant.[34] D'ailleurs les traces de sang s'arrêtent ici.

—Et que dira papa? demanda Fortunato en ricanant;[35] que dira-t-il s'il sait qu'on est entré dans sa maison pendant qu'il était sorti?

150 —Vaurien! dit l'adjudant Gamba en le prenant par l'oreille, sais-tu qu'il ne tient qu'à moi de te faire changer de note? Peut-être qu'en te donnant une vingtaine de coups de plat de sabre[36] tu parleras enfin.

Et Fortunato ricanait toujours.

—Mon père est Mateo Falcone! dit-il avec emphase.

155 —Sais-tu bien, petit drôle, que je puis t'emmener à Corte ou à Bastia. Je te ferai coucher dans un cachot,[37] sur la paille, les fers[38] aux pieds, et je te ferai guillotiner si tu ne dis où est Gianetto Sanpiero.

L'enfant éclata de rire à cette ridicule menace. Il répéta: «Mon père est Mateo Falcone!»

160 —Adjudant, dit tout bas un des voltigeurs, ne nous brouillons pas avec Mateo.

Gamba paraissait évidemment embarrassé. Il causait à voix basse avec ses soldats qui avaient déjà visité toute la maison. Ce n'était pas une opération fort longue, car la cabane d'un Corse ne consiste qu'en une seule pièce

165 carrée. L'ameublement se compose d'une table, de bancs, de coffres et d'ustensiles de chasse ou de ménage. Cependant le petit Fortunato caressait sa chatte, et semblait jouir malignement de la confusion des voltigeurs et de son cousin.

Un soldat s'approcha du tas de foin. Il vit la chatte, et donna un coup de

170 baïonnette dans le foin avec négligence, et haussant les épaules comme s'il sentait que sa précaution était ridicule. Rien ne remua; et le visage de l'enfant ne trahit pas la plus légère émotion.

8 Comment Fortunato fait-il pour esquiver les questions de Gamba?

9 Pourquoi Fortunato invoque-t-il le nom de son père?

---

[32]petit diable [33]enfant insupportable [34]marchant avec peine [35]*sneering* [36]coups… coups donnés avec le plat (et non pas le tranchant) d'un sabre [37]prison [38]chaînes *(ici)*

L'adjudant et sa troupe se donnaient au diable; déjà ils regardaient sérieusement du côté de la plaine comme disposés à s'en retourner par où
175 ils étaient venus, quand leur chef, convaincu que les menaces ne produiraient aucune impression sur le fils de Falcone, voulut faire un dernier effort et tenter le pouvoir des caresses et des présents.

> **10** Quelle nouvelle tactique Gamba veut-il essayer?

—Petit cousin, dit-il, tu me parais un gaillard bien éveillé! Tu iras loin. Mais tu joues un vilain jeu avec moi; et si je ne craignais de faire de la peine
180 à mon cousin Mateo, le diable m'emporte! je t'emmènerais avec moi.

—Bah!

—Mais quand mon cousin sera revenu, je lui conterai l'affaire, et pour ta peine d'avoir menti il te donnera le fouet jusqu'au sang.

—Savoir?[39]

185 —Tu verras. Mais, tiens, sois brave garçon, et je te donnerai quelque chose.

—Moi, mon cousin, je vous donnerai un avis, c'est que si vous tardez davantage, le Gianetto sera dans le maquis, et alors il faudra plus d'un luron[40] comme vous pour aller l'y chercher.

L'adjudant tira de sa poche une montre d'argent qui valait bien dix écus;
190 et, remarquant que les yeux du petit Fortunato étincelaient en la regardant, il lui dit en tenant la montre suspendue au bout de sa chaîne d'acier.

—Fripon! tu voudrais bien avoir une montre comme celle-ci suspendue à ton col, et tu te promènerais dans les rues de Porto-Vecchio, fier comme un paon;[41] et les gens te demanderaient: «Quelle heure est-il?» et tu leur
195 dirais: «Regardez à ma montre.»

> **11** Que fait Gamba pour faire parler le fils de Falcone?

—Quand je serai grand, mon oncle le caporal me donnera une montre.

—Oui, mais le fils de ton oncle en a déjà une… pas aussi belle que celle-ci, à la vérité… Cependant il est plus jeune que toi.

L'enfant soupira.

200 —Eh bien, la veux-tu, cette montre, petit cousin?

Fortunato, lorgnant[42] la montre du coin de l'œil, ressemblait à un chat à qui l'on présente un poulet tout entier. Comme il sent qu'on se moque de lui, il n'ose y porter la griffe,[43] et de temps en temps il détourne les yeux pour ne pas s'exposer à succomber à la tentation; mais il se lèche les
205 babines[44] à tout moment, et il a l'air de dire à son maître: «Que votre plaisanterie est cruelle!»

Cependant l'adjudant Gamba semblait de bonne foi en présentant sa montre. Fortunato n'avança pas la main, mais il lui dit avec un sourire amer: «Pourquoi vous moquez-vous de moi?»

---

[39]*Oh really?* (expression corse) [40]gaillard [41]*peacock* [42]épiant, regardant [43]*claw* [44]lèvres

210 —Par Dieu! je ne me moque pas. Dis-moi seulement où est Gianetto, et cette montre est à toi.

Fortunato laissa échapper un sourire d'incrédulité; et fixant ses yeux noirs sur ceux de l'adjudant, il s'efforçait d'y lire la foi qu'il devait avoir en ses paroles.

12 Pourquoi Fortunato hésite-t-il?

215 —Que je perde mon épaulette,[45] s'écria l'adjudant, si je ne te donne pas la montre à cette condition! Les camarades sont témoins; et je ne puis m'en dédire.

En parlant ainsi il approchait toujours la montre, tant, qu'elle touchait presque la joue pâle de l'enfant. Celui-ci montrait bien sur sa figure le com-
220 bat que se livraient en son âme la convoitise[46] et le respect dû à l'hospitalité. Sa poitrine nue se soulevait avec force, et il semblait près d'étouffer. Cependant la montre oscillait, tournait, et quelquefois lui heurtait le bout du nez. Enfin, peu à peu sa main droite s'éleva vers la montre: le bout de ses doigts la toucha; et elle pesait tout entière dans sa main sans que l'adjudant lâchât
225 pourtant le bout de la chaîne... Le cadran[47] était azuré... la boîte nouvellement fourbie[48]... au soleil elle paraissait toute de feu... La tentation était trop forte.

Fortunato éleva aussi sa main gauche, et indiqua du pouce, par-dessus son épaule, le tas de foin auquel il était adossé. L'adjudant le comprit aus-
230 sitôt. Il abandonna l'extrémité de la chaîne; Fortunato se sentit seul possesseur de la montre. Il se leva avec l'agilité d'un daim,[49] et s'éloigna de dix pas du tas de foin, que les voltigeurs se mirent aussitôt à culbuter.[50]

On ne tarda pas à voir le foin s'agiter; et un homme sanglant, le poignard à la main, en sortit: mais, comme il essayait de se lever en pieds, sa
235 blessure refroidie ne lui permit plus de se tenir debout. Il tomba. L'adjudant se jeta sur lui et lui arracha son stylet. Aussitôt on le garrotta fortement, malgré sa résistance.

Gianetto, couché par terre et lié comme un fagot,[51] tourna la tête vers Fortunato, qui s'était rapproché. «Fils de... !» lui dit-il avec plus de mépris
240 que de colère. L'enfant lui jeta la pièce d'argent qu'il en avait reçue, sentant qu'il avait cessé de la mériter; mais le proscrit n'eut pas l'air de faire attention à ce mouvement. Il dit avec beaucoup de sang-froid à l'adjudant: «Mon cher Gamba, je ne puis marcher; vous allez être obligé de me porter à la ville.»
245 —Tu courais tout à l'heure plus vite qu'un chevreuil,[52] repartit le cruel vainqueur; mais sois tranquille: je suis si content de te tenir, que je te

13 Pourquoi Fortunato rend-il la pièce à Gianetto?

---

[45]symbole du grade d'adjudant   [46]désir   [47]*dial*   [48]nettoyée   [49]*deer*   [50]renverser   [51]faisceau de branchages
[52]*roebuck*

porterais une lieue sur mon dos sans être fatigué. Au reste, mon camarade, nous allons te faire une litière[53] avec des branches et ta capote; et à la ferme de Crespoli nous trouverons des chevaux.

—Bien, dit le prisonnier; vous mettrez aussi un peu de paille sur votre
250 litière, pour que je sois plus commodément.

Pendant que les voltigeurs s'occupaient, les uns à faire une espèce de brancard avec des branches de châtaignier, les autres à panser[54] la blessure de Gianetto, Mateo Falcone et sa femme parurent tout d'un coup au détour d'un sentier qui conduisait au maquis. La femme s'avançait courbée[55]
255 péniblement sous le poids d'un énorme sac de châtaignes, tandis que son mari se prélassait,[56] ne portant qu'un fusil à la main et un autre en bandoulière; car il est indigne d'un homme de porter d'autre fardeau que ses armes.

A la vue des soldats, la première pensée de Mateo fut qu'ils venaient
260 pour l'arrêter. Mais pourquoi cette idée? Mateo avait-il donc quelques démêlés avec la justice? Non. Il jouissait d'une bonne réputation. C'était, comme on dit, *un particulier bien famé*;[57] mais il était Corse et montagnard, et il y a peu de Corses montagnards qui, en scrutant bien leur mémoire, n'y trouvent quelque peccadille, telle que coups de fusil, coups de stylet et
265 autres bagatelles. Mateo, plus qu'un autre, avait la conscience nette; car depuis plus de dix ans il n'avait dirigé son fusil contre un homme; mais toutefois il était prudent, et il se mit en posture de faire une belle défense, s'il en était besoin.

—Femme, dit-il, à Giuseppa, mets bas ton sac et tiens-toi prête.

270 Elle obéit sur-le-champ. Il lui donna le fusil qu'il avait en bandoulière et qui aurait pu le gêner. Il arma celui qu'il avait à la main, et il s'avança lentement vers sa maison, longeant les arbres qui bordaient le chemin, et prêt, à la moindre démonstration hostile, à se jeter derrière le plus gros tronc, d'où il aurait pu faire feu[58] à couvert. Sa femme marchait sur ses talons, tenant
275 son fusil de rechange et sa giberne.[59] L'emploi d'une bonne ménagère, en cas de combat, est de charger les armes de son mari.

D'un autre côté, l'adjudant était fort en peine en voyant Mateo s'avancer ainsi, à pas comptés, le fusil en avant et le doigt sur la détente.[60] Si par hasard, pensa-t-il, Mateo se trouvait parent de Gianetto, ou s'il était son
280 ami, et qu'il voulût le défendre, les bourres[61] de ses deux fusils arriveraient à deux d'entre nous, aussi sûr qu'une lettre à la poste, et s'il me visait, nonobstant la parenté!…[62]

▶**14** Pourquoi les voltigeurs fabriquent-ils un brancard pour porter leur prisonnier?

▶**15** Comment Falcone réagit-il à la vue des voltigeurs? Pourquoi?

---

[53]brancard; appareil pour transporter un malade [54]soigner [55]*bent* [56]se… se relaxait [57]bien… qui a bonne réputation [58]faire… tirer son fusil [59]boîte à cartouches (pour charger un fusil) [60]*trigger* [61]matière cottonneuse dans une cartouche [62]nonobstant… bien que nous soyons cousins

Dans cette perplexité, il prit un parti fort courageux, ce fut de s'avancer seul vers Mateo pour lui conter l'affaire, en l'abordant comme une vieille
285 connaissance; mais le court intervalle qui le séparait de Mateo lui parut terriblement long.

—Holà! eh! mon vieux camarade, criait-il, comment cela va-t-il, mon brave? C'est moi, je suis Gamba, ton cousin.

Mateo, sans répondre un mot, s'était arrêté, et à mesure que l'autre par-
290 lait il relevait doucement le canon de son fusil, de sorte qu'il était dirigé vers le ciel au moment où l'adjudant le joignit.

—Bonjour, frère, dit l'adjudant en lui tendant la main. Il y a bien longtemps que je ne t'ai vu.

—Bonjour, frère.
295 —J'étais venu pour te dire bonjour en passant, et à ma cousine Pepa. Nous avons fait une longue traite[63] aujourd'hui; mais il ne faut pas plaindre notre fatigue, car nous avons fait une fameuse prise. Nous venons d'empoigner Gianetto Sanpiero.

—Dieu soit loué! s'écria Giuseppa. Il nous a volé une chèvre laitière la
300 semaine passée.

Ces mots réjouirent Gamba.

—Pauvre diable! dit Mateo, il avait faim.

—Le drôle s'est défendu comme un lion, poursuivit l'adjudant un peu mortifié; il m'a tué un de mes voltigeurs, et non content de cela, il a cassé le
305 bras au caporal Chardon; mais il n'y a pas grand mal, ce n'était qu'un Français… Ensuite il s'était si bien caché que le diable ne l'aurait pu découvrir. Sans mon petit cousin Fortunato, je ne l'aurais jamais pu trouver.

—Fortunato! s'écria Mateo.

—Fortunato! répéta Giuseppa.
310 —Oui, le Gianetto s'était caché sous ce tas de foin là-bas; mais mon petit cousin m'a montré la malice.[64] Aussi je le dirai à son oncle le caporal, afin qu'il lui envoie un beau cadeau pour sa peine. Et son nom et le tien seront dans le rapport que j'enverrai à M. l'avocat général.

—Malédiction! dit tout bas Mateo.
315 Ils avaient rejoint le détachement. Gianetto était déjà couché sur la litière et prêt à partir. Quand il vit Mateo en la compagnie de Gamba, il sourit d'un sourire étrange; puis, se tournant vers la porte de la maison, il cracha sur le seuil[65] en disant: «Maison d'un traître!»

16 Gamba est-il content de revoir son cousin?

17 Pourquoi Mateo est-il fâché?

---

[63]marche *(ici)*   [64]ruse   [65]entrée

Il n'y avait qu'un homme décidé à mourir qui eût osé prononcer le mot
320 de traître en l'appliquant à Falcone. Un bon coup de stylet, qui n'aurait pas
eu besoin d'être répété, aurait immédiatement payé l'insulte. Cependant
Mateo ne fit pas d'autre geste que celui de porter sa main à son front
comme un homme accablé.

Fortunato était entré dans la maison en voyant arriver son père. Il
325 reparut bientôt avec une jatte de lait, qu'il présenta les yeux baissés à
Gianetto. «Loin de moi!» lui cria le proscrit[66] d'une voix foudroyante. Puis
se tournant vers un des voltigeurs: «Camarade, donne-moi à boire», dit-il.
Le soldat remit sa gourde entre ses mains, et le bandit but l'eau que lui donnait un homme avec lequel il venait d'échanger des coups de fusil. Ensuite il
330 demanda qu'on lui attachât les mains de manière qu'il les eût croisées sur sa
poitrine, au lieu de les avoir liées derrière le dos. «J'aime, disait-il, à être
couché à mon aise.» On s'empressa de le satisfaire; puis l'adjudant donna le
signal du départ, dit adieu à Mateo, qui ne lui répondit pas, et descendit au
pas accéléré[67] vers la plaine.

335 Il se passa près de dix minutes avant que Mateo ouvrît la bouche. L'enfant regardait d'un œil inquiet tantôt sa mère et tantôt son père, qui, s'appuyant sur son fusil, le considérait avec une expression de colère concen-
trée.

—Tu commences bien! dit enfin Mateo d'une voix calme, mais
340 effrayante pour qui connaissait l'homme.

—Mon père! s'écria l'enfant en s'avançant les larmes aux yeux comme
pour se jeter à ses genoux. Mais Mateo lui cria: «Arrière de moi!» Et l'enfant
s'arrêta et sanglota, immobile à quelques pas de son père.

Giuseppa s'approcha. Elle venait d'apercevoir la chaîne de la montre,
345 dont un bout sortait de la chemise de Fortunato.

—Qui t'a donné cette montre? demanda-t-elle d'un ton sévère.

—Mon cousin l'adjudant.

Falcone saisit la montre, et, la jetant avec force contre une pierre, il la
mit en mille pièces.

350 —Femme, dit-il, cet enfant est-il de moi?

Les joues brunes de Giuseppa devinrent d'un rouge de brique.

—Que dis-tu, Mateo? et sais-tu bien à qui tu parles?

—Eh bien! cet enfant est le premier de sa race qui ait fait une trahison.»

Les sanglots et les hoquets[68] de Fortunato redoublèrent, et Falcone tenait
355 ses yeux de lynx toujours attachés sur lui. Enfin il frappa la terre de la

18 Que pense Falcone de ce que son fils a fait?

19 D'abord, Mateo n'est que maussade et mécontent; quelle est la goutte d'eau qui fait déborder le vase? Pourquoi?

20 Pourquoi Mateo met-il en doute le fait que Fortunato est son fils?

[66]criminel   [67]au... vite   [68]gulps (ici)

crosse[69] de son fusil, puis le rejeta sur son épaule et reprit le chemin du maquis en criant à Fortunato de le suivre. L'enfant obéit.

Giuseppa courut après Mateo et lui saisit le bras.—C'est ton fils, lui dit-elle d'une voix tremblante en attachant ses yeux noirs sur ceux de son mari, 360 comme pour lire ce qui se passait dans son âme.

—Laisse-moi, répondit Mateo; je suis son père.

Guiseppa embrassa son fils et rentra en pleurant dans sa cabane. Elle se jeta à genoux devant une image de la Vierge et pria avec ferveur. Cependant Falcone marcha quelque deux cents pas dans le sentier et ne s'arrêta que 365 dans un petit ravin où il descendit. Il sonda[70] la terre avec la crosse de son fusil et la trouva molle et facile à creuser. L'endroit lui parut convenable pour son dessein.

◀ **21** Que fait Mateo de son fusil?

—Fortunato, va auprès de cette grosse pierre.

L'enfant fit ce qu'il lui commandait, puis il s'agenouilla.[71]

370 —Dis tes prières.

—Mon père, mon père, ne me tuez pas!

—Dis tes prières! répéta Mateo d'une voix terrible.

L'enfant, tout en balbutiant et en sanglotant, récita le *Pater* et le *Credo*. Le père, d'une voix forte, répondait *Amen!* à la fin de chaque prière.

375 —Sont-ce là toutes les prières que tu sais?

—Mon père, je sais encore l'*Ave Maria* et la litanie que ma tante m'a apprise.

—Elle est bien longue, n'importe.

L'enfant acheva la litanie d'une voix éteinte.

380 —As-tu fini?

—Oh! mon père, grâce! pardonnez-moi! Je ne le ferai plus! Je prierai tant mon cousin le caporal qu'on fera grâce au Gianetto!

Il parlait encore; Mateo avait armé son fusil et le couchait en joue en lui disant: «Que Dieu te pardonne!» L'enfant fit un effort désespéré pour se 385 relever et embrasser les genoux de son père; mais il n'en eut pas le temps. Mateo fit feu, et Fortunato tomba roide mort.[72]

◀ **22** Comment Falcone punit-il son fils?

Sans jeter un coup d'œil sur le cadavre, Mateo reprit le chemin de sa maison pour aller chercher une bêche[73] afin d'enterrer son fils. Il avait fait à peine quelques pas qu'il rencontra Giuseppa, qui accourait alarmée du coup 390 de feu.

---

[69]*butt*   [70]examina   [71]se mit à genoux   [72]roide… *stone dead*   [73]pelle

—Qu'as-tu fait? s'écria-t-elle.

—Justice.

—Où est-il?

—Dans le ravin. Je vais l'enterrer. Il est mort en chrétien; je lui ferai

395 chanter une messe. Qu'on dise à mon gendre Tiodoro Bianchi de venir demeurer[74] avec nous.

---

[74]rester, vivre

Pour approfondir...

1. Que veut dire le nom «Falcone»? Qu'est-ce que ce nom suggère au sujet du personnage?
2. Que veut dire le nom «Fortunato»? Qu'est-ce que ce nom suggère au sujet du personnage? Y a-t-il une ironie dans le choix de ce nom?
3. Par quels traits de caractère peut-on dire que Fortunato ressemble à son père? Donnez des exemples.
4. Comme enfant, on peut dire que Fortunato a beaucoup de force de caractère. Mais cependant il a un point faible ou un défaut sérieux. Lequel?
5. «La femme s'avançait courbée péniblement sous le poids d'un énorme sac de châtaignes, tandis que son mari se prélassait, ne portant qu'un fusil à la main et un autre en bandoulière; car il est indigne d'un homme de porter d'autre fardeau que ses armes.» Quelle attitude cette croyance traduit-elle? Peut-on retrouver des attitudes semblables à notre époque?
6. Pourquoi pourrait-on dire que Gianetto est un homme fier? A-t-il quelque chose d'admirable ou est-il un vulgaire bandit?
7. Quel sentiment avez-vous eu en assistant à l'exécution de Fortunato? Qu'est-ce que vous avez eu envie de dire ou de faire?
8. Y a-t-il moyen de justifier l'acte de Mateo Falcone? Expliquez votre réponse.
9. Dans quels milieux et dans quels pays un tel «code de l'honneur» existe-t-il encore?

Pour écrire...

1. Mérimée passe sous silence les sentiments de la mère dans «Mateo Falcone». Ecrivez sa version des événements, de son point de vue, en expliquant sa réaction, sa soumission et ses émotions.
2. Mateo Falcone croit venger l'atteinte portée à son honneur par son fils. Quelle est, selon vous, la fonction de la vengeance en général? Est-ce que la vengeance peut être justifiée? Quand? Pourquoi? Et dans quelle mesure?
3. La loi est-elle toujours juste? Expliquez.

our en savoir plus...

Mieux connu aujourd'hui pour la nouvelle *Carmen,* dont Georges Bizet a fait un opéra en 1874, Prosper Mérimée (Paris, 1803–Cannes, 1870) est considéré l'un des maîtres du conte du dix-neuvième siècle. Comme beaucoup de jeunes gens de sa génération, Mérimée a fait des études de droit avant de se donner aux lettres, où il a toujours montré de la créativité et de l'humour. Par exemple, en 1827, il a offert au public *La Guzla ou choix de poésies illyriques,* une soi-disant traduction de poésies des pays slaves. Mais Mérimée n'avait jamais voyagé en Illyrie et ne savait pas les langues en question; il avait produit sa «traduction» afin d'amasser les fonds nécessaires pour faire le voyage. Parmi ses œuvres plus sérieuses, on compte *Colomba* (1840, aussi au sujet de la Corse), *Carmen* (1847) et *La Vénus d'Ille* (1837, un conte surnaturel). En plus d'une belle carrière littéraire, Mérimée a rempli d'importantes fonctions administratives pendant une vingtaine d'années et a fait partie du Sénat pendant le Second Empire.

Prosper Mérimée

Comment Wang-Fô fut sauvé

Marguerite Yourcenar, 1938

Pour entrer dans le texte...

Dans la tradition des contes chinois, le peintre ou l'artiste jouent souvent un rôle essentiel. Quelquefois l'artiste possède des qualités magiques, voire métaphysiques, comme le héros du conte célèbre intitulé «Liang et le pinceau magique», ainsi que Wang-Fô, le personnage principal de l'histoire qui suit.

Fascinée par le monde asiatique, Marguerite Yourcenar raconte dans cette nouvelle une version d'un conte chinois connu. Comme dans les contes de fée occidentaux, chaque conte varie un peu selon la personne qui le relate. Yourcenar insiste dans sa version sur le rôle de l'artiste, sur le pouvoir des images et sur la question de l'art par opposition au réel.

179

Dans cette vision de la Chine impériale, c'est l'imagination plutôt que la logique qui prédomine. Artiste sans ressources matérielles, Wang-Fô crée autour de lui un monde fondé sur la beauté visuelle. Au cours de cette nouvelle, qui retrace les pérégrinations du maître et de son disciple Ling, l'art occupe une place de plus en plus prépondérante dans leur vie. Comment se fait-il que ces hommes paisibles se fassent arrêter sur ordre de l'Empereur? Pourquoi l'Empereur déteste-t-il Wang-Fô à tel point qu'il ordonne sa mise à mort? Wang-Fô sera-t-il sauvé, comme le titre de la nouvelle l'indique? C'est au lecteur de le découvrir.

MOTS-CLÉS

le disciple	le peintre
l'ébauche *(f.)*	la peinture
l'esquisse *(f.)*	la perception
irréel/réel	le pinceau
le maître	la toile
peindre	

TERMES LITTÉRAIRES

l'allégorie
la comparaison
la parabole
le sens propre; le sens figuré

Pour mieux lire...

Pendant votre lecture, notez le vocabulaire imagé que Yourcenar utilise pour décrire les événements de l'histoire. Citez des références précises où Wang-Fô voit le monde comme un phénomène artistique plutôt que comme un fait réel.

Comment Wang-Fô fut sauvé

L e vieux peintre Wang-Fô et son disciple Ling erraient le long des routes du royaume de Han.[1]

Ils avançaient lentement, car Wang-Fô s'arrêtait la nuit pour contempler les astres, le jour pour regarder les libellules.[2] Ils étaient peu
5 chargés, car Wang-Fô aimait l'image des choses, et non les choses elles-mêmes, et nul objet au monde ne lui semblait digne d'être acquis, sauf des pinceaux, des pots de laque[3] et d'encres de Chine, des rouleaux de soie et de papier de riz. Ils étaient pauvres, car Wang-Fô troquait[4] ses peintures contre une ration de bouillie de millet[5] et dédaignait les pièces d'argent. Son
10 disciple Ling, pliant sous le poids d'un sac plein d'esquisses,[6] courbait respectueusement le dos comme s'il portait la voûte céleste,[7] car ce sac, aux yeux de Ling, était rempli de montagnes sous la neige, de fleuves au printemps, et du visage de la lune d'été.

Ling n'était pas né pour courir les routes au côté d'un vieil homme qui
15 s'emparait[8] de l'aurore et captait le crépuscule.[9] Son père était changeur d'or; sa mère était l'unique enfant d'un marchand de jade qui lui avait légué ses biens en la maudissant parce qu'elle n'était pas un fils. Ling avait grandi dans une maison d'où la richesse éliminait les hasards. Cette existence soigneusement calfeutrée[10] l'avait rendu timide: il craignait les insectes, le
20 tonnerre et le visage des morts. Quand il eut quinze ans, son père lui choisit une épouse et la prit très belle, car l'idée du bonheur qu'il procurait à son fils le consolait d'avoir atteint l'âge où la nuit sert à dormir. L'épouse de Ling était frêle comme un roseau,[11] enfantine comme du lait, douce comme la salive, salée comme les larmes. Après les noces, les parents de Ling
25 poussèrent la discrétion jusqu'à mourir, et leur fils resta seul dans sa maison, peinte de cinabre,[12] en compagnie de sa jeune femme, qui souriait sans cesse, et d'un prunier qui chaque printemps donnait des fleurs roses. Ling aima cette femme au cœur limpide comme on aime un miroir qui ne se

1 Qui est Wang-Fô, et qu'est-ce qui lui est cher?

2 Quelles sont les origines de Ling?

3 Quel est «l'âge où la nuit sert à dormir»?

---

[1]nom de plusieurs dynasties chinoises. Les plus célèbres sont celles des Han antérieurs (ca. 206 B.C.–24 A.D.) et des Han postérieurs (25–220 A.D.). Les Chinois se désignent eux-mêmes du nom de «fils de Han» (Hanjen).
[2]*dragonflies* [3]*pinceaux… brushes, pots of lacquer* [4]*échangeait* [5]*bouillie…millet gruel* [6]premiers tracés de dessins [7]*voûte… vault of heaven* [8]s'emparait… se saisissait de [9]*captait… seized the twilight* [10]enfermée
[11]*reed* [12]couleur rouge (comme le sulfure de mercure)

ternirait[13] pas, un talisman qui protégerait toujours. Il fréquentait les
30 maisons de thé pour obéir à la mode et favorisait modérément les acrobates
et les danseuses.

Une nuit, dans une taverne, il eut Wang-Fô pour compagnon de table.
Le vieil homme avait bu pour se mettre en état de mieux peindre un
ivrogne;[14] sa tête penchait de côté, comme s'il s'efforçait de mesurer la dis-
35 tance qui séparait sa main de sa tasse. L'alcool de riz déliait la langue de cet
artisan taciturne, et Wang ce soir-là parlait comme si le silence était un mur,
et les mots des couleurs destinées à le couvrir. Grâce à lui, Ling connut la
beauté des faces de buveurs estompées[15] par la fumée des boissons chaudes,
la splendeur brune des viandes inégalement léchées par les coups de langue
40 du feu, et l'exquise roseur des taches de vin parsemant[16] les nappes comme
des pétales fanés. Un coup de vent creva[17] la fenêtre; l'averse entra dans la
chambre. Wang-Fô se pencha pour faire admirer à Ling la zébrure livide de
l'éclair, et Ling, émerveillé, cessa d'avoir peur de l'orage.

Ling paya l'écot[18] du vieux peintre: comme Wang-Fô était sans argent et
45 sans hôte, il lui offrit humblement un gîte.[19] Ils firent route ensemble; Ling
tenait une lanterne; sa lueur projetait dans les flaques[20] des feux inattendus.
Ce soir-là, Ling apprit avec surprise que les murs de sa maison n'étaient pas
rouges, comme il l'avait cru, mais qu'ils avaient la couleur d'une orange
prête à pourrir. Dans la cour, Wang-Fô remarqua la forme délicate d'un
50 arbuste,[21] auquel personne n'avait prêté attention jusque-là, et le compara à
une jeune femme qui laisse sécher ses cheveux. Dans le couloir, il suivit avec
ravissement la marche hésitante d'une fourmi[22] le long des crevasses de la
muraille, et l'horreur de Ling pour ces bestioles s'évanouit. Alors, com-
prenant que Wang-Fô venait de lui faire cadeau d'une âme et d'une percep-
55 tion neuves, Ling coucha respectueusement le vieillard dans la chambre où
ses père et mère étaient morts.

Depuis des années, Wang-Fô rêvait de faire le portrait d'une princesse
d'autrefois jouant du luth sous un saule.[23] Aucune femme n'était assez
irréelle pour lui servir de modèle, mais Ling pouvait le faire, puisqu'il n'était
60 pas une femme. Puis Wang-Fô parla de peindre un jeune prince tirant de
l'arc au pied d'un grand cèdre. Aucun jeune homme du temps présent
n'était assez irréel pour lui servir de modèle, mais Ling fit poser sa propre
femme sous le prunier du jardin. Ensuite, Wang-Fô la peignit en costume
de fée parmi les nuages du couchant, et la jeune femme pleura, car c'était

◀**4** Décrivez Ling et sa femme.

◀**5** Comment Wang-Fô et Ling se sont-ils rencontrés? Pourquoi Wang-Fô avait-il bu?

◀**6** Quel monde Ling découvre-t-il à travers Wang-Fô?

◀**7** Pourquoi Ling n'a-t-il plus peur des fourmis après avoir connu Wang-Fô?

◀**8** Pour quels tableaux de Wang-Fô Ling et sa femme posent-ils? Pourquoi?

---

[13]ne... ne perdrait pas son lustre [14]drunkard [15]blurred [16]couvrant de choses jetées çà et là [17]fit éclater
[18]part (share) [19]logement [20]puddles [21]petit arbre [22]ant [23]willow tree

65 un présage de mort. Depuis que Ling lui préférait les portraits que Wang-Fô faisait d'elle, son visage se flétrissait,[24] comme la fleur en butte[25] au vent chaud ou aux pluies d'été. Un matin, on la trouva pendue aux branches du prunier rose: les bouts de l'écharpe[26] qui l'étranglait flottaient mêlés à sa chevelure; elle paraissait plus mince encore que d'habitude, et pure comme
70 les belles célébrées par les poètes des temps révolus.[27] Wang-Fô la peignit une dernière fois, car il aimait cette teinte verte dont se recouvre la figure des morts. Son disciple Ling broyait les couleurs, et cette besogne[28] exigeait tant d'application qu'il oubliait de verser des larmes.

   Ling vendit successivement ses esclaves, ses jades et les poissons de sa
75 fontaine pour procurer au maître des pots d'encre pourpre qui venaient d'Occident. Quand la maison fut vide, ils la quittèrent, et Ling ferma derrière lui la porte de son passé. Wang-Fô était las[29] d'une ville où les visages n'avaient plus à lui apprendre aucun secret de laideur ou de beauté, et le maître et le disciple vagabondèrent ensemble sur les routes du royaume de
80 Han.

   Leur réputation les précédait dans les villages, au seuil des châteaux forts et sous le porche des temples où les pèlerins inquiets se réfugient au crépuscule. On disait que Wang-Fô avait le pouvoir de donner la vie à ses peintures par une dernière touche de couleur qu'il ajoutait à leurs yeux. Les fer-
85 miers venaient le supplier de leur peindre un chien de garde, et les seigneurs voulaient de lui des images de soldats. Les prêtres honoraient Wang-Fô comme un sage; le peuple le craignait comme un sorcier. Wang se réjouissait de ces différences d'opinions qui lui permettaient d'étudier autour de lui des expressions de gratitude, de peur, ou de vénération.
90 Ling mendiait[30] la nourriture, veillait sur le sommeil du maître et profitait de ses extases[31] pour lui masser les pieds. Au point du jour, quand le vieux dormait encore, il partait à la chasse de paysages timides dissimulés derrière des bouquets de roseaux. Le soir, quand le maître, découragé, jetait ses pinceaux sur le sol, il les ramassait. Lorsque Wang était triste et parlait
95 de son grand âge, Ling lui montrait en souriant le tronc solide d'un vieux chêne; lorsque Wang était gai et débitait[32] des plaisanteries, Ling faisait humblement semblant de l'écouter.

   Un jour, au soleil couchant, ils atteignirent[33] les faubourgs de la ville impériale, et Ling chercha pour Wang-Fô une auberge où passer la nuit. Le
100 vieux s'enveloppa dans des loques,[34] et Ling se coucha contre lui pour le

▶**9** Pourquoi est-ce que la femme de Ling se pend au prunier?

▶**10** Quelle est la réaction de Wang-Fô et de Ling quand ils voient la femme morte?

▶**11** Pourquoi Wang-Fô et son disciple quittent-ils la maison de Ling?

◀**12** Quel don extraordinaire Wang-Fô possède-t-il?

◀**13** Que fait Ling pour aider Wang-Fô?

[24]perdait la fraîcheur [25]en... exposée [26]*scarf* [27]passés [28]tâche, travail [29]très fatigué [30]*begged* [31]*trances*
[32]*spouted* [33]arrivèrent à *(ici)* [34]*rags*

réchauffer, car le printemps venait à peine de naître, et le sol de terre battue était encore gelé. A l'aube, des pas lourds retentirent[35] dans les corridors de l'auberge; on entendit les chuchotements[36] effrayés de l'hôte, et des commandements criés en langue barbare. Ling frémit,[37] se souvenant qu'il avait
105 volé la veille[38] un gâteau de riz pour le repas du maître. Ne doutant pas qu'on ne vînt l'arrêter, il se demanda qui aiderait demain Wang-Fô à passer le gué[39] du prochain fleuve.

14 Que se passe-t-il dans l'auberge?

Les soldats entrèrent avec des lanternes. La flamme filtrant à travers le papier bariolé[40] jetait des lueurs rouges ou bleues sur leurs casques de cuir.
110 La corde d'un arc vibrait sur leur épaule, et les plus féroces poussaient tout à coup des rugissements[41] sans raison. Ils posèrent lourdement la main sur la nuque[42] de Wang-Fô, qui ne put s'empêcher de remarquer que leurs manches[43] n'étaient pas assorties à[44] la couleur de leur manteau.

15 Comment Wang-Fô réagit-il à son arrestation?

Soutenu par son disciple, Wang-Fô suivit les soldats en trébuchant[45] le
115 long des routes inégales. Les passants attroupés se gaussaient de[46] ces deux criminels qu'on menait sans doute décapiter. A toutes les questions de Wang-Fô, les soldats répondaient par une grimace sauvage. Ses mains ligotées[47] souffraient, et Ling désespéré regardait son maître en souriant, ce qui était pour lui une façon plus tendre de pleurer.

120 Ils arrivèrent sur le seuil du palais impérial, dont les murs violets se dressaient en plein jour comme un pan[48] de crépuscule. Les soldats firent franchir à Wang-Fô d'innombrables salles carrées ou circulaires dont la forme symbolisait les saisons, les points cardinaux, le mâle et la femelle, la longévité, les prérogatives du pouvoir. Les portes tournaient sur elles-
125 mêmes en émettant une note de musique, et leur agencement[49] était tel qu'on parcourait toute la gamme en traversant le palais de l'Est au Couchant. Tout se concertait pour donner l'idée d'une puissance et d'une subtilité surhumaines, et l'on sentait que les moindres ordres prononcés ici devaient être définitifs et terribles comme la sagesse des ancêtres. Enfin, l'air
130 se raréfia; le silence devint si profond qu'un supplicié[50] même n'eût pas osé crier. Un eunuque souleva une tenture;[51] les soldats tremblèrent comme des femmes, et la petite troupe entra dans la salle où trônait le Fils du Ciel.

16 Décrivez le palais de l'empereur.

C'était une salle dépourvue de murs, soutenue par d'épaisses colonnes de pierre bleue. Un jardin s'épanouissait de l'autre côté des fûts[52] de mar-
135 bre, et chaque fleur contenue dans ses bosquets appartenait à une espèce

---

[35]produisirent un son éclatant [36]*whispers* [37]trembla [38]jour précédent [39]*ford* [40]peint de diverses couleurs bizarrement assorties [41]*roars* [42]partie du cou [43]parties du vêtement qui entourent le bras [44]en accord (avec) [45]perdant l'équilibre en marchant [46]se... *sneered at* [47]attachées solidement [48]*panel* [49]*arrangement* [50]personne qui subit une punition corporelle [51]rideau [52]parties d'une colonne comprises entre la base et le chapiteau

rare apportée d'au-delà les océans. Mais aucune n'avait de parfum, de peur que la méditation du Dragon Céleste ne fût troublée par les bonnes odeurs. Par respect pour le silence où baignaient ses pensées, aucun oiseau n'avait été admis à l'intérieur de l'enceinte,[53] et on en avait même chassé les
140 abeilles. Un mur énorme séparait le jardin du reste du monde, afin que le vent, qui passe sur les chiens crevés[54] et les cadavres des champs de bataille, ne pût se permettre de frôler[55] la manche de l'empereur.

Le Maître Céleste était assis sur un trône de jade, et ses mains étaient ridées comme celles d'un vieillard, bien qu'il eût à peine vingt ans. Sa robe
145 était bleue pour figurer l'hiver, et verte pour rappeler le printemps. Son visage était beau, mais impassible comme un miroir placé trop haut qui ne refléterait que les astres et l'implacable ciel. Il avait à sa droite son Ministre des Plaisirs Parfaits, et à sa gauche son Conseiller des Justes Tourments. Comme ses courtisans, rangés au pied des colonnes, tendaient l'oreille pour
150 recueillir[56] le moindre mot sorti de ses lèvres, il avait pris l'habitude de parler toujours à voix basse.

—Dragon Céleste, dit Wang-Fô prosterné, je suis vieux, je suis pauvre, je suis faible. Tu es comme l'été; je suis comme l'hiver. Tu as Dix Mille Vies; je n'en ai qu'une, et qui va finir. Que t'ai-je fait? On a lié mes mains, qui ne
155 t'ont jamais nui.[57]

—Tu me demandes ce que tu m'as fait, vieux Wang-Fô? dit l'empereur.

Sa voix était si mélodieuse qu'elle donnait envie de pleurer. Il leva sa main droite, que les reflets du pavement de jade faisaient paraître glauque[58] comme une plante sous-marine, et Wang-Fô, émerveillé par la longueur de
160 ces doigts minces, chercha dans ses souvenirs s'il n'avait pas fait de l'empereur, ou de ses ascendants, un portrait médiocre qui mériterait la mort. Mais c'était peu probable, car Wang-Fô jusqu'ici avait peu fréquenté la cour des empereurs, lui préférant les huttes des fermiers, ou, dans les villes, les faubourgs des courtisanes et les tavernes le long des quais où se querellent
165 les portefaix.[59]

—Tu me demandes ce que tu as fait, vieux Wang-Fô? reprit l'empereur en penchant son cou grêle vers le vieil homme qui l'écoutait. Je vais te le dire. Mais, comme le venin d'autrui[60] ne peut se glisser en nous que par nos neuf ouvertures, pour te mettre en présence de tes torts, je dois te promener
170 le long des corridors de ma mémoire, et te raconter toute ma vie. Mon père avait rassemblé une collection de tes peintures dans la chambre la plus

▶**17** Pourquoi cet endroit est-il si calme, si protégé?

▶**18** Qu'est-ce que la disposition de la salle nous dit de l'empereur?

▶**19** Selon Wang-Fô, pourquoi l'aurait-on arrêté?

---

[53]ce qui entoure un espace fermé [54]morts [55]toucher légèrement en passant [56]recevoir [57]fait du mal [58]de couleur verte tirant sur le bleu [59]porteurs [60]venin... *venom of another*

secrète du palais, car il était d'avis que les personnages des tableaux doivent être soustraits à[61] la vue des profanes, en présence de qui ils ne peuvent baisser les yeux. C'est dans ces salles que j'ai été élevé, vieux Wang-Fô, car
175 on avait organisé autour de moi la solitude pour me permettre d'y grandir. Pour éviter à ma candeur l'éclaboussure[62] des âmes humaines, on avait éloigné de moi le flot agité de mes sujets futurs, et il n'était permis à personne de passer devant mon seuil, de peur que l'ombre de cet homme ou de cette femme ne s'étendît jusqu'à moi. Les quelques vieux serviteurs qu'on
180 m'avait octroyés[63] se montraient le moins possible; les heures tournaient en cercle; les couleurs de tes peintures s'avivaient avec l'aube et pâlissaient avec le crépuscule. La nuit, quand je ne parvenais[64] pas à dormir, je les regardais, et, pendant près de dix ans, je les ai regardées toutes les nuits. Le jour, assis sur un tapis dont je savais par cœur le dessin, reposant mes paumes vides
185 sur mes genoux de soie jaune, je rêvais aux joies que me procurerait l'avenir. Je me représentais le monde, le pays de Han au milieu, pareil à la plaine monotone et creuse de la main que sillonnent les lignes fatales des Cinq Fleuves. Tout autour, la mer où naissent les monstres, et, plus loin encore, les montagnes qui supportent le ciel. Et, pour m'aider à me
190 représenter toutes ces choses, je me servais de tes peintures. Tu m'as fait croire que la mer ressemblait à la vaste nappe d'eau étalée sur tes toiles, si bleue qu'une pierre en y tombant ne peut que se changer en saphir, que les femmes s'ouvraient et se refermaient comme des fleurs, pareilles aux créatures qui s'avancent, poussées par le vent, dans les allées de tes jardins, et
195 que les jeunes guerriers à la taille[65] mince qui veillent dans les forteresses des frontières étaient eux-mêmes des flèches qui pouvaient vous transpercer le cœur. A seize ans, j'ai vu se rouvrir les portes qui me séparaient du monde: je suis monté sur la terrasse du palais pour regarder les nuages, mais ils étaient moins beaux que ceux de tes crépuscules. J'ai commandé
200 ma litière:[66] secoué sur des routes dont je ne prévoyais ni la boue ni les pierres, j'ai parcouru les provinces de l'Empire sans trouver tes jardins pleins de femmes semblables à des lucioles,[67] tes femmes dont le corps est lui-même un jardin. Les cailloux des rivages m'ont dégoûté des océans; le sang des suppliciés est moins rouge que la grenade[68] figurée sur tes toiles; la vermine des villages m'empêche de voir la beauté des rizières;[69] la chair des femmes vivantes me répugne comme la viande morte qui pend aux crocs des bouchers, et le rire épais de mes soldats me soulève le cœur. Tu m'as menti,

20 Où l'empereur a-t-il grandi?

21 Que faisait-il dans sa solitude?

22 Que pensait-il des tableaux de Wang-Fô?

23 Qu'a-t-il vu quand il est sorti du palais?

---

[61]soustraits... *concealed from*   [62]*blot, blemish*   [63]donnés   [64]réussissais   [65]*waist*   [66]chaise couverte portée par des hommes   [67]*fireflies*   [68]*pomegranate*   [69]*rice fields*

Wang-Fô, vieil imposteur: le monde n'est qu'un amas[70] de taches confuses, jetées sur le vide par un peintre insensé, sans cesse effacées par nos larmes.
210 Le royaume de Han n'est pas le plus beau des royaumes, et je ne suis pas l'empereur. Le seul empire sur lequel il vaille la peine de régner est celui où tu pénètres, vieux Wang, par le chemin des Mille Courbes et des Dix Mille Couleurs. Toi seul règnes en paix sur des montagnes couvertes d'une neige qui ne peut fondre, et sur des champs de narcisses qui ne peuvent pas
215 mourir. Et c'est pourquoi, Wang-Fô, j'ai cherché quel supplice te serait réservé, à toi dont les sortilèges[71] m'ont dégoûté de ce que je possède, et donné le désir de ce que je ne posséderai pas. Et pour t'enfermer dans le seul cachot[72] dont tu ne puisses sortir, j'ai décidé qu'on te brûlerait les yeux, puisque tes yeux, Wang-Fô, sont les deux portes magiques qui t'ouvrent ton
220 royaume. Et puisque tes mains sont les deux routes aux dix embranchements qui te mènent au cœur de ton empire, j'ai décidé qu'on te couperait les mains. M'as-tu compris, vieux Wang-Fô?

En entendant cette sentence, le disciple Ling arracha de sa ceinture un couteau ébréché[73] et se précipita sur l'empereur. Deux gardes le saisirent. Le
225 Fils du Ciel sourit et ajouta dans un soupir:

—Et je te hais aussi, vieux Wang-Fô, parce que tu as su te faire aimer. Tuez ce chien.

Ling fit un bond en avant pour éviter que son sang ne vînt tacher la robe du maître. Un des soldats leva son sabre, et la tête de Ling se détacha de sa
230 nuque, pareille à une fleur coupée. Les serviteurs emportèrent ses restes, et Wang-Fô, désespéré, admira la belle tache écarlate que le sang de son disciple faisait sur le pavement de pierre verte.

L'empereur fit un signe, et deux eunuques essuyèrent[74] les yeux de Wang-Fô.

235 —Écoute, vieux Wang-Fô, dit l'empereur, et sèche tes larmes, car ce n'est pas le moment de pleurer. Tes yeux doivent rester clairs, afin que le peu de lumière qui leur reste ne soit pas brouillée par tes pleurs. Car ce n'est pas seulement par rancune[75] que je souhaite ta mort; ce n'est pas seulement par cruauté que je veux te voir souffrir. J'ai d'autres projets, vieux Wang-Fô. Je
240 possède dans ma collection de tes œuvres une peinture admirable où les montagnes, l'estuaire des fleuves et la mer se reflètent, infiniment rapetissés[76] sans doute, mais avec une évidence qui surpasse celle des objets eux-mêmes, comme les figures qui se mirent[77] sur les parois[78] d'une sphère.

▸**24** Pourquoi l'empereur fait-il arrêter Wang-Fô?

▸**25** Quel supplice l'empereur prévoit-il pour Wang-Fô et pour quelles raisons?

▸**26** Quelle est la dernière pensée de Ling?

---

[70]accumulation [71]*magic spells* [72]cellule de prison [73]*chipped* [74]*wiped* [75]vengeance [76]*shrunken* [77]se… se reflètent [78]murs

Mais cette peinture est inachevée, Wang-Fô, et ton chef-d'œuvre est à l'état
245   d'ébauche.[79] Sans doute, au moment où tu peignais, assis dans une vallée
solitaire, tu remarquas un oiseau qui passait, ou un enfant qui poursuivait
cet oiseau. Et le bec de l'oiseau ou les joues de l'enfant t'ont fait oublier les
paupières bleues des flots. Tu n'as pas terminé les franges[80] du manteau de
la mer, ni les cheveux d'algues des rochers. Wang-Fô, je veux que tu con-
250   sacres les heures de lumière qui te restent à finir cette peinture, qui contien-
dra ainsi les derniers secrets accumulés au cours de ta longue vie. Nul doute
que tes mains, si près de tomber, ne trembleront sur l'étoffe de soie, et
l'infini pénétrera dans ton œuvre par ces hachures[81] de malheur. Et nul
doute que tes yeux, si près d'être anéantis, ne découvriront des rapports à la
255   limite des sens humains. Tel est mon projet, vieux Wang-Fô, et je puis te
forcer à l'accomplir. Si tu refuses, avant de t'aveugler, je ferai brûler toutes
tes œuvres, et tu seras alors pareil à un père dont on a massacré les fils et
détruit les espérances de postérité. Mais crois plutôt, si tu veux, que ce
dernier commandement n'est qu'un effet de ma bonté, car je sais que la
260   toile[82] est la seule maîtresse que tu aies jamais caressée. Et t'offrir des
pinceaux, des couleurs et de l'encre pour occuper tes dernières heures, c'est
faire l'aumône[83] d'une fille de joie[84] à un homme qu'on va mettre à mort.

Sur un signe du petit doigt de l'empereur, deux eunuques apportèrent
respectueusement la peinture inachevée où Wang-Fô avait tracé l'image de
265   la mer et du ciel. Wang-Fô sécha ses larmes et sourit, car cette petite
esquisse lui rappelait sa jeunesse. Tout y attestait une fraîcheur d'âme à
laquelle Wang-Fô ne pouvait plus prétendre,[85] mais il y manquait cependant quelque chose, car à l'époque où Wang-Fô l'avait peinte, il n'avait pas
encore contemplé de montagnes, ni de rochers baignant dans la mer leurs
270   flancs nus, et ne s'était pas encore assez pénétré de la tristesse du crépuscule. Wang-Fô choisit un des pinceaux que lui présentait un esclave et se
mit à étendre sur la mer inachevée de larges coulées[86] bleues. Un eunuque
accroupi[87] à ses pieds broyait les couleurs; il s'acquittait assez mal de cette
besogne, et plus que jamais Wang-Fô regretta son disciple Ling.

275   Wang-Fô commença par teinter de rose le bout de l'aile d'un nuage posé
sur une montagne. Puis il ajouta à la surface de la mer de petites rides qui
ne faisaient que rendre plus profond le sentiment de sa sérénité. Le pavement de jade devenait singulièrement humide, mais Wang-Fô, absorbé dans
sa peinture, ne s'apercevait pas qu'il travaillait assis dans l'eau.

▶ **27** Qu'est-ce que l'empereur veut que Wang-Fô fasse avant de mourir?

▶ **28** Comment l'empereur pense-t-il persuader Wang-Fô?

▶ **29** Comment la vision artistique de Wang-Fô a-t-elle changé depuis sa jeunesse?

▶ **30** D'où vient cette eau?

[79]*sketch*   [80]*fringes*   [81]*rayures*   [82]*canvas, painting*   [83]ce qu'on donne aux pauvres par charité   [84]*fille... prostituée*
[85]lay *claim (to)*   [86]*masses de matière*   [87]*crouching*

280   Le frêle canot[88] grossi sous les coups de pinceau du peintre occupait maintenant tout le premier plan du rouleau de soie. Le bruit cadencé des rames[89] s'éleva soudain dans la distance, rapide et vif comme un battement d'aile. Le bruit se rapprocha, emplit doucement toute la salle, puis cessa, et des gouttes tremblaient, immobiles, suspendues aux avirons[90] du batelier.[91]

285 Depuis longtemps, le fer rouge destiné aux yeux de Wang-Fô s'était éteint sur le brasier du bourreau. Dans l'eau jusqu'aux épaules, les courtisans, immobilisés par l'étiquette, se soulevaient sur la pointe des pieds. L'eau atteignit enfin au niveau du cœur impérial. Le silence était si profond qu'on eût entendu tomber des larmes.

▶**31** Qu'est-ce qui arrive pendant que Wang-Fô travaille sur son dernier tableau?

290   C'était bien Ling. Il avait sa vieille robe de tous les jours, et sa manche droite portait encore les traces d'un accroc[92] qu'il n'avait pas eu le temps de réparer, le matin, avant l'arrivée des soldats. Mais il avait autour du cou une étrange écharpe rouge.

Wang-Fô lui dit doucement en continuant de peindre:

295   —Je te croyais mort.

—Vous vivant, dit respectueusement Ling, comment aurais-je pu mourir?

▶**32** Comment Ling explique-t-il qu'il n'est pas mort?

Et il aida le maître à monter en barque. Le plafond de jade se reflétait sur l'eau, de sorte que Ling paraissait naviguer à l'intérieur d'une grotte. Les

300 tresses des courtisans submergés ondulaient à la surface comme des serpents, et la tête pâle de l'empereur flottait comme un lotus.

—Regarde, mon disciple, dit mélancoliquement Wang-Fô. Ces malheureux vont périr, si ce n'est déjà fait. Je ne me doutais pas qu'il y avait assez d'eau dans la mer pour noyer[93] un empereur. Que faire?

305   —Ne crains rien, Maître, murmura le disciple. Bientôt, ils se trouveront à sec et ne se souviendront même pas que leur manche ait jamais été mouillée. Seul, l'empereur gardera au cœur un peu d'amertume marine.[94] Ces gens ne sont pas faits pour se perdre à l'intérieur d'une peinture.

▶**33** Selon Ling, pourquoi les courtisans ne se souviendront-ils pas de l'inondation?

Et il ajouta:

310   —La mer est belle, le vent bon, les oiseaux marins font leur nid. Partons, mon Maître, pour le pays au-delà des flots.

—Partons, dit le vieux peintre.

Wang-Fô se saisit du gouvernail,[95] et Ling se pencha sur les rames. La cadence des avirons emplit de nouveau toute la salle, ferme et régulière

315 comme le bruit d'un cœur. Le niveau de l'eau diminuait insensiblement

---

[88]petit bateau   [89]*oars*   [90]*paddles*   [91]personne dont le métier est de conduire un bateau   [92]petite déchirure
[93]faire périr dans un liquide   [94]amertume… *distaste for the sea*   [95]*rudder*

autour des grands rochers verticaux qui redevenaient des colonnes. Bientôt, quelques rares flaques[96] brillèrent seules dans les dépressions du pavement de jade. Les robes des courtisans étaient sèches, mais l'empereur gardait quelques flocons d'écume[97] dans la frange de son manteau.

320   Le rouleau achevé par Wang-Fô restait posé sur la table basse. Une barque en occupait tout le premier plan. Elle s'éloignait peu à peu, laissant derrière elle un mince sillage qui se refermait sur la mer immobile. Déjà, on ne distinguait plus le visage des deux hommes assis dans le canot. Mais on apercevait encore l'écharpe rouge de Ling, et la barbe de Wang-Fô flottait
325 au vent.

    La pulsation des rames s'affaiblit, puis cessa, oblitérée par la distance. L'empereur, penché en avant, la main sur les yeux, regardait s'éloigner la barque de Wang-Fô, qui n'était déjà plus qu'une tache imperceptible dans la pâleur du crépuscule. Une buée[98] d'or s'éleva et se déploya sur la mer. Enfin,
330 la barque vira[99] autour d'un rocher qui fermait l'entrée du large;[100] l'ombre d'une falaise[101] tomba sur elle; le sillage s'effaça de la surface déserte, et le peintre Wang-Fô et son disciple Ling disparurent à jamais sur cette mer de jade bleu que Wang-Fô venait d'inventer.

◀34 Quelles traces de l'expérience l'empereur garde-t-il?

◀35 Comment Wang-Fô et Ling se sont-ils sauvés?

---

[96]*puddles*   [97]flocons… *flecks of foam*   [98]*mist*   [99]*tourna*   [100]*mer*   [101]*cliff*

Pour approfondir...

1. Dans le royaume de Han, on disait que Wang-Fô «avait le pouvoir de donner la vie à ses peintures». Faites une liste des manifestations de ses pouvoirs surnaturels. Quelles conclusions tirez-vous du fait que Wang-Fô a la capacité de transformer la réalité avec son pinceau?

2. Pourquoi la femme de Ling n'a-t-elle pas de nom dans la nouvelle? Quel rôle cette femme joue-t-elle?

3. A la fin de la nouvelle, malgré les forces apparemment illimitées de l'Etat, Wang-Fô et son disciple réussissent à l'emporter sur l'empereur et ses soldats. Discutez du rapport entre la puissance politique et la puissance artistique suggéré par le dénouement du conte.

4. Selon Jean-Paul Sartre, les écrivains ont la responsabilité de s'engager. Est-ce que cette histoire de Yourcenar semble souligner ou rejeter l'importance de l'engagement social et politique de l'artiste?

5. Comment Wang-Fô réagit-il face aux tragédies humaines? A votre avis, pourquoi réagit-il ainsi? Quelle est votre opinion sur les réactions de Wang-Fô?

6. Que pensez-vous des implications de ce conte en ce qui concerne la valeur des choses matérielles par opposition à d'autres valeurs? Ce conte pourrait-il se dérouler aux Etats-Unis à la fin du vingtième siècle? Expliquez votre opinion.

Pour écrire...

1. Expliquez le rôle de la magie dans «Comment Wang-Fô fut sauvé». A quoi la magie sert-elle? A-t-elle toujours une valeur positive?

2. Choisissez une scène du texte (par exemple, Wang-Fô dans la taverne, la mort de la femme de Ling, la mort de Ling ou la barque qui s'éloigne à la fin de l'histoire) et faites-en l'analyse en montrant la fonction de cette scène dans le conte.

3. Ecrivez un épisode qui pourrait s'insérer dans l'histoire de Wang-Fô.

4. Cette nouvelle pourrait être considérée comme une parabole (une allégorie sous laquelle se cache quelque vérité). Quelle leçon le lecteur apprend-il en la lisant?

Pour en savoir plus...

Marguerite de Crayencour (Bruxelles, 1903–Ile des Monts-Déserts, Maine, 1987), dite Marguerite Yourcenar (nom de plume anagrammatique), était fascinée par différentes civilisations. Nourrie d'une culture humaniste, elle a traduit Virginia Woolf, Henry James, Yukio Mishima, ainsi que les paroles d'airs de *blues* et de *gospels.* Dans son roman le plus célèbre, *Mémoires d'Hadrien* (1951), Yourcenar a entrepris, à travers les mémoires imaginaires de l'empereur romain, une réflexion approfondie sur le concept de paix et sur la fin des civilisations.

A la suite de multiples voyages, Yourcenar s'est établie définitivement durant les années cinquante dans l'Ile des Monts-Déserts dans l'état du Maine aux Etats-Unis. Romancière, poète et essayiste, Yourcenar a été la première femme à être élue à l'Académie française (1980). Les dernières années de sa vie ont été parmi les plus productives: outre ses voyages en Afrique et en Asie, et sans compter son travail bénévole pour des causes écologiques, elle a fait publier douze livres, certains posthumes, dont son autobiographie *Quoi? L'Eternité.*

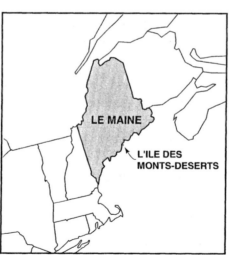

LE MAINE

L'ILE DES
MONTS-DESERTS

Marguerite Yourcenar

French Literary Tenses

Literary tenses are verb tenses used widely in literary or extremely formal writing. In conversation and less formal writing, common tenses are generally substituted for them. Although most students will never be asked to *produce* the literary tenses in their own writing, all students need to recognize these tenses and understand their more common equivalents.

A. Passé simple

1. Forms

a. Regular form: infinitive stem + **passé simple** endings

EXEMPLE: **je regardai, nous parlâmes, ils entendirent**

-er verbs	-ir and -re verbs
je parl**ai**	je fin**is**
tu parl**as**	tu fin**is**
il parl**a**	il fin**it**
nous parl**âmes**	nous fin**îmes**
vous parl**âtes**	vous fin**îtes**
ils parl**èrent**	ils fin**irent**

b. Irregular forms: There are many irregular stems; note especially:

avoir	**être**
j'eus	je fus
tu eus	tu fus
il eut	il fut
nous eûmes	nous fûmes
vous eûtes	vous fûtes
ils eurent	ils furent

Other irregular stems in the **passé simple** (given in first person singular and plural):

connus/connûmes—connaître   pris/prîmes—prendre
crus/crûmes—croire   pus/pûmes—pouvoir
dus/dûmes—devoir   ris/rîmes—rire
fis/fîmes—faire   tins/tînmes—tenir
lus/lûmes—lire   vécus/vécûmes—vivre
mis/mîmes—mettre   vins/vînmes—venir
plus/plûmes—plaire   vis/vîmes—voir

Note: Compounds of these verbs—**relire, remettre, émettre,** etc.—have the same irregularities.

2. Usage

Pendant que Charles était chez M. Homais, Emma **vint** le voir.
(While Charles was at Mr. Homais' house, Emma *came* to see him.)

Replaced in less formal writing or speech with the **passé composé:**

Pendant que Charles était chez M. Homais, Emma **est venue** le voir.

B. Passé antérieur

1. Form: auxiliary (**avoir** or **être** in the **passé simple**) + past participle.

2. Usage:

Après qu'il **eut lu** le journal, sa fille vint lui parler.
(After he *had read* the newspaper, his daughter came to talk to him.)

Replaced in less formal writing or speech with the **plus-que-parfait:**

Après qu'il **avait lu** le journal, sa fille est venue lui parler.

The **passé antérieur** is generally found after such expressions as **quand, lorsque, après que, aussitôt que, dès que, à peine.** The **passé antérieur** can also be replaced by the **passé surcomposé.**

C. Imparfait du subjonctif

1. Form: same stem as the **passé simple** (even when the stem is irregular), plus the endings on page 195.

Verbs ending with **-ai** in the first person singular of the **passé simple:**	Verbs ending with **-is** in the first person singular of the **passé simple:**	Verbs ending with **-us** in the first person singular of the **passé simple:**
que je par**lasse**	que je sor**tisse**	que je **pusse**
que tu par**lasses**	que tu sor**tisses**	que tu **pusses**
qu'il par**lât**	qu'il sor**tît**	qu'il **pût**
que nous par**lassions**	que nous sor**tissions**	que nous **pussions**
que vous par**lassiez**	que vous sor**tissiez**	que vous **pussiez**
qu'ils par**lassent**	qu'ils sor**tissent**	qu'ils **pussent**

Note these two forms especially:

avoir	**être**
que j'eusse	que je fusse
que tu eusses	que tu fusses
qu'il eût	qu'il fût
que nous eussions	que nous fussions
que vous eussiez	que vous fussiez
qu'ils eussent	qu'ils fussent

2. Usage

Je doutais qu'elle **pût** venir.
(I doubted that she *would be able* to come.)

Replaced in less formal writing or speech with the present subjunctive:

Je doutais qu'elle **puisse** venir.

D. Plus-que-parfait du subjonctif

1. Form: auxiliary (**avoir** or **être** in the **imparfait du subjonctif**) + past participle

2. Usage I

Joseph avait peur que ses amis ne l'**eussent dénoncé.**
(Joseph was afraid that his friends *had denounced* him.)

Replaced in less formal writing or speech with the past subjunctive:

Joseph avait peur que ses amis ne l'**aient dénoncé.**

3. Usage II

In conditional sentences (**si** clauses), the **plus-que-parfait du subjonctif** can replace the **plus-que-parfait,** the **conditionnel passé,** or *both.*

The phrase:

> Si elle **avait étudié** [plus-que-parfait], elle **aurait réussi** [conditionnel passé] son examen.
> (If she *had studied,* she *would have passed* her test.)

could be rendered in literary style with the **plus-que-parfait du subjonctif** replacing either or both of the other tenses:

> Si elle **eût étudié,** elle **eût réussi** son examen.

The use of the same verb tense in both positions is analogous to this usage in popular English:

> If she *would have studied,* she *would have passed* her test.

Termes littéraires

l'allégorie *f.*   Expression d'une idée abstraite par une représentation d'un être vivant, un tableau, une image ou une histoire.
EXEMPLE: Dans une histoire de chevalerie, le dragon peut représenter le mal, alors que le chevalier représente la vertu.

l'allitération *f.*   Insistence sur un son précis obtenu par la répétition des consonnes initiales dans une suite de mots rapprochés, souvent pour évoquer une image, une atmosphère ou une idée.
EXEMPLE qui provient du texte de Diop: «les *f*lots *f*endus *f*orment, sur le *f*ond qui *f*uit, des *f*eux *f*ollets *f*urtifs».

l'ambiance *f.*   Atmosphère dans laquelle se déroule une scène, un événement, etc.

le caractère   Ensemble de traits qui distinguent un individu d'un autre; personnalité.

le comique   Tous les éléments d'une pièce de théâtre ou d'un récit littéraire qui provoquent le rire.

la comparaison   On établit une comparaison quand on rapproche deux termes à l'aide d'un mot comparatif pour en identifier les différences et/ou les ressemblances.
EXEMPLE: On dit qu'il faut être «sage comme une image» («comme» signale une ressemblance) pour dire qu'il faut imiter l'immobilité des personnages sur les images et être calme.

le conte   Récit (parlé ou écrit) de faits et d'aventures imaginaires. Les contes de fées (comme ceux de Perrault) mettent en scène le merveilleux et font souvent intervenir des fées.

le décor   Lieu ou cadre d'une action, d'un récit ou d'une représentation scénique, qui joue souvent un rôle majeur dans une œuvre littéraire.
EXEMPLES: Le désert dans «L'Hôte» et le musée dans «La Jeune Fille au turban».

le dénouement   Conclusion d'une histoire. Elle peut être inattendue, comique, ironique, ambiguë, etc.

la fable   Petit récit imaginaire destiné à illustrer une morale.
EXEMPLES: Les fables grecques d'Esope et les fables de La Fontaine.

la fonction narrative   Un élément, souvent d'apparence insignifiante, peut avoir une fonction narrative considérable, c'est-à-dire qu'il peut être important pour le développement et le dénouement d'une histoire.
EXEMPLE: Dans un roman policier, un crime (un meurtre, un vol, un enlèvement) peut souvent avoir une fonction narrative essentielle dans la mesure où il crée un mystère que le reste de l'histoire sert à résoudre.

le genre   D'habitude, on parle de trois genres littéraires majeurs: la poésie, la prose et le théâtre. Chacune de ces catégories comprend un certain nombre de sous-genres, comme par exemple, la poésie lyrique, la poésie didactique, la poésie satirique, etc.

l'intrigue *f.*   Action ou ensemble d'événements principaux qui constituent le sujet d'une œuvre narrative ou dramatique.
EXEMPLE: Voici l'intrigue d'*Œdipe* de Sophocle: Sans le savoir, un homme tue son père et épouse sa mère; lorsqu'il découvre la vérité, il se crève les yeux.

l'ironie *f.*   Manière de s'exprimer en disant le contraire de ce qu'on veut faire entendre.

la légende   Récit basé sur un personnage ou des faits réels, mais déformé par l'imagination poétique ou populaire.
EXEMPLE: La légende de Charlemagne, personnage historique qui a été romancé dans la littérature.

la métaphore   Type de comparaison qui, par analogie, donne un sens abstrait à un terme concret. La métaphore fait des rapprochements beaucoup plus intimes qu'une simple comparaison: elle supprime les éléments tels que «comme» pour exprimer les ressemblances.
EXEMPLE: «Ce n'est pas une lumière.» signifie «Cet individu n'est pas très intelligent.» Ici le mot «lumière» renvoie métaphoriquement à l'intelligence.

le montage   Dans le cinéma, opération technique qui consiste à adjoindre les différents plans d'un film. Certains auteurs transposent cette pratique cinématographique dans le domaine littéraire, en insistant sur le visuel dans leurs écrits.

le motif   Phrase, formule, thème caractéristique qui se répète dans une œuvre littéraire, musicale, artistique, etc.
EXEMPLE: Dans l'histoire des «Trois Petits Cochons», le loup demande trois fois d'entrer dans les cabanes des cochons.

le narrateur, la narratrice   Personne qui raconte un récit ou une histoire généralement à la première personne («L'Etrangère» met en scène un «je» narratif) ou à la troisième personne (comme dans «La Belle et la Bête»). La voix du narrateur ou de la narratrice, c'est-à-dire la voix narrative, peut beaucoup influencer l'interprétation des textes. Elle peut avoir des caractéristiques très variées, allant de l'omniscience jusqu'à la faillibilité.

la nouvelle   Récit imaginaire (terme souvent employé comme synonyme de *conte*).

la parabole   Histoire qui exprime indirectement une vérité ou une leçon morale, souvent à l'aide de comparaisons, d'analogies, etc.
EXEMPLE: Selon la Bible, Jésus a souvent employé la parabole dans ses sermons.

le personnage   Héros, héroïne ou toute autre personne représentés dans une œuvre littéraire.
EXEMPLE: La Bête dans «La Belle et la Bête». A ne pas confondre avec le mot «caractère» (personnalité). Par extension, un objet peut aussi jouer le rôle d'un personnage. EXEMPLE: Les vélomoteurs de «La Ronde».

la personnification   L'imputation de caractéristiques humaines à une chose abstraite ou inanimée pour la rapprocher de l'expérience humaine et, par conséquent, pour la rendre plus compréhensible.
EXEMPLE: Dans «Les Mamelles» la mémoire est personnifiée; elle devient une personne qui cherche du bois.

la perspective narrative   Point de vue du narrateur ou de la narratrice qui peut être ironique, lucide, préconçu, etc. (voir *narrateur*).

le récit   Histoire ou narration de faits vrais ou imaginaires, qui est racontée oralement ou par écrit par une voix narrative (voir *narrateur*).

le récit à la première personne   Voir *récit* et *narrateur*.

le référent   Terme d'origine auquel se rapportent d'autres termes.
EXEMPLE: «L'enfant a souri parce qu'il a reçu un biscuit.» Dans cette phrase, le pronom «il» a pour référent le mot «enfant». Quelquefois, il est moins facile de trouver les référents. Dans «La Jeune Fille au turban», Sebbar crée exprès, pour des raisons esthétiques, un pronom «elle» qu'il est possible de renvoyer à trois référents différents.

la scène   (1) Dans un théâtre, lieu où se passe l'action dramatique; décor. (2) On dit aussi «scène» pour indiquer une unité d'action, un épisode.
EXEMPLE (1): Le présentateur d' «Une Consultation» décrit la scène, c'est-à-dire le cabinet du médecin.
EXEMPLES (2): Les pièces de théâtre classiques sont généralement composées de cinq actes et d'un nombre indéterminé de scènes. Il y a dans les romans souvent une scène de déclaration d'amour.

sémantique *adj.*   Qui est lié au sens, à la signification.
EXEMPLE: Le mot «hôte» est intéressant au niveau sémantique, parce qu'il a deux sens contradictoires: il veut dire «personne qui donne l'hospitalité», aussi bien que «personne qui reçoit l'hospitalité». C'est d'habitude le contexte du mot qui indique lequel des sens convient.

le sens propre/littéral et le sens figuré   Selon leur contexte et selon les interprétations qu'ils inspirent, beaucoup de mots peuvent avoir au moins deux significations très différentes: un sens propre et un sens figuré, fertile en métaphores et en comparaisons.
EXEMPLE: Les yeux peuvent être des organes de vue (sens propre) ou des fenêtres sur l'âme (sens figuré).

le stéréotype   Opinion toute faite ou figée.
EXEMPLE: Les Américains croient souvent que les Parisiens sont brusques.

le suspense   Attente angoissée d'une résolution dans un récit, un film ou un spectacle.
EXEMPLE: Les films d'Alfred Hitchcock sont fameux pour leur suspense. Ce n'est qu'au dénouement de leurs histoires que le public peut se libérer de ses sentiments de peur et de malaise.

le thème   Sujet, idée, argument qu'on développe dans une œuvre.
EXEMPLE: Le thème de la passion dans la pièce de Shakespeare intitulée *Roméo et Juliette.*

la tradition narrative   Ensemble de récits qui forment une certaine unité et qui sont transmis de génération en génération (voir *récit*).

Vocabulaire français-anglais

adj. adjective
adv. adverb
arch. archaic
art. article
Can. Canadian
conj. conjunction
f. feminine
fam. familiar, popular
gram. grammatical term
inf. infinitive
interj. interjection
inv. invariable

irreg. irregular
m. masculine
n. noun
pej. pejorative
pl. plural
p.p. past participle
prep. preposition
pron. pronoun
pr.p. present participle
* designates words
   beginning with an
   aspirate *h*

sing. singular
s.o. someone
s.th. something

abaisser to bring down; **s'abaisser** to go down
abandonné(e) *adj.* deserted, abandoned; unconstrained
abandonner to abandon, desert, forsake; to retire; to drop
abattre (*like* **battre**) *irreg.* to kill
abeille *f.* bee
s'abîmer to sink; to be engulfed by the sea
ablation *f.* removal
abondamment *adv.* copiously, abundantly
abondance *f.* abundance, profusion
abondant(e) *adj.* prolific
abord *m.* access, approach; **d'abord** *adv.* at first, first of all, for a start, to begin with
aborder to approach; to accost
aboutir to succeed; to lead (*to s.th.*)
aboyer (il aboie) to bark
abri *m.* shelter; **à l'abri** *adv.* sheltered
abriter to house; to shield
abrupt(e) *adj.* steep
absence *f.* absence; lack
absent(e) *adj.* absent, away; absentminded
s'absenter to go away
absolu(e) *adj.* absolute; total

absolument *adv.* absolutely; strictly
absorbé(e) *adj.* wrapped up, absorbed
s'abstenir de (*like* **tenir**) *irreg.* to keep off; to refrain from (*doing s.th.*)
abstrait(e) *adj.* abstract
absurde *adj.* absurd, preposterous
abus *m.* abuse
acajou *m.* mahogany
acariâtre *adj.* bad-tempered
accabler to overwhelm
accélérateur *m.* accelerator
accélérer (j'accélère) to accelerate, speed up
accentuer to emphasize
accès *m.* access; **avoir accès à** to have access to; **interdire l'accès** to prohibit access
accessoire *m.* accessory
accidenté(e) *adj.* broken
accompagner to accompany; to go with
accomplir to achieve; to carry out; to come true; to fulfill
accord *m.* agreement, understanding; **en accord** in harmony; **se mettre d'accord** to come to an agreement
accorder to grant
accoster to accost; to go up to

accouder to lean
accourir (*like* **courir**) *irreg.* to rush up; to hurry up; to come running
accoutumer to accustom, get s.o. used to s.th.
accroc *m.* tear
accrocher to hang up; to catch
accroître (*p.p.* **accru**) *irreg.* to increase
s'accroupir to squat; to crouch down
accueillir (*like* **cueillir**) *irreg.* to greet; to meet; to accommodate
accumulation *f.* buildup
accumuler to accumulate, gather
accuser to accuse
s'acharner à to work desperately and fiercely at
achat *m.* purchase
acheter (j'achète) to buy
achever (j'achève) to conclude; to end; to finish; **s'achever** to close; to reach completion
acide *adj.* sour
acidité *f.* acidity
acier *m.* steel
acquérir (*p.p.* **acquis**) *irreg.* to acquire; to buy
s'acquitter de to fulfill
acrobate *m.* acrobat
acte *m.* act, action

actif / active *adj.* active
action *f.* action, deed; plot
actuel(le) *adj.* present, current
actuellement *adv.* at present
adapter to adapt; to adjust
adieu *m.* farewell
adjudant *m.* warrant officer
admettre (*like* **mettre**) *irreg.* to admit
administratif / administrative *adj.* administrative
administration *f.* administration, authorities
administrer to govern; to run
admirable *adj.* admirable, wonderful
admirer to admire
adolescent(e) *m., f.* adolescent, teenager
s'adosser à to stand against
adresse *f.* deftness; skill; dexterity
adresser to address (*s.o.*); **adresser la parole à** to address (*s.o.*)
adversaire *m.* opponent
aéroport *m.* airport
affaiblir to weaken
affaire *f.* matter, business; **se tirer d'affaire** to get out of a difficult situation
affaissement *m.* sagging
s'affaisser to sink; to collapse
affecter to affect; to feign
affinité *f.* affinity
affliger (**nous affligeons**) to distress; to grieve
s'affoler to panic; to be driven wild
affreusement *adv.* horribly
affreux / affreuse *adj.* horrible
affront *m.* affront; **faire un affront** to affront
s'affronter to clash
afin de *prep.* in order to; **afin que** *conj.* so that.
africain(e) *adj.* African; **Africain(e)** *m., f.* African (*person*)
Afrique *f.* Africa; **Afrique du Nord** *f.* North Africa

agacer (**nous agaçons**) to irritate; to aggravate (*s.o.*)
âge *m.* age; **à l'âge de cinq ans** at five years old
âgé(e) *adj.* old
agencement *m.* organization
s'agenouiller to kneel
agent *m.* agent; **agent de police** policeman
agir to act; **il s'agit de** it is a matter of; the thing to do is
agitation *f.* restlessness
s'agiter to bustle about; to stir
agrandir to extend; to increase
agréablement *adv.* pleasantly
agressivité *f.* aggressiveness
agricole *adj.* agricultural
ahuri(e) *adj.* stunned; stupefied
aide *f.* help; **à l'aide de** with the help of
aider to help
aïe! *interj.* ouch!
aieule *f.* grandmother
aigre *adj.* sour, sharp
aigrir to embitter
aigu(ë) *adj.* high-pitched
aiguille *f.* peak
ail *m.* garlic
aile *f.* wing
ailleurs *adv.* somewhere else; **d'ailleurs** besides; **nulle part ailleurs** nowhere else; **par ailleurs** otherwise; **partout ailleurs** everywhere else
aimable *adj.* kind, nice
aimer to love; **aimer bien** to like; to be fond of; **aimer mieux** to prefer
aîné(e) *m., f.* older, oldest; pl. elders
ainsi *adv.* thus, in this way
air *m.* look; air; **avoir l'air** to look like; to seem; **le courant d'air** draft
aisance *f.* ease; **à l'aise** *adv.* at ease; **mal à l'aise** uneasy
s'attrouper to gather; to form a crowd

aube *f.* dawn
auberge *f.* inn
aucun(e) *adj., pron.* no, not any
audace *f.* daring, boldness
augmenter to increase
aujourd'hui *adv.* today
aulne *m.* alder
aumône *f.* charity, alms; **demander l'aumône** to beg; **faire l'aumône** to give alms
auparavant *adv.* before, previously
auprès de *prep., adv.* next to; with
auquel *pron. See* **lequel**
aurore *f.* dawn
aussi *adv., conj.* also; **aussi... que** as . . . as
aussitôt *adv.* immediately; **aussitôt que** *conj.* as soon as
autant *adv.* as much as; **d'autant plus que** all the more so
auteur *m.* author
auto *f.* car
autobus *m.* bus
automne *m.* fall
autoriser to give permission
autour de *prep., adv.* around
autre *adj., m.* other, another; **d'autre part** *adv.* on the other hand; **en présence l'un de l'autre** in each other's presence; **entre autres** among other things; **l'autre** the other; **l'un l'autre** each other; **ni l'un ni l'autre** neither of them; **quelqu'un d'autre** someone else; **une autre fois** some other time
autrefois *adv.* in the past
autrui *pron.* others, other people
avaler to swallow
avance *f.* advance; **avoir de l'avance** to lead; **en avance** *adv.* early; **faire des avances** to make advances
avancer (**nous avançons**) to bring forward, move forward; **s'avancer** to move forward
avant *prep., adv.* before; **avant tout, avant toute chose** above all

avantageusement *adv.* favorably, flatteringly
avec *prep.* with
avenant(e) *adj.* pleasant, welcoming
avenir *m.* future
aventure *f.* adventure
s'aventurer to venture
aventureux / aventureuse *adj.* adventurous, bold
aventurier *m.* adventurer
averse *f.* rain shower
avertir to warn
avertissement *m.* warning
aveu *m.* admission
aveugle *adj.* blind
aveugler to blind; s'aveugler to be blind to
aviateur *m.* aviator
avidement *adv.* eagerly
avidité *f.* eagerness, avidity
aviron *m.* paddle
avironner to paddle (*Can.*)
avis *m.* opinion, judgment; changer d'avis to change one's mind; donner un avis to give one's views; être d'avis to believe
aviser to notice; s'aviser de to become suddenly aware; to dare to (*do s.th.*)
s'aviver to brighten up
avocat *m.* lawyer; avocat général prosecuting attorney
avoine *f.* oats
avoir (*p.p.* eu) *irreg.* to have; avoir à to have to; avoir à l'œil to keep an eye on; avoir beau however much; avoir besoin de to need; avoir de la chance to be lucky; avoir dessein de to intend; avoir du mal à to have trouble (*doing s.th.*); avoir l'air to look, seem; avoir loisir de to have time; avoir mal to hurt; avoir peine à to have difficulties; avoir peur to be afraid; avoir raison to be right; en avoir froid dans le dos to

have shivers down to one's spine; en avoir vu d'autres to have seen worse things
avouer to confess; to admit
azur *m.* azure

babines *f., fam.* chops; se lécher les babines to lick one's chops
badinage *m.* jesting
bafouiller to splutter
bagatelle *f.* knickknack, small thing
bague *f.* ring
baguette *f.* wand, stick
baigner to bathe
bain *m.* bath
baïonnette *f.* bayonet
baisser to lower
bal *m.* ball
balancer to swing; to balance
balayer (je balaie) to sweep
balbutier to mumble
balcon *m.* balcony
Bâle Basle (*city in Switzerland*)
ballant(e) *adj.* dangling
balle *f.* ball; bullet; saisir la balle au bond to jump at the opportunity
bandage *m.* bandage
bande *f.* gang
bandoulière: en bandoulière slung across the shoulder
banquet *m.* dinner, banquet
barbare *adj.* barbarian
barbe *f.* beard
barbu(e) *adj.* bearded
barioler to streak with bright colors
barque *f.* small boat
barre *f.* bar; barre de chocolat chocolate bar
barrière *f.* fence
bas(se) *adj.* low; *adv.* low; au bas de at the foot of; à voix basse in a low voice; en bas down below; table (*f.*) basse coffee table; tout bas in a low voice
basané(e) *adj.* tanned

bascule: fauteuil (*m.*) à bascule rocking chair
basculer to rock
bataille *f.* battle
bateau *m.* boat
batelier *m.* boatman
bâtiment *m.* building
bâtir to build
battant *m.* door, flap
battement *m.* pounding, flapping
battre (*p.p.* battu) *irreg.* to beat; to pound; battre des mains to clap; battre en retraite to retreat; battre la chamade to beat widly (*heart*); battre son plein to be at its height; machine (*f.*) à battre threshing machine
béant(e) *adj.* wide open
beau (bel, belle [beaux, belles]) *adj.* beautiful; on a beau dire say what you like
beaucoup *adv.* very much; a lot of
beauté *f.* beauty
bébé *m.* baby
bec *m.* beak
bécassine *f.* snipe
bêche *f.* shovel
bénévole *adj.* voluntary
berbère *adj.* Berber
berceau *m.* cradle
bercer (nous berçons) to rock
berger / bergère *m., f.* shepherd
besogne *f.* task
besoin *m.* need; au besoin, s'il en est besoin if necessary; avoir besoin de to need
bestiole *f.* creature
bête *f.* beast; *adj.* silly, stupid
bêtement *adv.* stupidly; quite simply
bêtise *f.* folly; faire une bêtise to do s.th. stupid
beurre *m.* butter
bibliothèque *f.* library
bicyclette *f.* bicycle
bien *adv.* well; very much; really; bien au contraire quite the

contrary; **bien de** a lot of;
bien entendu of course; **bien
que** although; **bien sûr** of
course; **c'est bien une erreur**
it is definitely an error;
ou bien or
bien *m.* good; *pl.* wealth
bientôt *adv.* soon
biner to hoe
biscotte *f.* toast
bizarrement *adv.* strangely
bizzareries *f. pl.* peculiarities
blanc(he) *adj.* white; **d'une voix
blanche** in a toneless voice
blé *m.* wheat
blesser to hurt; to injure
blessure *f.* wound
bleu(e) *adj.* blue
bleuet *m.* cornflower
bleuté(e) *adj.* bluish
blond(e) *adj.* blond, fair
bloquer to jam
se **blottir** to curl up
blouson *m.* jacket
bœuf *m.* ox
boire (*p.p.* **bu**) *irreg.* to drink
bois *m.* wood
boisson *f.* drink
boîte *f.* box
boiteux / boiteuse *adj.* wobbly
bol *m.* bowl
bombé(e) *adj.* rounded
bon(ne) *adj.* good; **bon débarras**
interj. good riddance; **bon sens**
m. common sense; **de bon cœur**
voluntarily; **de bon appétit**
heartily; **de bonne heure** early;
être de bonne foi to be sincere;
faire bonne chère to eat well
bonbon *m.* candy
bond *m.* leap; **saisir la balle au
bond** to jump at the
opportunity
bondir to jump; to leap
bonheur *m.* happiness
bonhomme *m.* fellow
bonne *f.* maid
bonnet *m.* hat
bonté *f.* kindness

bord *m.* side; edge; **à bord de**
aboard; **au bord de** at the edge
of; on the verge of
border to edge; to border
bordure *f.* edge; **en bordure**
alongside
bosquet *m.* copse
bosse *f.* hump
bossu(e) *adj.* hunchbacked
botte *f.* boot
bottine *f.* small boot
bouche *f.* mouth; **bouche de
métro** subway entrance
bouché(e) *adj.* overcast
bouchée *f.* mouthful
boucher *m.* butcher
boucle *f.* curl
boucler to curl; to lock up
boudeur / boudeuse *adj.* sulky
boue *f.* mud
bouffir to puff up
bouger (**nous bougeons**) to move,
stir
bouillie *f.* mush, gruel
bouilloire *f.* kettle
boulanger / boulangère *m., f.*
baker
boulangerie *f.* bakery
boule *f.* ball
boulette *f.* blunder
bouleverser to shatter
bourdon *m.* bumblebee
bourdonnement *m.* humming
bourdonner to hum
Bourgogne *f.* Burgundy
bourre *f.* stuffing; wad
bourreau *m.* torturer
bousculade *f.* hustle
bousculer to bump into
bout *m.* end; **à bout de bras** at
arm's length; **au bout de** at the
end of; **un bon bout de temps**
quite a while; **un bout de
chemin** part of the way; **venir à
bout de** to overcome
bouteille *f.* bottle
boutique *f.* shop
braire (*p.p.* **brait**) *irreg.* to bray
brancard *m.* stretcher

branche *f.* branch
bras *m.* arm; **à bout de bras** at
arm's length; **les bras croisés**
with one's arms folded
brasier *m.* furnace
brave *adj.* good, nice; **un brave
homme** a good man
bredouille *adj.* empty-handed
bref / brève *adj.* brief; *adv.* in
short; anyway
brésilien(ne) *adj.* Brazilian;
Brésilien(ne) Brazilian
(*person*)
Bretagne *f.* Brittany
bretelle *f.* strap
breton(ne) *adj.* from Brittany;
Breton
bride *f.* bridle; fragment
bridé(e) *adj.* slanting
brigand *m.* bandit
brillant(e) *adj.* sparkling;
brilliant
briller to shine
brique *f.* brick
briser to break
broder to embroider
broncher to stumble
brouhaha *m.* hubbub
brouiller to blur; se **brouiller avec**
to quarrel with
broyer (**je broie**) to crush
bruit *m.* noise
brûler to burn
brume *f.* mist
brun(e) *adj.* brown
brusquement *adv.* suddenly,
abruptly
brutalement *adv.* roughly
brutaliser to bully
bruyamment *adv.* noisily
buée *f.* steam
buffet *m.* cabinet
bureau *m.* office; desk
buste *m.* chest
buté(e) *adj.* stubborn
buter to stumble on
butte *f.* mound; **être en butte à** to
be exposed to
buveur *m.* drinker

ça *pron.* that; it; **ça fait deux jours** it has been two days; **ça m'est égal** I do not care; **ça va** I am fine

çà et là *adv.* here and there

cabane *f.* hut, cabin

cabinet *m.* office

cacher to conceal; **se cacher** to hide

cachette *f.* hiding place

cachot *m.* dungeon, prison

cadavre *m.* corpse

cadeau *m.* gift; **faire cadeau de** to give (*s.th.*) as a gift

cadence *f.* rhythm

cadencé(e) *adj.* rhythmical

cadet(te) *adj.* younger, youngest

cadran *m.* dial

cadre *m.* setting, environment; **dans le cadre de** within

café *m.* café; coffee

cage (f) thoracique rib cage

cageot *m.* crate

cahot *m.* bump

caillou *m.* stone

calcaire *adj.* chalky

calciné(e) *adj.* charred

calculer to estimate

calebasse *f.* gourd

calendrier *m.* calendar

calfeutrer to protect; **se calfeutrer** to shut oneself up

califourchon: à califourchon *adv.* astride

calme *adj., m.* calm

calotte *f.* skullcap

camarade *m., f.* friend, pal

Cameroun *m.* Cameroon

camion *m.* truck

camionnette *f.* pickup

camp *m.* camp; **lit** (*m.*) **de camp** campbed; **passer dans l'autre camp** to go over to the other side

campagne *f.* country

canadien(ne) *adj.* Canadian; **Canadien(ne)** *m., f.* Canadian (*person*)

canapé *m.* sofa

candeur *f.* naivete

canne *f.* stick

canon *m.* barrel

canot *m.* canoe

cantine *f.* tin trunk

cantonner to confine; **se cantonner à** to confine oneself to

capable de capable of

caporal *m.* corporal

capot *m.* hood (*car*)

capote *f.* greatcoat

caprice *m.* whim

capter to capture; to pick up

capuchon *m.* hood

car *conj.* because, for

caractère *m.* character; nature

Caraïbes *f. pl.* the Caribbean

carapace *f.* shell

carcan *m.* constraint

carder to card (*wool*)

caresser to stroke; to flatter

carré(e) *adj.* square

carrefour *m.* intersection

carreler (je carrelle) to tile

carrément *adv.* bluntly; straight out

carte *f.* map

carton *m.* box

cas *m.* case; **au cas où** *conj.* in case; **en aucun cas** *adv.* under no circumstances; **en tout cas** *adv.* in any case

cascade *f.* waterfall

case *f.* hut

casque *m.* helmet

casquette *f.* cap

casser to break; **se casser la figure** to fall

catégorique *adj.* categorical

cause *f.* cause, reason; **à cause de** *prep.* because of; **remettre en cause** to question

causer to talk; to bring about

cavalcade *f.* stampede

cavalier *m.* rider

caverne *f.* cave

ce (cet, cette, ces) *adj.* this, that, these, those

ceci, cela *pron.* this, that

céder (je cède) to give up; to yield

cèdre *m.* cedar

ceindre (*like* **peindre**) to gird

ceinture *f.* belt

célèbre *adj.* famous

céleste *adj.* celestial

celui (ceux, celle, celles) *pron.* the one(s)

cendre *f.* ash

cent *m. adj.* hundred; **faire les cent pas** to pace up and down

centième *adj.* hundredth

centre *m.* center

cépée *f.* bush

cependant *adv.* however, nevertheless

cercle *m.* circle

cérémonie *f.* ceremony

cerise *f.* cherry

cerisier *m.* cherry tree

certain(e) *adj.* certain; some

certes *adv.* most certainly

certitude *f.* certainty

cesser to stop; to cease; **sans cesse** continually

chacun(e) *pron.* each one; each one of

chagrin *m.* sorrow, grief; **avoir du chagrin** to be grieved; **donner du chagrin** to cause grief; **d'un air chagrin** sadly

chagriner to cause grief; to upset

chaîne *f.* chain

chair *f.* flesh

chaise *f.* chair

chaleur *f.* heat

chaloupe *f.* launch (*boat*)

chamade: battre la chamade to beat wildly (*heart*)

chambre *f.* bedroom

champ *m.* field; sphere; **champ de bataille** battlefield

chance *f.* luck; **avoir de la chance** to be lucky; **par chance** fortunately; **tenter sa chance** to try one's luck

chandail *m.* sweater

chandelle *f.* candle

changement *m.* change

changer (nous changeons) to change; **changer d'avis** to change one's mind; **se changer en** to turn into

changeur *m.* money changer

chanson *f.* song

chant *m.* song; singing

chanter to sing

chapeau *m.* hat

chapelet *m.* rosary; **égrener son chapelet** to say the rosary

chaque *adj.* each, every

charbon *m.* coal

charger to load

charnu(e) *adj.* fleshy

chasse *f.* hunting

chasser to hunt; to drive away

chat(te) cat

châtaigne *f.* chestnut

châtaignier *m.* chestnut tree

château *m.* castle

châtier to punish

châtiment *m.* punishment

chaud(e) *adj.* warm; hot

chauffer to heat

chauffeur *m.* driver

chaussée *f.* road

chausser to put on shoes

chaussette *f.* sock

chef *m.* head; leader

chemin *m.* way, road; **chemin de fer** railroad; **chemin de terre** dirt track; **rebrousser chemin** to turn back

chemineau *m.* vagabond

cheminée *f.* chimney

cheminer to walk along

chemise *f.* shirt

chemisier *m.* blouse

chêne *m.* oak tree

cher / chère *adj.* dear; **coûter cher** to be expensive

chercher to look for; to go and get (*s.th.*); **chercher à** to try to do (*s.th.*)

chère *f.* food; **faire bonne chère** to eat well

cheval *m.* horse

chevaucher to ride (*horse*)

chevelure *f.* hair

cheveu *m.* hair; **épingle** (*f.*) **à cheveux** hairpin

cheville *f.* ankle

chèvre *f.* goat

chevreuil *m.* deer

chevrotine *f.* buckshot

chez *prep.* at the home of

chien *m.* dog

chiffonner to crease

chignon *m.* bun (*hair*)

chimère *f.* chimera, dream

Chine *f.* China; **encre** (*f.*) **de Chine** india ink

chinois(e) *adj.* Chinese

choc *m.* shock

chocolat *m.* chocolate; **pain** (*m.*) **au chocolat** croissant with a chocolate filling

choisir to choose

choix *m.* choice

choquer to shock

chose *f.* thing; **autre chose** something else; **avant tout chose** above all; **c'est chose faite** it's done; **quelque chose** something

chrétien(ne) *m., adj.* Christian

chuchotement *m.* whisper

chute *f.* fall

cidre *m.* cider

ciel *m.* sky; heavens; **sous tous les cieux** beneath all skies

cil *m.* lash; **battement** (*m.*) **de cils** fluttering of lashes

ciment *m.* cement

cimenter to cement

cimetière *m.* cemetery

cinabre *m.* cinnabar; red color

cinéma *m.* movies; movie theater

cinq *adj., m.* five

cinquante *adj., m.* fifty

circulation *f.* traffic; circulation

ciseler (je cisèle) to chisel

cité *f.* city

clair(e) *adj.* clear; **clair de lune** moonlight

clairière *f.* clearing

claquement *m.* clapping

clarinette *f.* clarinet

classe *f.* class; **salle** (*f.*) **de classe** classroom

clavecin *m.* harpsichord

clé *f.* key; **fermer à clé** to lock

client(e) *m., f.* client; patient

clin (*m.*) **d'œil** wink

clinique *f.* clinic

clocher *m.* steeple

clochette *f.* bell

cloison *f.* partition

clopiner to hobble

clouté: passage (*m.*) **clouté** pedestrian crossing

coasser to croak

cochère: porte (*f.*) **cochère** carriage entrance

coépouse *f.* other wife

cœur *m.* heart; **avoir bon cœur** to be kindhearted; **battement** (*m.*) **de cœur** heartbeat; **de bon cœur** voluntarily; **de tout son cœur** with all one's heart; **le cœur serré** with a heavy heart; **par cœur** by heart

coffre *m.* chest

cogner to knock; to hit; to beat up; **cogner dessus** to hit violently; **se cogner** to bump into

coiffe *f.* headdress

coiffer to style; **coiffé de** wearing

coiffure *f.* hairstyle

coin *m.* corner; area; **du coin de l'œil** out of the corner of one's eye; **sourire** (*m.*) **en coin** half smile

coincé(e) *adj.* ill-at-ease

coincer (nous coinçons) to jam; to stick

col *m.* collar

colère *f.* anger; **se mettre en colère** to get angry

coller to stick; **être collant** to cling

collet *m.* collar, neck

colline *f.* hill

colonne *f.* column; **colonne d'air** airstream

coloré(e) *adj.* colorful

combat *m.* fight

combien *adv., conj.* how much, how many

combler to fill in

commandement *m.* command

commander to command; to order

comme *adv.* as, like; such as; *conj.* as, just as; seeing that, since; *interj.* how; **comme il faut** properly; **comme si** as if, as though

commencer (nous commençons) to begin

comment *adv.* how; *interj.* what; **comment ça va** how are you; **comment cela** how so; **comment se fait-il** how is it

commerce *m.* commerce; trade

commercial(e) *adj.* commercial; trading

commettre (*like* **mettre**) *irreg.* to commit

commisération *f.* commiseration, pity

commissure *f.* commissure; point of junction

commodément *adv.* comfortably

commun(e) *adj.* common; **hors du commun** above average

communauté *f.* community

commune *f.* small territorial division

communicant *p.pr.* of **communiquer** communicating

compact(e) *adj.* compact, dense

compagne *f.* female companion; partner (in life); wife

compagnie *f.* company; **tenir compagnie à quelqu'un** to keep s.o. company

compagnon *m.* male companion, comrade, fellow; partner (in life); husband

comparaison *f.* comparison

comparer to compare; **se comparer** to compare oneself

compassion *f.* compassion, pity

compatir to sympathize with, feel for

compatriote *m., f.* compatriot

complaisance *f.* complaisance, obligingness

complaisant(e) *adj.* obliging, complaisant

complémentaire *adj.* complementary

complet *m.* suit (*of clothes*)

complet / complète *adj.* complete, entire

complètement *adv.* completely, entirely

complexe *adj.* complex; complicated

complexion *f.* complexion; temperament

complice *m., f.* accomplice

complicité *f.* complicity

compliquer to complicate; **se compliquer** to become complicated

complot *m.* plot, conspiracy

comportement *m.* behavior, conduct

comporter to comprise; to require; **se comporter** to behave

composer to make up; to compose; **nom** (*m.*) **composé** compound noun; **se composer de** to consist of

compréhensible *adj.* comprehensible, understandable

compréhension *f.* understanding

comprendre (*like* **prendre**) *irreg.* to understand; to comprise, include

se compromettre (*like* **mettre**) *irreg.* to compromise oneself

compromis *m.* compromise

compte *m.* calculation; count; **avoir son compte** to be done for; **se rendre compte de** to realize, understand

compter to count; to include; **à pas comptés** with measured tread

comptoir *m.* counter; bar

comte *m.* Count

concentré(e) *adj.* concentrated

concentrer to concentrate; **se concentrer** to concentrate

conception *f.* conception, idea

concernant *prep.* concerning, about, regarding

concerner to concern; to affect; **en ce qui concerne** concerning; with regard to

concert *m.* musical entertainment

se concerter to act in concert; to contrive

concevoir (*like* **apercevoir**) *irreg.* to conceive; to understand; to imagine

conciliant(e) *adj.* conciliating, conciliatory

concision *f.* concision, conciseness, brevity

conclure (*p.p.* **conclu**) *irreg.* to conclude, come to a conclusion, infer; to end; bring to a conclusion

conclusion *f.* conclusion, end

concours *m.* competition

concrètement *adv.* concretely

concrétiser to put (*idea, question*) in concrete form

condamner to condemn

condensé(e) *adj.* condensed

condisciple *m., f.* fellow student

condition *f.* condition, state; **à cette condition** on these terms; **à condition que** providing, provided that

condoléances *f. pl.* condolences, (offer one's) sympathy

conduire (*p.p.* **conduit**) *irreg.* to conduct, lead; **conduire un bateau** to steer a boat

conduite *f.* behavior

confectionner to make

confédération *f.* confederation, confederacy

confesser to confess; to plead guilty

confidentiel(le) *adj.* confidential

confidentiellement *adv.* confidentially

confier to entrust

confins *m. pl.* confines, borders; limits

confiseries *f. pl.* candy

confisquer to confiscate, seize

conflit *m.* conflict, struggle

confondre to confound; to mistake, confuse; **se confondre en excuses** to apologize profusely

se conformer to conform; to comply with

confortable *adj.* comfortable, cozy

confronter to confront; **se confronter** to face, encounter

confus(e) *adj.* confused, mixed, chaotic, jumbled

confusément *adv.* confusedly, vaguely

confusion *f.* confusion, jumble; embarrassment

congédier to dismiss

congeler (je congèle) to freeze

conjoint(e) *m., f.* husband, wife

conjonction *f.* conjunction

connaissance *f.* acquaintance; knowledge; **faire la connaissance de** to make (*s.o.'s*) acquaintance, meet (*s.o.*); **sans connaissance** unconscious

connaisseur / connaisseuse *adj.* expert, connoisseur

connaître (*p.p.* connu) *irreg.* to know; to be acquainted with; to be familiar with; to experience; to have

connu(e) *adj.* well-known, famous

conquérir (*p.p.* conquis) *irreg.* to conquer

conquête *f.* conquest

consacrer to establish; to dedicate; **consacrer du temps** to devote one's time

conscience *f.* conscience; **conscience nette** clear conscience; **mauvaise conscience** guilty conscience; **prendre conscience de** to be conscious, aware of

conscient(e) *adj.* conscious, aware

conseil *m.* advice

conseiller to advise

conseiller / conseillère *m., f.* adviser

consentir (*like* dormir) *irreg.* to consent, agree

conséquent: par conséquent *adv.* therefore, consequently

conserver to keep; **se conserver** to keep

considérable *adj.* long; significant

considérablement *adv.* considerably, significantly

considérer (je considère) to look at; to regard

consigne *f.* instruction, order

consister to consist of; to be composed of

consolation *f.* consolation, comfort

consoler to console, comfort

consommateur / consommatrice *m., f.* consumer

consommé(e) *adj.* consummate; accomplished

consonne *f.* consonant

constater to discover

consterné(e) *adj.* dismayed

constituer to constitute, form, make (up)

construction *f.* construction; building

construire (*like* conduire) *irreg.* to construct

consultation *f.* visit to a doctor; **cabinet** (*m.*) **de consultation** doctor's office

consulter to consult; to look; to take medical advice

consumer to burn up

conte *m.* story, tale; *pl.* short stories; **conte de fées** fairytale

contenance *f.* countenance

contenir (*like* tenir) *irreg.* to contain; to hold

content(e) *adj.* happy, pleased

se contenter de to be satisfied with

contenu *m.* content

contenu(e) *p.p.* of **contenir** held

conter to tell

contestable *adj.* debatable, questionable

conteur / conteuse *m., f.* narrator, storyteller

contexte *m.* context; background

contigu(ë) *adj.* contiguous, adjacent

continuer to continue, go on with

contorsion *f.* contortion, twisting

contour *m.* outline, contour

contourner to pass round

contracter to contract, enter into

contradiction *f.* contradiction, inconsistency

contradictoire *adj.* contradictory, inconsistent

se contraindre (*like* craindre) *irreg.* to force oneself

contrainte *f.* constraint, restraint

contraire *adj.* contrary, opposed; *m.* contrary, opposite; **au contraire** on the contrary

contrairement à *adv.* contrary to

contraste *m.* contrast

contraster to contrast

contre *prep.* against; close to; in exchange for; *adv.* against; **par contre** on the other hand

contrebande *f.* smuggling

contrebandier *m.* smuggler

contrefaire (*like* faire) *irreg.* to feign

contribuer to contribute

contrôler to control

convaincant(e) *adj.* convincing

convaincu(e) *adj.* convinced

convenable *adj.* suitable, appropriate

convenir (*like* venir) *irreg.* to fit, suit

convention *f.* convention, agreement

conventionnel(le) *adj.* conventional, traditional

conversion *f.* conversion, change

conviction *f.* conviction; **pièce** *(f.)* **à conviction** object produced in evidence

convier to invite

convoiter to covet, desire

convoitise *f.* covetousness, desire

coopération *f.* cooperation

copain / copine *m., f., fam.* friend, pal; **petit copain** boyfriend

copeau *(m.)* **de terre** bits of earth

copier to copy

coq *m.* rooster

coque *f.* hull, bottom *(of a ship)*

coquin(e) *m., f.* rascal

corde *f.* cord, rope; string

cordelette *f.* small cord, string

cordon *m.* strand

corne *f.* horn; **prendre le taureau par les cornes** to take the bull by the horns

cornemuse *f.* bagpipe

corolle *f.* corolla; **en corolle** in form of a corolla

corporation *f.* corporation, corporate body

corporel(le) *adj.* corporal

corps *m.* body; corpse

corpulence *f.* corpulence, stoutness

correspondre to correspond; to fit with

corridor *m.* hall, corridor

corriger (nous corrigeons) *m.* to correct; to cure

corrompre *(like* **rompre)** *irreg.* to corrupt

corrompu(e) *adj.* corrupted

Corse *f.* Corsica

corse *adj.* Corsican

Corte *city in Corsica*

corvée *f.* chore; **quelle corvée** *interj.* what a drag

costaud(e) *adj.* strong, sturdy

costume *m.* costume, dress

côte *f.* coast; **côte à côte** next to each other

côté *m.* side; **à (au) côté de** *prep.* next to; **de côté** *adv.* sideways; **de l'autre côté** across; **l'un à côté de l'autre** next to each other; **passer du côté de** to take sides; **se retourner sur le côté** to turn over on one's side

côtier / côtière *adj.* coastal

coton *m.* cotton

cotonneux / cotonneuse *adj.* cottony

cou *m.* neck

couchant *m.* sunset; west; **soleil** *(m.)* **couchant** setting sun, sunset

couche *f.* bed; layer

coucher to lay down; **chambre** *(f.)* **à coucher** bedroom; **coucher en joue** to aim a gun; **se coucher** to go to bed

coucher: au coucher du soleil at sunset

coudre *(p.p.* **cousu)** *irreg.* to sew

coulée *f.* running, flow *(of liquid)*; casting, tapping *(of molten metal)*

couler to flow, run

couleur *f.* color

couloir *m.* corridor, hall, passage

coup *m.* blow; knock; stroke; **à coup de** with; **à coup sûr** definitely; **coup d'accélérateur** speed; **coup d'aile** stroke, flap of the wing; **coup de baïonnette** thrust; **coup de bâton** blow *(with a stick)*; **coup de feu** shot; **coup de frein** brake; **coup de fusil** gunshot; **coup d'œil** glance; **coup de pied** kick; **coup de poing** punch; **coup de stylet** stab; **coup de vent** gust, blast of wind; **coup de vin** drink of wine; **tout à coup** suddenly; **tout d'un coup** suddenly

couper to cut

cour *f.* courtyard; court *(of a sovereign)*; **faire la cour à** to court *(a girl)*

courageux / courageuse *adj.* courageous

courant *m.* current; **courant d'air** draft

courbe *f.* curve

courber to bend; **se courber** to bow, bend; to stoop

courir *(p.p.* **couru)** *irreg.* to run; to roam; **courir un danger** to be in danger

couronne *f.* crown

cours *m.* course; **au cours de** during; in; **cours d'eau** river, watercourse

course *f.* run, running; trip; path, way

court(e) *adj.* short

courtisan *m.* courtier

courtisane *f.* courtesan; prostitute

cousin(e) *m., f.* cousin

couteau *m.* knife

coûter cost; **coûter cher à quelqu'un** to pay dearly for it

coutume *f.* custom, habit

couvert *m.* place setting; fork and spoon

couvert(e) *adj.* covered; **faire feu à couvert** to shoot under cover; **parler à mots couverts** to speak in veiled terms

couverture *f.* cover; blanket

couvrir *(like* **ouvrir)** *irreg.* to cover

crabe *m.* crab

cracher to spit

craie *f.* chalk

craindre *(p.p.* **craint)** *irreg.* to fear, be afraid of

crainte *f.* fear; **de crainte de / que** lest

craquer to make a cracking sound; to crack up

cravate *f.* necktie

credo *m.* Apostles' Creed *(prayer)*

créer to create

crêpelé(e) *adj.* curly, frizzy

crépi *m.* roughcast *(plaster mixed with shells or pebbles)*

crépu(e) *adj.* wooly, frizzy

crépuscule *m.* dusk, twilight

creuser to dig; **creuser un sillon** to plow a furrow

creux / creuse *adj.* hollow; *m.* hollow

crevasse *f.* crack, fissure
crever (je **crève**) to burst; to die; **se crever les yeux** to put out s.o.'s eyes
cri *m.* cry; shout, scream; **jeter / pousser les hauts cris** to make loud protests; **pousser un cri perçant** to scream
crier to shout; to call out; to yell
criminel(le) *m., f.* criminal; murderer
crise *f.* crisis; attack
crisser to make a grating (grinding) sound
cristal *m.* crystal
cristallin(e) *adj.* crystalline; *(of sound)* as clear as a bell
critère *m.* criterion
critique *m., f.* critic
croc *m.* (meat) hook; fang
croire (*p.p.* **cru**) *irreg.* to believe; to think
croisement *m.* crossing
croiser to meet, pass (*s.o.*); **croiser les bras** to fold one's arms; **se croiser** to meet and pass (*s.o.*)
croisière *f.* cruising
crosse *f.* butt (*of rifle*); grip (*of pistol*)
crouler to collapse
croûte *f.* crust
croyance *f.* belief
cruauté *f.* cruelty
cruel(le) *adj.* cruel; crude (*light*)
crustacé *m.* crustacean; *adj.* with a crust
cueillir *irreg.* to pick
cuir *m.* leather
cuire (*p.p.* **cuit**) *irreg.* to cook; **en terre cuite** terra cotta
cuisine *f.* kitchen; cooking
cuisinier / cuisinière *m., f.* cook
cuisse *f.* thigh
cuisson *f.* cooking
cuivre *m.* copper
culbuter to overturn
culminant(e) *adj.* culminating, **point** (*m.*) **culminant** highest point

culpabilisant(e) *adj.* producing a feeling of culpability
culpabilité *f.* guilt, culpability
culte *m.* worship
cultiver *f.* to cultivate; to grow
culture *f.* cultivation; culture, education; background
cumulé(e) *adj.* added up
curé *m.* parish priest
curieux / curieuse *adj.* curious; odd, peculiar; *interj.* odd

daim *m.* deer
Dakar *capital of Senegal*
dame *f.* lady; **dame oui** *interj.* yes; **dame** *interj.* goodness
damné(e) *adj.* damned; cursed
danger *m.* danger; **courir un danger** to be in danger
dangereusement *adv.* dangerously
dangereux / dangereuse *adj.* dangerous
dans *prep.* in; inside; within; during; **dans le monde** in society; **dans les règles** according to the rules; **être dans le même sac** to be in the same boat
danse *f.* dance
danser to dance
danseur / danseuse *m., f.* dancer
dater de to date from
datte *f.* date (*from the date tree*)
Dau *Vietnamese new year*
davantage *adv.* more
de *prep., art.* from; of; made of; to
débâcle *f.* downfall, collapse
débarras *m.* riddance; **bon débarras** *interj.* good riddance
se débarrasser to get rid of
se débattre (*like* **battre**) *irreg.* to struggle
débauché(e) *m., f.* debauchee
débiter to cut up; to recite; **débiter des âneries** to talk rubbish
déboire *m.* disappointment
déborder to overflow; **c'est la goutte d'eau qui fait déborder le vase** it's the last straw

déboucher sur to run into
debout *adv., adj.* standing; upright; **se tenir debout** to stand
début *m.* beginning; **dès le début** from the outset
décalcification *f.* decalcification, loss of bone mass
décapiter to decapitate, behead
décédé(e) *adj.* deceased
déceler (je **décèle**) to find
déception *f.* disappointment
décès *m.* death
décharger to unload
déchet *m.* waste
déchiffreur / déchiffreuse *m., f.* decipherer
déchiré(e) *p.p.* of **déchirer** torn
déchirement *m.* heartbreak; tearing
déchirure *f.* tear
décidément *adv.* resolutely; definitely
décider to decide; **se décider** to make up one's mind
décisif / décisive *adj.* decisive
déclarer to declare; to proclaim
déclencher to produce; to trigger
déclic *m.* click
décolleté *m.* neckline
décoloré(e) *p.p.* of **décolorer** discolored
déconcerté(e) *adj.* disconcerted
décor *m.* set, setting
décoratif / décorative *adj.* decorative, ornamental
décorer to decorate, ornament
découragé(e) *adj.* discouraged
décourageant(e) *adj.* discouraging, depressing
découragement *m.* discouragement
découvert(e) *adj.* uncovered; **ciel** (*m.*) **découvert** blue sky
découverte *f.* discovery
découvrir (*like* **ouvrir**) *irreg.* to discover; to perceive, detect; to uncover; to expose
décrire (*like* **écrire**) *irreg.* to describe

décrocher to lose contact with reality

déçu(e) *p.p.* of **décevoir** disappointed

dédaigner to scorn, disdain

dédain *m.* disdain, scorn

dedans *prep., adv.* inside; **usé en dedans** worn out from the inside

se dédire (*like* **dire** *except* **vous dédisez**) *irreg.* to take back; to retract

dédommagement *m.* compensation

déduction *f.* deduction, inference

défaillant(e) *adj.* failing

défaire (*like* **faire**) *irreg.* to undo; **se défaire** to undress; **se défaire de** to get rid of

défaite *f.* defeat

défaut *m.* fault; defect

défavorable *adj.* unfavorable

défendre to defend; to forbid; **se défendre** to defend, protect oneself; to fight

défense *f.* defense; interdiction; **défense de** interdiction of; **défense de fumer** no smoking

défensive *f.* defensive; **être sur la défensive** to stand on the defensive

déférent(e) *adj.* deferential

définir to define; **se définir** to define oneself

définitif / définitive *adj.* definitive, final

définitivement *adv.* definitely

déformer to deform, distort

défunt(e) *m., f.* defunct, deceased

se dégager (**nous nous dégageons**) to emerge

se dégonfler to collapse; *fam.* to chicken out

dégouliner to trickle

dégoût *m.* disgust, distaste

dégoûter to disgust **se dégoûter** to take a dislike

degré *m.* (**de parenté**) degree

déguster to drink with relish

dehors *adv.* out, outside; **en dchors** outside

déjà *adv.* already

déjeuner *m.* lunch

se délecter to take delight in

délicat(e) *adj.* delicate

délicatement *adv.* delicately

délier to untie, undo; **l'alcool lui déliait la langue** alcohol loosened his tongue

délimité(e) *p.p.* of **délimiter** delimited; defined

délinquance *f.* **juvénile** juvenile delinquency

délit *m.* misdemeanor; **surpris en flagrant délit** caught in the act

délivrance *f.* deliverance, release

demain *adv.* tomorrow; in the future

demande *f.* request; wish, desire; **demande de passeport** application for a passport; **demande en mariage** marriage proposal

demander to ask; to desire; **demander l'aumône** to beg; **je vous demande un peu** *interj.* I ask you; **se demander** to wonder

démarches *f. pl.* process, procedure

démarrer to start

démêlés *m., pl.* problems; **les démêlés avec la loi / la justice** to be in trouble with the law / police

déménagement *m.* moving; **camion** (*m.*) **de déménagement** moving truck

déménager (**nous déménageons**) to move

demeure *f.* house

demeurer to remain; to live, reside

demi(e) *adj.* half; **à demi mort** half dead; **et demi(e)** half hour

demoiselle *f.* unmarried woman; young lady

démoli(e) *p.p.* of **démolir** demolished, pulled down

démon *m.* devil

démonstration *f.* demonstration; show

démontrer to demonstrate

dénoncer (**nous dénonçons**) to denounce; **se dénoncer** to give oneself up

dénoter to indicate, show

dénouement *m.* conclusion

dénouer to untie, unknot

denrées *f. pl.* produce; commodities

dent *f.* tooth; **serrer les dents** to grit one's teeth

dentelle *f.* lace; has the appearance of lace

dénudé(e) *adj.* bare

départ *m.* departure

département *m.* department, administrative subdivision

dépasser to pass, go beyond

dépaysement *m.* disorientation

se dépêcher to hurry

dépeindre (*like* **peindre**) *irreg.* to depict, describe

dépit: en dépit de in spite of

déplacement *m.* displacement

déplacer (**nous déplaçons**) to change the place of (*s.th.*)

déplaire (*like* **plaire**) *irreg.* to displease

déplaisant(e) *adj.* unpleasant, disagreeable

déplorer to deplore, regret

déployer (**je déploie**) to unfold

déposer to lay, put down

dépositaire *m., f.* depository; possessor

dépouille *f.* skin, hide; **dépouille mortelle** mortal remains

dépouillé(e) *adj.* bare

dépourvu(e) *adj.* devoid, without

dépression *f.* hollow

déprimé(e) *adj.* depressed

depuis *prep., conj.* since; for; from; **depuis le matin jusqu'au soir** from morning till night; **depuis peu** recently; **depuis plusieurs années** for several years; **depuis quand** since when

dernier / dernière *adj.* last, latest

déroulement *m.* development, progress

se dérouler to develop

derrière *prep.* behind

dès *prep.* from; **dès que** as soon as; **dès 1830** as far back as 1830

désaccord *m.* disagreement; **être en désaccord** to disagree

désagreable *adj.* disagreeable, unpleasant

désapprobation *f.* disapproval

descendance *f.* lineage

descendre to descend, to come down; to take, bring down; to get off; **descendre de cheval** to dismount

descente *f.* **de lit** bedside rug

déséquilibre *m.* imbalance

désert(e) *adj.* deserted, abandoned; uninhabited; *m.* desert, wilderness

désespéré(e) *adj.* desperate, hopeless

désespoir *m.* despair; **être au désespoir** to be in despair

se déshabiller to undress

désigner to designate, indicate

désillusion *f.* disillusion

désinvolture *f.* ease

désir *m.* desire, wish

désirer to desire, want, wish; **laisser à désirer** to leave something to be desired

désolé(e) *adj.* sorry

désordre *m.* disorder

désormais *adv.* henceforth

dessein *m.* intention, purpose; project

dessin *m.* pattern

dessiné(e) à peine *adj.* scarcely visible, laid out

se dessiner to stand out

dessus *adv.* on top, above; **cogner dessus** to hit violently; **se jeter dessus** to throw oneself on

destin *m.* fate

destiné(e) *p.p.* of **destiner** intended, meant

destinée *f.* destiny

détachement *m.* indifference; detachment

détacher to unfasten; to separate; **se détacher** become separate

détaler to decamp

détecter to detect

détente *f.* easing; trigger

détour *m.* turn

détourner to turn away; **détourner les yeux** to look away; **se détourner** to turn away

se détraquer to wreck (*one's digestion, nerves, etc.*)

détruire (*like* **conduire**) *irreg.* to destroy; to break

dette *f.* debt

dévaler to slope down

devant *prep.* in front of; in the face of; **droit devant** straight ahead; *adv.* in front; **rouler devant** to ride ahead

devenir (*like* **venir**) *irreg.* to become; to grow into; to turn

déverser to pour

deviner to guess

dévoiler to reveal; **se dévoiler** to come to light

devoir *m.* duty

devoir (*p.p.* **dû, due**) *irreg.* to have to, must; should, ought to; to owe; is to; **comme il se doit** as is right and proper; **se devoir** to have to devote to

dévolu: jeter son dévolu sur to set one's heart on

dévorer to devour

dévot(e) *m., f.* devout person; *pej.* bigot

dextérité *f.* dexterity, skill

diable *m.* devil; **être bon diable** to be nice; **où diable** where the devil; **pauvre diable** *interj.* poor beggar **que le diable l'emporte** the devil take him

diabolique *adj.* diabolical

diagnostic *m.* diagnosis

dialectal(e) *adj.* dialectal

diamant *m.* diamond

diaphane *adj.* translucent

diaye (sa-n') dance in Senegal

dictionnaire *m.* dictionary

Diên Biên Phu *small plain in North Vietnam where the French armies were defeated by the Vietminh in 1953–1954*

Dieu God; **mon Dieu / grands dieux** *interj.* heavens

différemment *adv.* differently

différence *f.* difference; **à la différence de** unlike, contrary to

difficile *adj.* difficult

difficilement *adv.* with difficulty

difficulté *f.* difficulty; obstacle

digne *adj.* deserving, worthy of

dilaté(e) *adj.* extended

dilemme *m.* dilemma

diligent(e) *adj.* diligent, industrious

dimanche *m.* Sunday

diminuer to decrease

dîner to have dinner, dine; **se passer de dîner** to go without dinner; *m.* dinner

dire (*p.p.* **dit**) *irreg.* to say; to tell; **avoir beau dire** in spite of everything one can say; **à vrai dire** to tell the truth; **ça ne vous dirait rien** it does not ring a bell; **ce disant** with these words; **c'est le moins qu'on puisse dire** it's the least one can say; **comment dire** I don't know how to put it; **dis** tell me now; **est-ce à dire** does this mean; **faire dire** to send word; **on dit que Wang-Fô...** Wang-Fô is said . . . ; **que veut dire ce mot** what does this word mean; **se dire** to think; **venir dire bonjour** to come to visit; **vouloir dire** to mean

directement *adv.* directly, straight

directeur / directrice *adj.* guiding

diriger (nous dirigeons) to direct; to aim; **se diriger** to head (for); to go up (*to s.o.*)

disciple *m., f.* disciple, follower

discret / discrète *adj.* discreet

discussion *f.* discussion; arguing

discuter to discuss, debate

disparaître (*like* **connaître**) *irreg.* to disappear, vanish

disparition *f.* disappearance

disposé(e) à *adj.* disposed, willing

disposer to dispose, arrange; **pouvoir disposer de** to be able to use, enjoy

disposition *f.* disposition; arrangement; **avoir à sa disposition** to have at one's disposal

dispute *f.* altercation, quarrel

se disputer to quarrel

disséminé(e) *p.p. of* **disséminer** scattered

dissimuler to hide

dissiper to dissipate; to dispel

distinctif / distinctive *adj.* distinctive, characteristic

distinguer to distinguish, tell from (*s.o. or s.th.*); to single out, spot; **se distinguer** to stand out

distraction *f.* diversion

distraire (*p.p.* **distrait**) *irreg.* to distract, divert

distrait(e) *adj.* inattentive; **d'une oreille distraite** inattentively

distribuer to distribute, share out

district *m.* district, region

dit(e) *adj.* so-called

divan *m.* couch

divergence *f.* difference (*of opinion*)

divers(e) *adj.* diverse, different; **fait** (*m.*) **divers** news item, incident

divertissant(e) *adj.* amusing

divin(e) *adj.* divine, heavenly

diviser to divide, separate

dizaine *f.* ten

djellaba *f.* djellaba (*Arabic word*), long tunic with long sleeves

docile *adj.* docile, obedient

docilement *adv.* obediently

docteur *m.* doctor (*of medicine*)

doigt *m.* finger; **un doigt de bordeaux** a small amount of wine

domaine *m.* field; realm

domestique *m., f.* servant

dominateur / dominatrice *adj.* domineering

dominer to rule; to dominate

dominos *m. pl.* dominoes (*game*)

dommage: c'est bien dommage it's a great pity

don *m.* gift, talent

donc *conj.* therefore, so, consequently; *adv.* (*emphatic*) so, well; **dites donc!** *interj.* look here!

donner to give; to provide, yield; **donner sa main à quelqu'un** to give in marriage to s.o.; **donner sur** to look on; **se donner** to give oneself; **se donner du mal** to take (great) trouble

dont *pron.* whose, (of) whom, (of) which; from, by, with whom or which; **la pièce dont il sort** the room out of which he is coming

doré(e) *adj.* golden; browned

dorer to brown

dormir *irreg.* to sleep

dos *m.* back; **courber le dos** to arch one's back; **en avoir froid dans le dos** to have the shivers; **tourner le dos à quelqu'un** to turn one's back to s.o.

dose *f.* amount

dossier *m.* back (*of a chair*)

doter to endow

douane *f.* customs

douanier / douanière *m., f.* customs officer

double *adj.* double, twofold

doublé(e) *adj.* lined

doucement *adv.* softly; gently; slowly; delicately

douceur *f.* gentleness

douleur *f.* sorrow, grief; pain, ache

douloureusement *adv.* painfully; sorrowfully

doute *m.* doubt, uncertainty; **cela ne fait aucun doute** there is no doubt about it; **mettre en doute** to challenge; **nul doute que** there is no doubt that; **sans (aucun) doute** without (any) doubt; **sans doute** no doubt, probably

doux / douce *adj.* soft; smooth; sweet; pleasant

douzaine *f.* dozen

douze *adj., m.* twelve

drame *m.* drama, tragedy

drap *m.* bedsheet

dresser to make out; **se dresser** to stand up; to rise; **se dresser sur son séant** to sit up; **ses cheveux se dressent (sur la tête)** his hair stands on end

droit(e) *adj.* right; straight, upright; *adv.* **droit devant, tout droit** straight ahead; **regarder droit dans les yeux** to look (*s.o.*) straight in the eyes

droit *m.* right; law; **droit de passage** right of way; **ne pas avoir le droit** not to be allowed; **préparer son droit** to study law

droite *f.* right; **à droite** right (-hand) side; **tourner à droite** to turn to the right

drôle *adj.* funny, amusing; strange; *m.* rascal

dû / due *p.p. of* **devoir** had to; probably (did); owed

dû / due *adj.* due

duc *m.* duke

dur(e) *adj.* hard; tough; difficult; crude (*light*); *m.* the hard part

durant *prep.* during

durcir to harden

durer to last

dynamisme *m.* dynamism, energy, vitality

eau *f.* water

ébauche *f.* rough sketch

éberlué(e) *adj.* flabbergasted

ébloui(e) *adj.* dazzled

éblouir to dazzle

éblouissant(e) *adj.* dazzling, blinding

ébranlé(e) *p.p.* of ébranler shaken

ébranlement *m.* shaking

ébrécher (j'ébrèche) to chip

s'ébrouer to snort (*horse*)

écarlate *adj.* scarlet

écart: à l'écart aside, apart

échange *m.* exchange; en échange in exchange

échanger (nous échangeons) to exchange; échanger des coups de fusil to exchange gunshots; échanger des regards to glance at each other

échapper (à) to escape (*s.o. / s.th.*); laisser échapper to let out; s'échapper (de) to escape from

écharpe *f.* scarf

échéance *f.* term; reculer l'échéance to adjourn; to postpone

échec *m.* failure

échelle *f.* ladder

éclaboussure *f.* blot, blemish

éclair *m.* lightning; flash

éclairage *m.* lighting

éclaircissement *m.* explanation, enlightenment

éclairé(e) *adj.* enlightened

éclairer to light up; to enlighten, throw light (*on a subject*)

éclat *m.* flash, glare; outburst

éclatant(e) *adj.* bright; loud; brilliant

éclater to burst, explode; to break out (*war*); éclater de rire to burst out laughing

s'éclipser to disappear

école *f.* school

écologique *adj.* ecological

éconduit(e) *p.p.* of éconduire got rid of

économique *adj.* economic

économisé(e) *adj.* saved, economized

écossais(e) *adj.* Scottish

écot *m.* share

écouler to run out; s'écouler to pass (*time*)

écouter to listen to; to pay attention to

écran *m.* screen

écraser to crash; to flatten out; to run over

s'écrier to cry out, exclaim

écrire (*p.p.* écrit) *irreg.* to write

écrit *m.* writing; written exam; par écrit in writing; *pl.* works

écriture *f.* writing, script

écrivain *m.* writer

écu *m.* crown (*type of money*)

écume *f.* foam; flocon (*m.*) d'écume fleck of foam

écurie *f.* stable

édifice *m.* structure; building

effacé(e) *adj.* unobtrusive

s'effacer to fade away

s'effarer to be scared

effectuer to accomplish

effet *m.* effect, result; impression; en effet indeed; faire l'effet de to look like

efficace *adj.* effective

effluve *m.* emanation; effluve de popote cooking odor

s'efforcer (nous nous efforçons) to strive, make every effort

effraction *f.* transgression

effrayant(e) *adj.* terrifying

s'effrayer to get frightened

égal(e) *adj.* equal; cela m'est égal it's all the same to me; I don't mind, care

également *adv.* also; equally

égard: à l'égard, à son égard for

église *f.* church; Eglise catholique Catholic Church

égrener (j'égrène) to gin (*cotton*); égrener son chapelet to say the rosary; le chapelet du temps s'égrenait time slipped by (like the beads of a rosary)

élan *m.* momentum

élargir to expand, widen; s'élargir to widen

électrique *adj.* electric; ampoule (*f.*) électrique lightbulb

élément *m.* element; component, part; data

élémentaire *adj.* elementary; rudimentary

élève *m., f.* student

élevé(e) *adj.* brought up

élever (j'élève) to raise; s'élever to rise up; s'élever contre to protest against

éliminer to eliminate

éloigné(e) *adj.* distant

éloigner to move away; s'éloigner to move off, withdraw

élu(e) *adj.* elected

emballage *m.* wrapping; cartons *m.* d'emballage boxes

embarquer to embark; to ship

embarras *m.* embarrassment

embarrassé(e) *adj.* embarrassed, confused

embauche *f.* hiring

embellir to embellish; to improve

embranchement *m.* junction

embrasser to kiss; to take up (*profession*); to include

embrocher to put on the spit

embuscade *f.* ambush

embusqué(e) *p.p.* of embusquer under cover, hidden

embusqué *m.* shirker, dodger

émerveillé(e) *p.p* of émerveiller amazed

émettre (*like* mettre) *irreg.* to utter

émigrer to emigrate; to leave one's country

éminence *f.* height

éminent(e) *adj.* distinguished

emmêlé(e) *p.p.* of emmêler entangled

emmener (j'emmène) to take; to lead

émoi *m.* emotion

s'émousser to become dull; to decrease

s'emparer to take hold of, seize

empêcher de to prevent; **ne pas pouvoir s'empêcher** cannot help; **s'empêcher de** to refrain

empereur / impératrice *m. f.* emperor, empress

empesé(e) *adj.* starched

emphase *f.* grandiloquence

empire *m.* empire; **Second Empire** Second Empire (in France 1852–1870); **style empire** Empire style

emplir to fill

emploi *m.* use; employment

employé(e) *m., f.* employee, worker

employer (j'emploie) to use

empoigner to seize; to arrest

emporter to carry, take away; to take with (*food*); **emporté de fureur** carried away by anger; **le diable m'emporte si je…** I'm damned if I . . .; **l'emporter sur quelqu'un** to prevail over *s.o.*

s'empresser to hurry

emprunté(e) *adj.* borrowed; unnatural

emprunter to borrow; to assume, take on (*airs*)

ému(e) *adj.* moved

encadrer to frame; to enclose

s'encastrer to appear

enceinte *f.* enclosure

enchaîner to continue

enchantement *m.* spell

enchanter to delight

encombrer to clutter up (*room*); to congest, overcrowd (*street*); **s'encombrer** to burden oneself

encore *adv.* still; yet; more, again; moreover; **encore huit jours** eight days more; **encore une fois** once more; **non seulement… mais encore** not only . . . but also; **pas encore** not yet

encourager (nous encourageons) to encourage; to promote

encouragé(e) *adj.* encouraged

encre *f.* ink; **encre de Chine** india ink

endiablé(e) *adj.* wild

endormi(e) *adj.* asleep

endormir (*like* dormir) *irreg.* to put asleep; **s'endormir** to fall asleep

endroit *m.* place, spot

énervé(e) *adj.* nervous

énervement *m.* irritation

enfance *f.* childhood

enfant *m., f.* child; **petits-enfants** *m.* grandchildren

enfantin(e) *adj.* childish

enfer *m.* hell

enfermer to lock, shut; **s'enfermer** to lock oneself in; to coop up

enfiévré(e) *adj.* feverish

enfiler to pull on; to string

enfin *adv.* finally; at last; well (*hesitation, exclamation*)

enflammé(e) *adj.* burning

enflé(e) *adj.* swollen

enfoncé(e) *adj.* sunken

enfoncer (nous enfonçons) to drive in; **s'enfoncer** to penetrate

s'enfuir (*like* fuir) *irreg.* to flee; to run away

engagé(e) *adj.* committed

engageant(e) *adj.* engaging

engagement *m.* commitment

engager (nous engageons) to hire; to attach; **cela ne vous engage à rien** it does not bind you at all; **s'engager** to enter; to undertake; to commit oneself; to join up (*army*); **s'engager sur les talons de quelqu'un** to follow s.o. very close

engloutir to gulp down; to engulf

s'engouffrer to disappear

engraisser to fatten; to fertilize

énigme *f.* enigma

enivrer to intoxicate; to elate

enjamber to step over

enjoindre (*like* joindre) *irreg.*: **enjoindre (joindre) les mains** *arch.* to clasp hands

enlèvement *m.* kidnapping

enlever (j'enlève) to remove; to take away; to kidnap, abduct

ennuyer (j'ennuie) to bore; **s'ennuyer** to be, get bored; **s'ennuyer de quelqu'un** to miss s.o.

énorme *adj.* enormous, huge

énormément *adv.* tremendously

enquête *f.* investigation

enragé(e) *adj.* mad

enrager (nous enrageons) to fume; **faire enrager tout le monde** to tease everyone; to make everyone mad

enregistrer to record

enrichir to enrich

enseignement *m.* teaching

enseigner to teach

ensemble *adv.* together; *m.* whole, entirety; **dans l'ensemble** on the whole

ensevelir to bury

ensuite *adv.* after, then; next, after that

entamer to start; to cut into

entendre to hear; to understand; **bien entendu** of course; **entendre parler de** to hear of / about (*s.o. or s.th.*); **être entendu** to be intended, agreed; **se faire entendre** to make oneself heard / understood

entente *f.* understanding

enterrement *m.* funeral

enterrer to bury

enthousiaste *adj.* enthusiastic

entier / entière *adj.* entire, whole; full; uncompromising

entièrement *adv.* wholly, fully

entorse *f.* sprain; infraction

entourer to surround; to encircle

entraîner to drag, carry along; to carry away

entrave *f.* hindrance

entraver to hinder

entre *prep.* between; among; **entre nous** between us / ourselves; **tomber entre les mains de** to fall into (*s.o.'s*) hands

entrebâiller to half-open

s'entrechoquer to collide

entrée *f.* entrance; **porte** *f.* **d'entrée** front door

entreprendre (*like* **prendre**) *irreg.* to undertake

entrer to enter; to go in; to step in; to come in; **entrer dans une catégorie** to fall into a category

entretenir (*like* **tenir**) *irreg.* to keep up; to converse, talk

énumérer (**j'énumère**) to enumerate

envahir to invade; to seize

envelopper to envelop; to surround; to wrap up; to close in

envers *prep.* toward

envie *f.* desire; envy; **avoir envie de** to want

envier to envy

envieux / envieuse *adj.* envious

environ *adv.* about

environnant(e) *adj.* surrounding

environnement *m.* environment

environner to surround

s'envoler to fly away; to take flight

envoûtement *m.* bewitchment

envoyer (**j'envoie**) to send

épais(se) *adj.* thick; dense; **dans l'épais** into the thick part

épaissi(e) *p.p. of* **épaissir** thickened

épanouir to brighten; **s'épanouir** to blossom

épargner to spare; **s'épargner la peine de** to save oneself the trouble of

épars(e) *adj.* scattered

épaule *f.* shoulder

épaulette *f.* epaulette

épée *f.* sword

épi *m.* ear (*of corn, wheat*)

épicé(e) *adj.* spiced

épier to spy on

épingle *f.* **à cheveux** hairpin

épopée *f.* epic

époque *f.* time, period

épouser to marry

épouvantable *adj.* dreadful

épouvante *f.* terror

époux / épouse *m., f.* spouse; husband, wife

s'éprendre (*like* **prendre**) *irreg.* to fall in love

épreuve *f.* ordeal; exam

éprouver to feel; to test

équilibre *m.* balance

équilibré(e) *adj.* balanced

s'équiper to equip oneself

errer to roam, wander

erreur *f.* error, mistake; **par erreur** by mistake

escalade *f.* climbing

escaladé(e) *p.p. of* **escalader** climbed

escale *f.* port, place to stop

escalier *m.* staircase

escarmouche *f.* skirmish

esclave *m., f.* slave

escompter to anticipate; to hope

escopette *f.* old rifle

espace *m.* space; **en l'espace de** within

espèce *f.* kind, sort; species

espérance *f.* hope

espérer (**j'espère**) to hope

espion(ne) *m., f.* spy

espionner to spy on

espoir *m.* hope

esprit *m.* mind; wit; sense; spirit; **état** (*m.*) **d'esprit** state of mind; **traits** (*m.*) **d'esprit** witty remarks; **venir à l'esprit** to cross one's mind

esquisse *f.* sketch

esquiver to avoid

essais *m., pl.* essays

essayer (**j'essaie**) to try, attempt

essayiste *m., f.* person who writes essays

essoufflé(e) *adj.* out of breath

essuyer (**j'essuie**) to wipe, dry

est *m.* east, eastward; **vers, dans la direction de l'est** eastward

esthétique *adj.* aesthetic

estime *f.* esteem

estomac *m.* stomach

estompé(e) *adj.* blurred

estomper to blur; to decrease

estrade *f.* platform

estuaire *m.* estuary

établir to establish, set up; to settle; **s'établir** to settle

établissement *m.* institution

étage *m.* level, floor

étagère *f.* shelf

étaler to spread out

étang *m.* pond

étape *f.* milestone

état *m.* state, condition; state (*political*); **état d'âme** state of mind, mood; **état de choc** shock; **état de choses** the present circumstances; **état d'esprit** frame of mind; **état second** semiconscious state; trance, dazed; **être en état de +** *inf.* to be fit to; **hors d'état** unable

étau *m.* vise

été *m.* summer

éteindre (*p.p.* **éteint**) *irreg.* to turn off; to burn out; to die away; **s'éteindre** to die out; to pass away, die

éteint(e) *adj.* extinguished; dull

étendre to spread, stretch, extend; to lay; to broaden; **étendu d'eau** diluted with water; **s'étendre** to stretch; to extend; to lie down

étendue *f.* size; area

éternel(le) *adj.* eternal, everlasting

éternuement *m.* sneezing

éternuer to sneeze

ethnie *f.* ethnic group

étincelant(e) *adj.* sparkling, flashing

étinceler (**il étincèle**) to sparkle, glitter

étincelle *f.* spark

étiquette *f.* etiquette, formality

étoffe *f.* material, fabric

étoile *f.* star

étoilé(e) *adj.* starry

étonnant(e) *adj.* astonishing, surprising

étonné(e) *adj.* astonished, surprised

étonner to astonish, surprise;
s'étonner to be astonished,
surprised; to wonder
étouffement *m.* suffocation,
choking
étouffer to suffocate; to smother;
to stifle; to hush up; to muffle
étourdissant(e) *adj.* deafening,
staggering
étrange *adj.* strange, odd, peculiar
étrangement *adv.* strangely, oddly
étranger / étrangère *m., f.*
foreigner, alien; *adj.* foreign;
unknown; strange; not
belonging
étrangler to strangle
être (*p.p.* **été**) *irreg.* to be; **c'est
ainsi que** that's how; **c'est cela**
that's it; **ce n'est pas la peine** it's
not worth the trouble; **être à** to
belong to; **être bon diable** to be
nice; **être dans le même sac** to
be in the same situation; **être du
nombre** to be in on it; **être en
désaccord** to disagree; **être en
proie à** to be prey; **être fort en
peine** to be at a loss, in a
difficult situation; **être question
de** to be about, concern; **être
sage comme une image** to be
very well behaved (*child*); **être
sur le point de** to be ready to; **il
était une fois** once upon a time;
il est tiré de it comes from; **il
s'en est fallu d'un cheveu** to
escape by a hair; *m.* being; **être
humain** human being
étréci(e) *adj.* narrowed, contracted
étreindre (*like* **peindre**) *irreg.* to
embrace, hug
étroit(e) *adj.* narrow
étude *f.* study
étudiant(e) *m., f.* student
étudier to study
étui *m.* case
eunuque *m.* eunuch
européen(ne) *adj.* European;
Européen(ne) *m., f.* European
(*person*)

eux *pron.* them
évacuer to evacuate
s'évanouir to vanish, disappear; to
faint; **tomber évanoui(e)** to
faint
éveil *m.* awakening
éveillé(e) *adj.* bright
éveiller to awaken; **éveiller
l'attention** to arouse curiosity;
s'éveiller to wake up
événement *m.* event; incident
éventaire *m.* stall, stand
s'évertuer to make every effort to
(*do s.th.*)
évidé(e) *adj.* gutted (*fish*)
évidemment *adv.* of course;
obviously; evidently
évidence *f.* obviousness, clearness
éviter to avoid
évocateur / évocatrice *adj.*
evocative, suggestive
évocation *f.* evocation, conjuring
up
évoluer to evolve, develop; to
move around
évolution *f.* evolution,
development
évoquer to call to mind; to evoke
(*memory, past*)
exact(e) *adj.* exact, accurate, true
exactement *adv.* exactly; precisely
exactitude *f.* exactness, accuracy
exagérément *adv.* exaggeratedly
exaltation *f.* exaltation, elation
examen *m.* exam; **passer un
examen** to go for an
examination, take an
exam
examiner to examine; to study
exaspération *f.* exasperation;
irritation
exaspéré(e) *p.p. of* **exaspérer**
exasperated
excellent(e) *adj.* excellent, first-
rate
exceller to excel
excessivement *adv.* excessively,
extremely
excitation *f.* excitement

exciter to arouse
exclusivement *adv.* exclusively
excursion *f.* excursion, trip
excuse *f.* excuse; **se confondre en
excuses** to apologize
profusely
s'excuser to apologize
exécrable *adj.* execrable;
abominable
s'exécuter to comply
exemplaire *adj.* exemplary
exemple *m.* example; **par exemple**
for example, for instance
exercer (**nous exerçons**) to
practice (*profession*); to exert
(*influence*)
exercice *m.* exercise
exhorter to exhort
exiger (**nous exigeons**) to demand,
require
exil *m.* exile
exilé(e) *adj.* exiled
existence *f.* existence, state of
being; life
exorbitant(e) *adj.* exorbitant,
outrageous
s'expatrier to settle abroad
expérimentation *f.*
experimentation,
experimenting
expérimenté(e) *adj.* experienced
expérimenter to know by
experience
expert(e) *adj.* expert, skilled
explication *f.* explanation
expliquer to explain
exploser to explode
exprès *adv.* on purpose
exprimer to express
exquis(e) *adj.* exquisite
extase *f.* trance
extraire (*p.p.* **extrait**) *irreg.* to
extract
extrêmement *adv.* extremely

fabriquer to make
face *f.* face; **en face** *adv.* opposite;
in the face; **en face de** *prep.*
opposite, facing; **face à** *prep.*

toward; **faire face à** to deal with, face up to

facilité *f.* ease

façon *f.* manner; **de toute façon** *adv.* in any case

façonner to shape

fagot *m.* bundle of sticks

faible *adj.* weak; small

faillir to almost (*do s.th.*); **faillir (à)** to fail (in)

faisandé(e) *adj.* rotten

faire (*p.p.* **fait**) *irreg.* to do; to make; to say; **faire angle avec** to be at the corner of; **faire attention à** to pay attention to; **faire bonne chère** to make a good meal; **faire choix de** to choose; **faire des courses** to do some shopping; **faire des frais** to make efforts; **faire honte à** to make (*s.o.*) feel ashamed; **faire irruption** (**chez quelqu'un**) to burst in (on *s.o.*); **faire l'aumône** to give alms; **faire route avec** to travel with (*person*); **faire une boulette** to blunder; **faire une fugue** to run away; **faire un procès à** to sue; **se faire à** to get used to; **se faire une spécialité de** to specialize in

faisceau *m.* bundle

fait *m.* fact; **du fait que** *conj.* as, since; **en fait** *adv.* in fact, actually; **tout à fait** *adv.* completely

falaise *f.* cliff

falloir (*p.p.* **fallu**) *irreg.* to be necessary

famé(e) *adj.* reputable

fameux / fameuse *adj.* famous; first-rate; **pas fameux** not too good

fané(e) *adj.* withered

fantasme *m.* fantasy

fantasque *adj.* whimsical

fantôme *m.* ghost

fardeau *m.* burden

farine *f.* flour

fatalité *f.* fate; inevitability

fatuité *f.* self-complacency

faubourg *m.* suburb

se faufiler to thread one's way through

faute *f.* mistake, fault

fauteuil *m.* armchair

faux / fausse *adj.* false

fébrile *adj.* feverish

fécond(e) *adj.* productive

fée *f.* fairy

feindre (*like* **peindre**) *irreg.* to pretend

fêlé(e) *adj.* a bit mad

féliciter to congratulate

femelle *f.* female

femme *f.* woman; wife

fendre to cut through

fer *m.* iron; **chemin** (*m.*) **de fer** railway; **fil** (*m.*) **de fer** wire

fermement *adv.* firmly

fermer to close

fermeté *f.* firmness

fermeture *f.* closing

fermier *m.* farmer

fermoir *m.* clasp

fesse *f.* buttock

fessée *f.* spanking

fête *f.* festival; feast; party

fêter to celebrate

feu (*pl.* **feux**) *m.* fire; **à petit feu** slowly; **arme** (*m.*) **à feu** firearm; **coup** (*m.*) **de feu** shot; **faire feu** to fire; **feu follet** will-o'-the-wisp; **feux d'artifice** fireworks; **mettre le feu aux poudres** to touch off a crisis

feuillage *m.* foliage

fiche *f.* form

fichu *m.* scarf

fidèle *adj.* faithful

fiel *m.* gall, venom

fier / fière *adj.* proud

fièvre *f.* fever

fiévreux / fiévreuse *adj.* feverish

figé(e) *adj.* rigid, fixed

figure *f.* face; figure

figurer to appear; to represent

fil *m.* thread

filer to spin; to slip away

fille *f.* daughter; **jeune fille** young girl; **fille de joie** prostitute

fils *m.* son

fin *f.* end; **mettre fin à** to end

financier / financière *adj.* financial

fin(e) *adj.* thin, fine

finement *adv.* delicately; subtly; cleverly

finesse *f.* shrewdness; subtlety

fixer to stare at

flageolet (*m.*) recorder (*musical instrument*)

flagrant(e) *adj.* blatant; **prendre quelqu'un en flagrant délit** to catch s.o. red-handed

flanc *m.* slope

flânerie *f.* stroll

flanquer to give (*blows*)

flaque *f.* puddle

flèche *f.* arrow

se flétrir to wither

fleur *f.* flower

fleuve *m.* river

flocon *m.* fleck

flot *m.* flood

flotter to stream out (*hair*)

flou(e) *adj.* blurred

foi *f.* faith; **de bonne foi** in good faith; **ma foi...** well . . .

foie *m.* liver

foin *m.* hay

fois *m.* time; **à la fois** *adv.* at the same time; **à chaque fois** *adv.* every time

folie *f.* madness, folly

foncé(e) *adj.* dark

foncer (**nous fonçons**) to charge at

fonctionnaire *m.* civil servant

fond *m.* bottom; far end; background; **au fond** *adv.* basically

fondre to melt

fonds *m. pl.* money

fonte *f.* casting (*metal*)

force *f.* strength; **à force de** by dint of; **de / par force** *adv.* by force; **force + n.** many

forcément *adv.* inevitably

formation *f.* training

forme *f.* form; shape
fort *adv.* strongly; very
fort(e) *adj.* strong
fortement *adv.* strongly
fou / folle *adj.* crazy
foudroyant(e) *adj.* violent
fouet *m.* whip; **de plein fouet** directly
fouiller to search
foulard *m.* scarf
foule *f.* crowd
four *m.* oven
fourbe *adj.* deceitful
fourbir to clean
fourche *f.* fork
fourmi *f.* ant
fourneau *m.* stove
fournil *m.* bakehouse, bakery
fourrer to stick; to stuff
se foutre de to get a laugh at; **je m'en fous /** I couldn't care less
foyer *m.* club; home
fracas *m.* roar
fraîcheur *f.* freshness
frais / fraîche *adj.* fresh
franc(he) *adj.* frank
franchement *adv.* frankly
franchir to surmount; to cross
francophone *adj.* French-speaking
frange *f.* fringe
frapper to strike; **frapper la vue** to catch the eye
frayeur *f.* fright
frein *m.* brake
freiner to brake
frêle *adj.* frail
frémir to shiver
fréquemment *adv.* frequently
friable *adj.* crumbly
fripon *m.* rogue
frisant(e) *adj.* weak (*light*)
frisé(e) *adj.* curly
frisson *m.* shiver
froid(e) *adj.* cold; *m.* cold; **en avoir froid dans le dos** to give one the chills; **il fait froid** it is cold (*weather*)
froideur *f.* coldness

frôler to brush against
fromage *m.* cheese
froncer les sourcils (**nous fronçons**) to frown
front *m.* forehead; front; **faire front** to face up
frontière *f.* border
frotter to rub; **se frotter à** to provoke
fructueux / fructueuse *adj.* fruitful, profitable
fuir (*p.p.* **fui**) *irreg.* to escape; to avoid; to recede
fulgurer to shine
fumée *f.* smoke
fumer to smoke
fumeur / fumeuse *m., f.* smoker
fumier *m.* manure
funérailles *f. pl.* funeral
fur: au fur et à mesure little by little
fureur *f.* fury
fusil *m.* **furie** *f.* fury rifle, gun

gagner to overcome; to win; to reach
gaillard *m.* fellow, guy
galette *f.* round, flat cake; bread
gamme *f.* range
garçon *m.* boy; waiter
garder to keep; to guard; to stay in; **chien** (*m.*) **de garde** watchdog; **s'en garder** to be careful not to do something
gardien(ne) *m., f.* museum attendant
gardiennage *m.* caretaking
gare *f.* railroad station
garer to protect
garnement *m.* rascal
garni(e) *adj.* equipped
garrotter to tie up
gars *m.* lad
gâté(e) *adj.* ruined; spoiled
gâteau *m.* cake; biscuit
gâter to spoil
gâterie *f.* cajoling
gauche *adj.* left; clumsy
gauler to shake down

se gausser to laugh at
gaver to force-feed
gaz *m.* gas
géant *m.* giant
geler (**je géle**) to freeze
gémir to moan
gendre *m.* son-in-law
gêné(e) *adj.* embarrassed
gêner to bother
génie *m.* spirit (*good or bad*)
genou *m.* knee; **à genoux** on one's knees
genre *m.* kind, sort
gens *m. pl.* persons, people; **jeunes gens** young people
gentilhomme *m.* nobleman
gerbe *f.* bundle
geste *m.* gesture
giberne *f.* cartridge box
gigoter to wriggle
girouette *f.* weather vane
gîte *m.* shelter
glacé(e) *adj.* freezing
glauque *adj.* dull blue-green
glisser to slip
glouglou *m.* gurgling; gobble-gobble
glouton(ne) *adj.* gluttonous
gond *m.* hinge
gonfler to inflate; to puff out; to swell
gorge *f.* throat
gorgée *f.* mouthful; **boire à petites gorgées** to sip
goudron *m.* tar
goujon *m.* small fish
gourd(e) *adj.* numb
gourde *f.* flask
gourdin *m.* club, bludgeon
gourmandise *f.* greed
goût *m.* taste
goûter to taste
goutte *f.* drop
gouvernail *m.* helm
gouvernante *f.* housekeeper
gracieux / gracieuse *adj.* graceful
grandir to grow large; to increase
grappe *f.* cluster
gratter to scratch

gratuit(e) *adj.* free of charge; gratuitous

gravat *m.* rubble

gravir to climb

gravure *f.* engraving

grège *adj.* raw (*textile*)

grêle *adj.* lanky; spindly

grelot *m.* bell

grelotter to shiver

grenade *f.* pomegranate

grenier *m.* attic

grenouille *f.* frog

griffe *f.* claw

griffer to scratch

se griller *fam.* to blow it

grincer (nous grinçons) to grate; to creak

griot *m.* African praise singer

gris(e) *adj.* gray

grisâtre *adj.* grayish

grognon(ne) *adj.* grumpy

grondement *m.* rumbling

gros(se) *adj.* big, large

grossir to enlarge

grotte *f.* cave

gué *m.* ford

guérir to heal

guerre *f.* war

guerrier *m.* warrior

guetter to be on the lookout for

guipure *f.* type of lace

guise: en guise de by way of

s'habiller to get dressed

habitant(e) *m., f.* inhabitant, resident

habiter to live (*in a place*)

habits *m. pl.* clothes

habitude *f.* habit; **d'habitude** *adv.* in general

hache *f.* axe

hachure *f.* stripe

***haillon** *m.* rag

***haillonneux / haillonneuse** *adj.* in rags

***haine** *f.* hate

***haïr** (*p.p.* haï) *irreg.* to hate

***haleter** (je halète) to pant

***hangar** *m.* warehouse

***hanter** to haunt

***happer** to snatch up

***harassant(e)** *adj.* exhausting

***hardi(e)** *adj.* bold

***hardiesse** *f.* boldness

haricot *m.* bean

***hasard** *m.* chance; luck; **au hasard** *adv.* haphazardly; **par hasard** *adv.* by chance

se hasarder à to venture to do

***hasardeux / hasardeuse** *adj.* risky

***hausser les épaules** to shrug one's shoulders

***haut(e)** *adj.* high; tall; *adv.* aloud; **en haut** upstairs; **en haut de** at the top of

***hautbois** *m.* oboe

***hauteur** *f.* height

hebdomadaire *adj.* weekly

hein *interj.* eh; what; how's that

herbe *f.* grass

heu *interj.* hmm (*hesitation*)

heure *f.* hour; o'clock; **tout à l'heure** *adv.* a short while ago; in a little while

heureusement *adv.* luckily

heureux / heureuse *adj.* happy

***heurter** to strike; to jostle

hier *adv.* yesterday

histoire *f.* history; story

historique *adj.* historical

hiver *m.* winter

***hochement** *m.* nod

***hollandais(e)** *adj.* Dutch

***homard** *m.* lobster

hommage *m.* tribute; **rendre hommage à** to pay tribute to

honneur *m.* honor

***honte** *f.* shame; **avoir honte de** to be ashamed of; **faire honte à** to make one feel ashamed

hoquet *m.* gulp

horloge *f.* clock

hors de *prep.* out of; beyond; **hors d'atteinte** out of reach

huile *f.* oil

humain(e) *adj.* human

humblement *adv.* humbly

humeur *f.* mood; humor; **de bonne / mauvaise humeur** in a good / bad mood

humiliant(e) *adj.* humiliating

humour *m.* humor

***hurlement** *m.* howl; roar; yell; wail

***hurler** to howl; to roar; to yell; to wail

***hutte** *f.* hut

hypocrite *adj.* hypocritical

icitte here (*dialect*)

identifier to identify; **s'identifier à** to identify with

ignorer not to know; to ignore

île *f.* island

image *f.* picture; image

imaginaire *adj.* imaginary; make-believe

imiter to imitate

immeuble *m.* apartment building

immobile *adj.* motionless

impasse *f.* dead end; impasse

impassible *adj.* impassive

impatiemment *adv.* impatiently

impitoyable *adj.* merciless

importer to matter

imposteur *m.* impostor

improviste: à l'improviste *adv.* unexpectedly

inattendu(e) *adj.* unexpected

incendie *m.* fire

incertain(e) *adj.* uncertain

incertitude *f.* uncertainty

inclus(e) *adj.* included

inconnaissable *adj.* unrecognizable

inconnu(e) *adj.* unknown; *m.* unknown

inconscient(e) *adj.* unconscious

incroyable *adj.* incredible

indice *m.* indication; clue

indigne *adj.* shameful; unworthy

indiquer to indicate

indiscret / indiscrète *adj.* indiscreet

indiscutable *adj.* indisputable

individu *m.* individual

industriel(le) *adj.* industrial
infiltrer to infiltrate
infini(e) *adj.* infinite; unlimited
influer sur to influence
infraction *f.* offense
ingrat(e) *adj.* ungrateful
inhabituel(le) *adj.* unusual
inhumation *f.* interment, burial
injure *f.* insult
inlassable *adj.* tireless
innombrable *adj.* countless
inonder to inundate
inquiet / inquiète *adj.* worried
inquisiteur / inquisiteuse *adj.*
    inquisitive
insaisissable *adj.* elusive
insatisfait(e) *adj.* unsatisfied
inscrire (*like* **écrire**) *irreg.* to
    enroll
insensiblement *adv.* imperceptibly
insigne *m.* badge
insignifiance *f.* insignificance
insignifiant(e) *adj.* insignificant
insinuer to insinuate
insistance *f.* insistence
insoutenable *adj.* unbearable
instable *adj.* unstable
installer to set
instituteur / institutrice *m., f.*
    instructor; teacher
instruire (*like* **conduire**) *irreg.* to
    instruct
insupportable *adj.* unbearable
interdire (*like* **dire**, except **vous
    interdisez**) *irreg.* to forbid
interdit(e) *adj.* forbidden;
    dumbfounded
interlocuteur / interlocutrice *m., f.*
    speaker
interpeller to call out; to shout at
interrogateur / interrogatrice *adj.*
    questioning, inquiring
interrompre (*like* **rompre**) *irreg.* to
    interrupt
intervalle *m.* interval; space
intervenir (*like* **venir**) *irreg.* to
    intervene
intime *adj.* intimate
intimider to intimidate

intransigeant(e) *adj.*
    uncompromising, hard-nosed
intrigue *f.* intrigue; plot
introduire (*like* **conduire**) *irreg.* to
    introduce
intrus(e) *m., f.* intruder
inutile *adj.* useless
inverse *adj.* opposite; reverse
irlandais(e) *adj.* Irish
ironie *f.* irony
ironique *adj.* ironic(al)
irrespectueux / irrespectueuse *adj.*
    disrespectful
l'irruption *f.* irruption; **faire
    irruption** (**chez quelqu'un**) to
    burst in (*on s.o.*)
issue *f.* conclusion
ivre *adj.* drunk
ivresse *f.* drunkenness;
    exhilaration
ivrogne *m.* drunkard

jais *m.* jet (*metal*)
jalonner to punctuate
jalousie *f.* jealousy
jaloux / jalouse *adj.* jealous
jamais *adv.* ever; **ne... jamais** never
jambe *f.* leg
jardin *m.* garden
jaseron *m.* ribbon
jatte *f.* bowl
jaune *adj.* yellow
jeu *m.* game
jeune *adj.* young
jeunesse *f.* youth
joie *f.* joy; **faire la joie de
    quelqu'un** to delight s.o.
joindre (*p.p.* **joint**) *irreg.* to join
joncher to strew
joue *f.* cheek; **mettre en joue** to
    aim (*at*)
jouer to play (*a game*); **jouer de** to
    play (*an instrument*); **jouer des
    mandibules** to chow down; to
    eat
jouet *m.* toy
jouir de to enjoy
jour *m.* day; **au point du jour** at
    dawn; **avoir son jour** to have a

day off (*maid*); **du jour au
    lendemain** overnight; **en plein
    jour** in the daylight; **mettre au
    jour** to bring to light; **sous son
    véritable jour** in his / her true
    colors
journal *m.* newspaper
joyeusement *adv.* joyfully
joyeux / joyeuse *adj.* joyful;
    cheerful
juge *m.* judge
jugement *m.* sentence; decision;
    porter un jugement sur to pass
    judgment on
jumeau / jumelle *m., f., adj.* twin
jupe *f.* skirt
jurer to swear
jus *m.* juice
jusque *prep.* as far as, up to; until
juste *adv.* just; precisely
justement *adv.* just; precisely

kermesse *f.* fair, bazaar

labourer to plow
laboureur *m.* plowman
lac *m.* lake
laid(e) *adj.* ugly
laideur *f.* ugliness
laine *f.* wool
laisser to leave
lait *m.* milk
lame *f.* blade
laminoir *m.* rolling mill
lampion *m.* Chinese lantern
lancer (**nous lançons**) to throw;
    lancer un coup d'œil à to flash a
    glance at
lancinant(e) *adj.* tormenting
langage *m.* language
langue *f.* tongue; language
langueur *f.* languidness
lapin *f.* rabbit
laque *f.* lacquer
large *m.* open sea; width; **au large
    de** close to
larme *f.* tear; **verser des larmes** to
    shed some tears
las(se) *adj.* tired

laver to wash

lecteur / lectrice *m., f.* reader

lecture *f.* reading

lendemain *m.* next day; **du jour au lendemain** *adv.* overnight

lent(e) *adj.* slow

lenteur *f.* slowness

lettre *f.* letter

lever (je lève) to lift; **se lever** to get up

levier *m.* lever

liaison *f.* (love) affair

liane *f.* creeper

libellule *f.* dragonfly

libre *adj.* free

lien *m.* bond; connection

lier to bind; to tie

lieu place; **au lieu de** *prep.* instead of; **avoir lieu** to take place

lieue *f.* league (*approximately 2 km.*)

ligne *f.* line; **ligne directrice** guiding line

ligoter to bind hand and foot

ligue *f.* league, association

limpide *adj.* limpid; lucid

linge *f.* linen; washing

liquide *m.* liquid

lire (*p.p.* lu) *irreg.* to read

lisse *adj.* smooth

lisser to smooth down

liste *f.* list

lit *m.* bed; **descente (*f.*) de lit** bedside rug; **se mettre au lit** to go to bed

livre *m.* book

livrer to hand over; **livrer combat** to enter into conflict; **se livrer** to give oneself over to

logement *m.* housing

loger (nous logeons) to accommodate

logette *f.* small room

logique *adj.* logical; *f.* logic

loi *f.* law

loin *adv.* far

lointain(e) *adj.* distant, remote

loisir *m.* leisure time; **avoir loisir de** to have time to

long *m.* length; **au long de** *prep.* throughout; **le long de** *prep.* along

longer (nous longeons) to go along

longtemps *adv.* a long time

longuement *adv.* at length

loque *f.* rag

loquet *m.* latch

lorgner to eye

lors (de) *adv.* at the time of; during

lorsque *conj.* at the moment when

loup *m.* wolf

loupe *f.* magnifying glass

lourd(e) *adj.* heavy

luciole *f.* firefly

ludique *adj.* play

lueur *f.* light; glimmer; gleam

lugubre *adj.* gloomy

luire (*p.p.* lui) *irreg.* to shine

lumineux / lumineuse *adj.* luminous

lunaire *adj.* lunar

lune *f.* moon; **pleine lune** full moon

lunettes *f. pl.* glasses

luron *m.* lad

lustre *m.* luster

luth *m.* lute

lutte *f.* struggle; **être en lutte contre** to fight against

luxe *m.* luxury

lyrisme *m.* lyricism

machin *m.* thing; thingamajig

machine *f.* machine; **machine à battre** threshing machine

magasin *m.* store

mage *m.* magus

magie *f.* magic

maigre *adj.* thin, skinny; small; scanty, slim

maille *f.* stitch

main *f.* hand; **les mains vides** empty-handed; **creux *m.* de la main** the hollow of one's hand; **sac (*m.*) à main** purse

maintenant *adv.* now

maintenir (*like* tenir) *irreg.* to keep

maintien *m.* maintenance; upholding

mairie *f.* town hall

mais *conj.* but

maison *f.* house; home; **maison de campagne** house in the country

majeur(e) *adj.* major

mal *m.* (*pl.* les maux) evil; wrong; trouble; **avoir du mal à** to have trouble; **avoir mal à la tête** to have a headache; **il n'y a pas de mal** there is no harm; **mal de mer** seasickness; **se donner du mal à** to take trouble over; **se trouver mal** to feel sick; **vouloir du mal à** to wish trouble for (*s.o.*); *adv.* badly, not properly; **mal à l'aise** ill at ease; **pas mal** not bad; **tant bien que mal** so-so

malade *adj.* diseased

maladie *f.* sickness, disease

maladresse *f.* clumsiness

malaise *m.* uneasiness

malchance *f.* bad luck, misfortune

malhabile *adj.* clumsy

malheur *m.* misfortune

malheureux / malheureuse *adj.* unfortunate; unhappy

malice *f.* mischief; malice

malignement *adv.* cleverly

malin / maligne *adj.* smart, clever; **faire le malin** to show off

malle *f.* trunk

malveillance *f.* malevolence, hostility

malveillant(e) *adj.* malevolent

mamelle *f.* breast

manche *f.* sleeve

mander to announce

mandibule: **jouer des mandibules** to chow down; to eat

manger (nous mangeons) to eat; **salle (*f.*) à manger** dining room

manie *f.* odd habit

manier to handle

manifestement *adv.* obviously

se manifester to show oneself

manœuvrer to maneuver; to operate

manque *m.* lack

manquer to miss; to lack; **manquer** + *inf.* to nearly + *inf.;* **manquer à sa parole** to fail to keep one's word

manteau *m.* coat

manuel *m.* manual

maquis *m.* scrub, bush

marbre *m.* marble

marchand *m.* merchant

marchandise *f.* goods, merchandise

marche *f.* walk; **se mettre en marche** to get moving

marcher to walk

mari *m.* husband

mariage *m.* marriage; **demander en mariage** to ask for one's hand

marier to blend, harmonize; **se marier (avec)** to marry

marin(e) *adj.* sea, marine; *m.* sailor

marivauder to banter

marmite *f.* (cooking) pot

marque *f.* brand, make

marquer to mark

marquise *f.* marchioness

marron *adj. inv.* brown

masque *m.* mask

masse *f.* mass; massive shape

masser to massage

massif / massive *adj.* massive

matelas *m.* mattress

maternel(le) *adj.* maternal

matin *m.* morning

maudire (*p.p.* **maudit**) *irreg.* to curse

maudit(e) *adj.* cursed

maussade *adj.* gloomy, sullen

mauvais(e) *adj.* bad, poor; **mauvais génie** evil genius

meilleur(e) *adj.* better; **le / la meilleur(e)** the best (one)

mendiant *m.* beggar

mendier to beg

mener (**je mène**) to lead

menotte *f.* small hand

mensonge *m.* lie

menthe *f.* mint

mentir (*like* **dormir**) *irreg.* to lie

menton *m.* chin

menu(e) *adj.* small

mer *f.* sea; **mal** (*m.*) **de mer** seasickness

mercenaire *m.* mercenary

merci *f.* mercy; *m.* thanks

mère *f.* mother

merisier *m.* wild cherry (*type of wood*)

merveilleux / merveilleuse *adj.* marvelous, wonderful; *m.* supernatural

messe *f.* mass

mesure *f.* measure; measurement; **à mesure que** *conj.* as; **au fur et à mesure** little by little

mettre (*p.p.* **mis**) *irreg.* to put; **mettre au jour** to bring to light; **mettre au point** to perfect; **mettre du temps à** to take a long time to; **mettre en joue** to aim (at); **mettre en présence de** to let someone face; **mettre en scène** to present; to stage; **mettre en valeur** to bring out, to highlight; **mettre fin à** to put an end to; **se mettre à** to start to; **se mettre à table** to sit down to eat; **se mettre d'accord** to reach an agreement; **se mettre en colère** to get angry; **se mettre en marche** to start walking; **y mettre du sien** to participate

mets *m.* dish

meuble *m.* furniture

meurtre *m.* murder

meurtrier / meurtrière *m., f.* murderer

miche *f.* round loaf; *pl.* buttocks

midi *m.* noon; south

mie *f.* crumb

miette *f.* crumb

mieux *adv.* better; **le mieux** the best

mil *m.* cereal

milieu *m.* middle; milieu, environment; **au milieu** in the middle, among; **en plein milieu** right in the middle

militaire *adj.* military

mille *adj.* thousand

millier *m.* thousand

mince *adj.* thin

mine *f.* expression; **faire mine de** to pretend

ministre *m.* minister

minuit *m.* midnight

se mirer to be reflected

miroir *m.* mirror

mitraillette *f.* submachine gun

mixte *adj.* mixed

mobile *m.* motive

mobylette *f.* moped

mode *m.* method; way; **mode de vie** way of life

mode *f.* fashion

moelle *f.* marrow (*of bone*); **jusqu'aux moelles** to the core

moelleux / moelleuse *adj.* smooth

mœurs *f. pl.* morals; customs; manners

moindre *adj.* least

moine *m.* monk

moins *adv.* less; **à moins que** *conj.* unless; **au / du moins** at least; **plus ou moins** more or less

mois *m.* month

moite *adj.* sticky; sweaty

mollement *adv.* softly

monde *m.* world

mondial(e) *adj.* world

mongolien(ne) *adj.* Mongolian

monnaie *f.* currency

monotone *adj.* monotonous

Monseigneur *m.* Your Highness

monstre *m.* monster

monstresse *f.* female monster

mont *m.* mountain

montage *m.* editing (*film*)

montagnard(e) *adj.* mountain

montagne *f.* mountain

montagneux / montagneuse *adj.* mountainous; hilly

monter to go up; to rise; to get into

montre *f.* watch

montrer to show

se moquer de to laugh at

moqueur / moqueuse *adj.* mocking

morale *f.* morality

morceau *m.* piece, bit

mordre to bite

mort *f.* death

mort(e) *adj.* dead

mot *m.* word; **à mots couverts** in veiled terms

motif *m.* pattern

motiver to motivate

moto *f.* motorcycle

motte *f.* lump (*of earth*)

mou / molle *adj.* soft; weak

mouche *f.* fly

moucher to blow s.o.'s nose

mouchoir *m.* handkerchief

moue *f.* pout

mouflon *m.* type of goat

mouiller to wet

mourant(e) *adj.* dying; faint

mourir (*p.p.* **mort**) *irreg.* to die

mousseline *f.* muslin; chiffon

moussu(e) *adj.* moss covered

mouton *m.* sheep

mouvement *m.* movement

moyen *m.* means, way

moyen(ne) *adj.* average; *f.* average

muet(te) *adj.* dumb; mute; silent

mule *f.* slipper

multicolore *adj.* multicolored

munir to equip

mur *m.* wall

muraille *f.* (*high*) wall

mural(e) *adj.* wall

musulman(e) *adj.* Muslim

mythe *m.* myth

naissance *f.* birth **donner naissance à** give birth to

naître (*p.p.* **né**) *irreg.*

nappe *f.* tablecloth; sheet of water

narcisse *f.* daffodil

narines *f. pl* nostrils

narrateur / narratrice *m., f.* narrator

narratif / narrative *adj.* narrative

narration *f.* narration, narrative

naseau *m.* nostril (*of a horse*)

natal(e) *adj.* native

nation *f.* nation; **Organisation** (*f.*) **des Nations Unies** United Nations Organization

national(e) (*pl.* **nationaux**) *adj.* national; **Front** (*m.*) **de Libération Nationale (FLN)** *nationalist movement in Algeria*

nationaliste *m., adj.* nationalist

nature *f.* nature, character; **contre nature** unnatural

naturel(le) *adj.* natural, relaxed

naturellement *adv.* naturally, of course

naviguer to navigate

navire *m.* ship

ne (n') *adv.* no; not; **ne... aucun(e)** no; **ne... guère** not much; **ne... jamais** no longer; **ne... ni... ni** neither . . . nor; **ne... pas** not; **ne... personne** nobody; **ne... plus** no longer; **ne... point** not at all; **ne . . . (plus) que** only; **ne... rien** nothing

n'importe: n'importe où anywhere; **n'importe quel(le)** *adj.* any; **n'importe quoi** anything

neige *f.* snow

neiger to snow

neigeux / neigeuse *adj.* snowy

nerveusement *adv.* nervously, with nervousness

nerveux / nerveuse *adj.* agitated; fidgety; nervous

net(te) *adj.* clean; neat; clear; **conscience nette** clear conscience

nettement *adv.* clearly, distinctly

nettoyer (**je nettoie**) to clean up

neuf *adj. m.* nine

neuf / neuve *adj.* new

neutre *adj.* neutral

nez *m.* nose; **nez à nez (avec)** face to face (with)

niais(e) *adj.* naive, simpleminded

Nice *city on the French Riviera*

nid *m.* nest

nier to deny

niveau *m.* level

noblement *adv.* with nobility, as a noble

noblesse *f.* nobleness, nobility

noce *f.* wedding

nœud *m.* knot

noir(e) *adj.* black; **tableau** (*m.*) **noir** blackboard; *m.* darkness; black color

nom *m.* name; noun

nomade *m., f.* nomad

nombre *m.* number; **être du nombre** to be among

nombreux / nombreuse; *adj.* numerous, many

nommer to name; **se nommer** to be called

nonobstant *prep.* notwithstanding

nord *m.* north

norme *f.* norm, rule

nostalgie *f.* homesickness, nostalgia

nota *f.* footnote

note *f.* note; musical note

noter to note; to notice

notre *adj.* our

nouer to tie; **se nouer** to tighten

nourri(e) *adj.* nourished

nourrir to feed, nourish; **se nourrir** to feed oneself

nourriture *f.* food

nouveau (nouvel, nouvelle [nouveaux, nouvelles]) *adj.* new; **à (de) nouveau** *adv.* anew; **Nouvel An** New Year; **une nouvelle fois** again, one more time

nouvelle *f.* a piece of news; novella, short story

nouvellement *adv.* newly
novembre *m.* November
noyau *m.* kernel
noyer (je noie) to drown
nu(e) *adj.* naked; uncovered;
  clear
nuage *m.* cloud
nuire (*p.p.* **nui**) *irreg.* to harm
nuisible *adj.* harmful
nuit *f.* night; **de nuit** by night;
  faire nuit to turn dark
nuitamment *adv.* by night
nul(le) *adj.* no; **nulle part** nowhere
nuque *f.* nape of the neck

objectif / objective *adj.* objective
obligation *f.* duty; **s'acquitter de
  ses obligations** to carry out
  one's duties
obscur(e) *adj.* dark
observer to observe; to watch;
  faire observer to point out
obstacle *m.* obstacle; **faire obstacle
  à** to hinder
obstination *f.* obstinacy,
  stubbornness
obtenir (*like* **tenir**) *irreg.* to get,
  obtain
obtention *f.* obtainment
occasion *f.* opportunity, chance; **à
  l'occasion** *adv.* when the
  opportunity offers; **à l'occasion
  de** during
Occident *m.* the West
occidental(e) (*pl.* **occidentaux**)
  adj. western
occuper to occupy; to fill;
  s'occuper to get busy
octobre *m.* October
octroyer (j'octroie) to grant; to
  bestow
odeur *f.* smell, odor
odieux / odieuse *adj.* odious,
  hateful, heinous
œil (*pl.* **yeux**) *m.* eye; **avoir à l'œil**
  to keep an eye on; **clin** (*m.*)
  d'œil wink; **coup** (*m.*) **d'œil**
  glance; **du coin de l'œil** out of
  the corner of one's eye; **lancer**

un coup d'œil to glance;
  tourner de l'œil to faint
œuf *m.* egg
œuvre *m., f.* work, works; **chef-
  d'œuvre** *m.* masterpiece
offense *f.* offense; affront
offenser to offend; to insult
offensive *f.* offensive, attack
officiel(le) *adj.* official
officiellement *adv.* officially
offre *f.* offer; **l'offre et la demande**
  supply and demand
offrir (*like* **ouvrir**) *irreg.* to offer;
  to provide; **offert(e)** *p.p.*
  offered; **offrant** *pr.p.* offering; **au
  plus offrant** to the highest
  bidder
s'offusquer to take offense at
oie *f.* goose
oignon *m.* onion
oiseau *m.* bird
oisif / oisive *adj.* lazy, idle
ombre *f.* shadow; shade; darkness;
  obscurity
oncle *m.* uncle
onde *f.* wave
ondoyer (il ondoie) to undulate;
  to wave
onduler to undulate; to wave; to
  ripple
opposer to oppose; to put up a
  resistance; **s'opposer** to oppose;
  to resist
opposition *f.* opposition; **par
  opposition à** in contrast with;
  in relation to
oppressant(e) *adj.* oppressing;
  heavy; stifling
opter to choose; to opt for
optimiste *adj.* optimistic
opulent(e) *adj.* opulent, abundant
orage *m.* storm
oral(e) *adj.* oral; **artiste** (*m.*) **oral**
  oral performer; **examen** (*m.*)
  oral oral exam
oralement *adv.* orally; by word of
  mouth
orbite *f.* orbit; socket of the eye
ordinaire *adj.* ordinary, plain

ordinairement *adv.* ordinarily,
  usually
ordonner to order, command
ordre *m.* order
oreille *f.* ear; **tendre l'oreille** to
  prick up one's ears
organe *m.* organ
orgue *m., f.* organ (*instrument*)
orgueil *m.* pride
orienter to direct; **s'orienter** to
  direct oneself; to find one's
  bearings
originaire *adj.* native; **être
  originaire de** to be from
original(e) (*pl.* **originaux**) *adj.*
  original; peculiar
origine *f.* origin; extraction
orner to decorate; to adorn
os *m.* bone; **mouillé jusqu'aux os**
  soaked to the skin
oser to dare
osciller to oscillate; to swing from
  side to side
osier *m.* wicker
ostensiblement *adv.* ostensibly
ouais *interj. fam.* yes
oubli *m.* omission; forgetfulness
oublier to forget; **faire oublier** to
  cause to forget
oublieux / oublieuse *adj.* forgetful
ouest *m.* west **à l'ouest** to the
  west
Ouolof *inv.* Wolof (*Senegalese
  ethnic group or language*)
ourlet *m.* hem
outre *prep.* in addition to
outre *f.* wineskin, water skin (*bag
  made from animal skin*)
ouverture *f.* opening
ouvrage *m.* work; book
ouvrager (nous ouvrageons) to
  work; to decorate
ouvrir (*p.p.* **ouvert**) *irreg.* to open;
  ouvrir sur to face; **s'ouvrir** to
  open

Pacifique *m.* Pacific Ocean
pagne *m.* loincloth, wraparound
paille *f.* straw

pain *m.* bread; **tranche** (*f.*) **de pain** slice of bread

paisible *adj.* peaceful

paisiblement *adv.* peacefully

paix *f.* peace

palais *m.* palace

palatine *f.* fur cape, fur scarf

paletot *m.* short coat

pan *m.* flap; patch; piece

panier *m.* basket

panique *f.* panic; **être pris de panique** to be panic-stricken

panser to dress a wound

pantalon *m.* pair of pants, trousers

pantoufle *f.* slipper

paon *m.* peacock

papa *m.* daddy, father

papier *m.* paper; document

papillon *m.* butterfly

paquebot *m.* liner, steamer

paquet *m.* bundle, pack, parcel

par *prep.* by, out of, after; **commencer (finir) par** begin (end) by (*doing s.th.*); **par ailleurs** by another route or way; in other respects; **par conséquent** consequently; **par contre** on the hand, on the contrary; **par écrit** in writing; **par endroits** here and there; **par exemple** for example; **par ici (là)** around here (there), here (there); **par instants (moments)** on and off, from time to time; **par opposition à** as opposed to; **par rapport à** in relation to; **par temps sec (clair)** on a dry (clear) day; **par terre** on the ground

parabole *f.* parable

paradis *m.* paradise

paradisiaque *adj.* relating to paradise

paradoxal(e) *adj.* paradoxical

paraître (*like* **connaître**) *irreg.* to appear; to seem

parapluie *m.* umbrella

parc *m.* park

parcelle *f.* part, parcel, portion

parce que *conj.* because

parcourir (*like* **courir**) *irreg.* to run; to travel through; to traverse

parcours *m.* distance covered

pardon *m.* pardon, forgiveness; *interj.* excuse me, sorry

pardonner to pardon, forgive; to excuse

pareil(le) *adj.* similar, same, such a

parent(e) *m., f.* parent, relative

paresse *f.* laziness

paresseux / paresseuse *adj.* lazy

parfait(e) *adj.* perfect

parfaitement *adv.* perfectly

parfois *adv.* sometimes

parfum *m.* perfume, fragrance

parisien(ne) *adj.* Parisian

parler to speak

parmi *prep.* among

paroi *f.* wall

parole *f.* speech, statement, word; **adresser la parole à** to speak to; **manquer de parole** to break one's word; **rendre sa parole à quelqu'un** to free s.o. from his / her promise

paroxysme *m.* climax

parsemer (de) (je parsème) to strew, to sprinkle (with)

part *f.* share, part, portion; **de la part de** on behalf of, from; **d'une part… d'autre part** on the one hand … on the other hand; **de toutes parts** from all sides; **nulle part** *adv.* nowhere; **quelque part** *adv.* somewhere

partager (nous partageons) to share

partenaire *m., f.* partner

parterre *m.* flower bed

parti *m.* party, side; **parti pris** prejudice, preconceived idea; **prendre le parti de** to take the side of; to decide to; **prendre parti pour (contre)** to side with (against); **prendre son parti** to make up one's mind

participer to participate; **participer à** to take part in

particulier / particulière *adj.* particular, specific; *m.* individual

partie *f.* part, portion; game; **faire partie de** to be part of; **faire une partie de pêche** to go fishing

partir (*like* **dormir**) *irreg.* to leave, depart; **à partir de** *prep.* from

partisan(e) *m., f.* partisan, supporter

partout *adv.* everywhere; **partout ailleurs** anywhere else

paru *p.p.* of **paraître** appeared

parure *f.* finery; set of jewelry

parvenir (*like* **venir**) *irreg.* to arrive; to reach; to succeed; **parvenir à** to succeed in

pas *adv.* not; **ne… pas** not; **pas encore** not yet

pas *m.* step; **faux pas** mistaken action; **à pas comptés** with measured steps; **à quelques pas de** a few steps away from; **faire les cent pas** to pace up and down; **revenir sur ses pas** to retrace one's steps

passage *m.* passage; passing; **passage clouté** crosswalk

passant(e) *m., f.* passerby

passer to spend; to go by; to drop by; to enter; to cross; to proceed; **passer à l'attaque** to launch an attack; **passer en contrebande** to smuggle; **passer pour** to be supposed to; to be taken for; **passer sous silence** to hush up; **passer un examen** to take an exam; **se passer** to happen; to take place; **se passer de** to do without

passerelle *f.* footbridge, gangway

Pater *m.* Paternoster

paternel(le) *adj.* paternal, fatherly

patienter to be patient; to wait patiently

patrie *f.* fatherland, home

patron(ne) *m., f.* boss, employer; business owner
patronal(e) (*pl.* **patronaux**) *adj.* relating to an entrepreneur (employer)
patrouiller to patrol
patte *f.* paw, leg
paume *f.* palm of the hand
pauvre *adj.* poor; **pauvre ami** dear friend, poor thing; **pauvre type (diable)** poor guy
payer (**je paie / paye**) to pay; **payer l'écot de quelqu'un** to pay s.o.'s share
pays *m.* country; region
paysage *m.* landscape
paysan(ne) *m., f.* peasant
peau *f.* skin
peccadille *f.* pecadillo, small sin; fault
peindre (*p.p.* **peint**) *irreg.* to paint
peine *f.* pain, suffering; difficulty; **à peine** *adv.* hardly; **avoir peine à** to have trouble (*doing s.th.*); **ce n'est pas la peine de** no need to; **s'épargner la peine de** to spare oneself the trouble
peiner to sadden; to upset; to have trouble
peintre *m., f.* painter
peinture *f.* paint; painting
pelle *f.* shovel
pellicule *f.* film, layer
pencher to incline; to lean; **se pencher** to lean over
pendant *prep.* during; **pendant que** *prep.* while
pendre to hang; to dangle
penser to think
pensivement *adv.* thoughtfully, pensively
pente *f.* slope, slant, inclination
percevoir (*like* **recevoir**) *irreg.* to perceive
perdre to lose; **perdre pied** to slip; to lose one's balance; **se perdre** to be lost
perfectionnement *m.* perfection

permettre (*like* **mettre**) *irreg.* to allow; to enable; **se permettre** to take the liberty; to afford
permission *f.* permission; leave of absence
perpendiculairement *adv.* at right angles, vertically
perruque *f.* wig
persienne *f.* shutter
personnage *m.* character, figure
personne *f.* person; **personne... ne** nobody
personnifier to personify
perspective *f.* perspective, prospect
perte *f.* loss; ruin
pertinent(e) *adj.* pertinent, appropriate
perturber to upset
peser (**je pèse**) to weigh; to insist on
peste *f.* plague
petit(e) *adj.* small, little; subaltern; **à petit feu** slowly; **petit(e) ami(e)** *m., f.* boyfriend, girlfriend; **petit à petit** little by little; **petit-fils** grandson; **petite-fille** granddaughter; *m., f.* boy, girl, child
peu *adv.* little; few; **à peu près** almost, roughly; **depuis peu** not long (ago); **il s'en faut de peu** almost; **peu à peu** little by little; **peu importe** it matters little, it does not matter; **quelque peu** somewhat; **un peu** a little
peul(e) *m., f.* Fulani (*African ethnic group*)
peuple *m.* people; population, nation; **menu peuple** ordinary people, the masses
peur *f.* fright, fear; **avoir peur** to be afraid; **faire peur** to frighten
phobie *f.* phobia
phrase *f.* sentence
physique *adj.* physical; *m.* body, physical appearance
physiquement *adv.* physically
piastre *f.* piaster (*currency*)

pied *m.* foot; **à pied** on foot; **au pied de** under (at) the foot of
pierre *f.* rock
pigeon *m.* pigeon
piler to pound
pillage *m.* plundering, looting
pinceau *m.* paintbrush
pincement *m.* pinch, pinching
pire *adj.* worse; **le / la pire** the worst
pis *adj. inv., adv.* worse; **tant pis** too bad
piste *f.* track; trail
pivoter turn
place *f.* seat, place; job; **faire (de la) place à** to make room for; **prendre place** to take a seat; **sur place** on the premises, in the same spot
se placer (**nous nous plaçons**) to position (*oneself*)
plafond *m.* ceiling
plaider to plead
plaindre (*like* **craindre**) *irreg.* to feel sorry for, to pity; **se plaindre** to complain
plaine *f.* plain, flatland
plaintif / plaintive *adj.* plaintive, mournful
plaire (*p.p.* **plu**) *irreg.* to please
plaisanter to joke
plaisanterie *f.* joke
plaisir *m.* pleasure
plan *m.* level; plane; point of view; map; **premier plan** foreground
plante *f.* plant
plaque *f.* board, panel, plate; **plaque minéralogique** license plate
plaquer to superimpose; to stick
plat *m.* plate, dish; flat side
plat(e) *adj.* flat
platement *adv.* flatly
plein(e) *adj.* full; **battre son plein** to reach its climax; **de plein fouet** directly; **en plein jour** in broad daylight
pleurer to cry, shed tears
pleurs *m. pl.* tears, sobs

pli *m.* crease, wrinkle
plier to fold; to bend
plisser to crease; to wrinkle; **plisser les yeux** to screw up one's eyes
plonger (**nous plongeons**) to dive; to throw oneself in
pluie *f.* rain
plume *f.* pen
plupart *f.* most
plus *adv.* more; **à plus forte raison** let alone; **au plus fort de** at the height of; **au plus vite** as fast as possible; **d'autant plus...que** the more . . . as; **de plus** moreover, in addition; **de plus en plus** more and more; **le (la) plus** the most; **ne... plus** *adv.* no more, no longer; **nettement plus** definitely more; **non plus** neither; **on ne peut plus** + *adj.* very, most + *adj.;* **tout au plus** at the most; **une fois de plus** one more time
plusieurs *adj. pron.* several; **à plusieurs égards** in several respects
pneu *m.* tire
poche *f.* pocket, pouch; **collection** (*f.*) **de poche** pocket edition (*books*)
poids *m.* weight
poignard *m.* dagger
poignet *m.* wrist
poing *m.* knuckle; **coup** (*m.*) **de poing** blow given with the fist
point *m.* point; **au point du jour** at daybreak; **être sur le point de** to be about to; **mettre au point** to develop; to perfect; **ne... point** not at all; **point de vue** point of view; **points cardinaux** points of the compass
pointe *f.* tip; **avec une pointe d'hésitation** with a bit of hesitation; **sur la pointe des pieds** on tiptoe
pointilleux / pointilleuse *adj.* finicky, fussy

pointu(e) *adj.* sharp-pointed
poire *f.* pear
poireau *m.* leek
poisson *m.* fish
poitrine *f.* chest
poli(e) *adj.* polite
policier / policière *adj.* police; detective; **genre** (*m.*) **policier** genre of detective stories; **roman** (*m.*) **policier** detective novel
politique *f.* politics, policy; *adj.* political
polygamie *f.* polygamy
pomme *f.* apple; **pomme de terre** potato
pomper to pump; to suck up
ponctuer to punctuate
pont *m.* bridge; **faire le pont** to link up
popote *f.* cooking
populaire *adj.* popular
porche *m.* porch
port *m.* port; **port d'escale** port of call
porte *f.* door, gate; **porte cochère** carriage entrance
portefaix *m.* porter, street porter; dockhand
portefeuille *m.* wallet
porter to bring; to carry; to bear; to wear; **porter la griffe sur** to sink its claws into; **porter un regard sur** to look at; **se porter** to fare; to feel; **se porter au secours de** to go to s.o.'s rescue
porteur / porteuse *adj.* carrier
portier *m.* doorman
portillon *m.* small door
portuaire *adj.* harbor
poser to lay, to set; to pose; **poser des questions** to ask questions; **se poser** to land
positif / positive *adj.* positive
possesseur *m.* possessor
possession *f.* possession, ownership
poste *m.* post, station; job; **chaise** (*f.*) **de poste** post chaise (*type of carriage*); *f.* post office

posthume *adj.* posthumous
posture *f.* posture, position; **se mettre en posture** to put oneself in position
potage *m.* soup
potager / potagère *adj.* for the pot, for cooking; **jardin** (*m.*) **potager** vegetable garden
poterie *f.* pottery
pouah *interj.* ugh
pouce *m.* thumb
poudre *f.* powder; gunpowder
poule *f.* hen
poulet *m.* chicken
poumon *m.* lung
pour *prep.* for, as, in order to; **pour que** *conj.* so that
pourpre *adj.* purple, crimson
pourquoi *adv., conj.* why
poursuivre (*like* **suivre**) *irreg.* to pursue; to follow; to continue
pourtant *adv.* yet, though
pourvu que *conj.* provided, on the condition that
pousser to grow; to push; to let out; to heave
poutre *f.* beam
pouvoir (*p.p.* **pu**) *irreg.* to be able to, can, may; *m.* power, might
prairie *f.* meadow, prairie
pratique *adj.* practical; *f.* practice
pratiquement *adv.* practically
pratiquer to practice
premier / première *adj.* first; **premier étage** second floor (*U.S.*); **premier tracé** sketch
prendre (*p.p.* **pris**) *irreg.* to take; to catch; **se faire prendre** to get caught
presque *adv.* almost, nearly
pressant(e) *adj.* insistent
pressentir (*like* **sentir**) *irreg.* to have a premonition about
presser to press; **se presser** to hurry
preuve *f.* proof, evidence
prier to pray; to beg, entreat; **je vous en prie** please; **se faire prier** to be coaxed

primordial(e) (*pl.* **primordiaux**) *adj.* primordial
prince / princesse *m., f.* prince, princess
principal(e) (*pl.* **principaux**) *adj.* main, principal
principe *m.* principle
printemps *m.* spring; **au printemps** in the spring
prise *f.* catch; arrest
prison *f.* prison, jail; **aller en prison** to go to jail
prisonnier / prisonnière *m., f.* prisoner
prix *m.* price; prize
probable *adj.* probable, likely
prochain(e) *adj.* next; *m., f.* the next one
proche *adj.* near
procurer to provide; to give
prodiguer to squander; to lavish
productif / productive *adj.* productive
produire (*like* **conduire**) *irreg.* to produce, to yield; to lead to; to create
produit *m.* product, good
profane *adj.* profane; *m., f.* uninitiated person, outsider
professeur *m.* professor, teacher
professionnel(le) *adj.* professional; *m., f.* expert, professional
profil *m.* profile; contour, outline; **de profil** from the side
se profiler to stand out in profile; to be silhouetted
profit *m.* benefit; profit
profiter to take profit; to take advantage
profond(e) *adj.* profound; deep
profondeur *f.* depth; profundity
programme *m.* program; project
proie *f.* prey; **être en proie à** to be experiencing; to be racked by
projet *m.* project, plan
projeter (**je projette**) to project; to cast

prolonger (**nous prolongeons**) to prolong; to extend; **se prolonger** to persist; to last
promenade *f.* walk, stroll
promener (**je promène**) to take out for a walk; to show around; **se promener** to take a walk; to go for a ride
promesse *f.* promise
promettre (*like* **mettre**) *irreg.* to promise
pronom *m.* pronoun
prononcer (**nous prononçons**) to pronounce; to utter
prononciation *f.* pronunciation
propager (**nous propageons**) to propagate; to spread
propice *adj.* propitious, favorable
propos *m. pl.* comments; **à propos** by the way; **à propos de** about; **à tout propos** constantly
proposer to propose; to suggest; to offer
propre *adj.* clean; own; **propre à** peculiar to; likely to; **sens** (*m.*) **propre** literal meaning
proscrit *m.* outlaw
protagoniste *m., f.* protagonist
prouver to prove
proverbe *m.* proverb
provision *f.* stock, supply
provocant(e) *adj.* provocative
provoquer to provoke; to arouse; to give rise to
prudence *f.* caution, prudence
prudent(e) *adj.* cautious, prudent
prunier *m.* plum tree
psychiatre *m., f.* psychiatrist
public / publique *adj.* public; *m.* public
publier to publish
puis *adv.* then, next
puis *archaic form of* (**je**) **peux** (**pouvoir**) can, am able to
puiser to draw from; to draw on
puisque *conj.* since
puissance *f.* power, might, strength
puits *m. sing.* well
punir to punish

punition *f.* punishment
pur(e) *adj.* pure; clean
purgatoire *m.* purgatory

quai *m.* dock, quay
qualificatif *m.* qualifying
quand *conj., adv.* when
quant à *prep.* as for
quarante *adj., m.* forty
quart *m.* quarter, one-fourth
quartier *m.* neighborhood, district
quatre *adj., m.* four
quel(le) *adj.* what, which
quelque(s) *adj.* some, any; a few; **quelque chose** something; **quelque part** somewhere; **quelque peu** somewhat
quelquefois *adv.* sometimes
querelle *f.* quarrel, squabble
se quereller to quarrel, squabble
question *f.* question; **mettre en question** to question
queue *f.* tail
qui *pron.* who, whom, that, which; **ce qui** *pron.* that which; **qu'est-ce qui** *interr.* what
quiconque *pron.* whoever, anyone who
quitter to leave; to give up; **ne pas quitter des yeux** not to let out of one's sight
quitte à even if
quoi *pron.* what; **avoir de quoi vivre** to have something to live on; **n'importe quoi** anything
quoique *conj.* although, though
quolibet *m.* gibe
quotidien(ne) *adj.* daily

rabattu(e) *adj.* pulled down
racine *f.* root
racler to scrape
raconter to narrate; to tell
radiophonique *adj.* radio
raffinage *m.* refining, oil refining
rage *f.* anger
raide *adj.* stiff
raidillon *m.* steep rise in a road, abrupt path

se raidir to stiffen

raison *f.* reason, motive; mind; **à plus forte raison** let alone; **avoir raison** to be right; **en raison inverse de** to be in inverse proportion to

raisonnement *m.* reasoning

ralentir to slow down

Ramadan *m.* Ramadan; Islamic fasting month

ramasser to pick up; to gather

rame *f.* oar

ramener (je ramène) to bring back; to drive (*s.o.*) back; **se ramener à** to boil down to

rançon *f.* ransom

rancune *f.* grudge; rancor

rang *m.* rank; row

rangé(e) *adj.* lined up

ranger (nous rangeons) to arrange; to put away

ranimer to revive

rapetisser to make smaller; to shorten

rapide *adj.* fast, quick

rapidement *adv.* quickly, fast

rappeler (je rappelle) to remind, suggest; **se rappeler** to remember

rapport *m.* relationship; report; rapport; **par rapport à** in relation to

rapporter to bring back; **se rapporter à** to refer to

rapproché(e) *adj.* related

rapprochement *m.* comparison

rapprocher to bring closer; **se rapprocher** to come closer

rasé(e) *adj.* razed

se raser to shave

rassembler to assemble

rassurer to reassure; **se rassurer** to be reassured

raté *m.* misfiring; **faire des ratés** to misfire

rattraper to catch

rauque *adj.* hoarse

ravin *m.* gully

ravissement *m.* rapture

ravisseur / ravisseuse *m., f.* kidnapper

ravitaillement *m.* resupplying

ravitailler to resupply

rayon *m.* beam, ray

réaction *f.* reaction

réagir to react

réalisateur / réalisatrice *m., f.* director

réalité *f.* reality; **en réalité** in fact

rebelle *adj.* rebellious

rebord (*m.***) de la fenêtre** windowsill

reboutonné(e) *adj.* rebuttoned

rebrousser chemin to turn back

recevoir (*p.p.*** reçu)** *irreg.* to receive

rechange *m.* change; **de rechange** spare

réchauffer to warm up

recherche *f.* search, research

rechercher to look for

récit *m.* account, narrative, story

réclamer to complain; to ask for; to reclaim

recoin *m.* hidden recess; *pl.* nooks and crannies

récolte *f.* harvest

récolter to gather

recommandation *f.* recommendation

se recommander à to commend oneself to

recommencer (nous recommençons) to begin again

récompense *f.* reward

récompenser to reward

réconforter to comfort

reconnaissance *f.* recognition; gratitude

reconnaissant(e) *adj.* grateful

reconnaître (*like*** connaître)** *irreg.* to recognize

reconnu(e) *adj.* acknowledged

reconstituer to piece together; **se reconstituer** to be reconstituted

reconstruire (*like*** conduire)** *irreg.* to reconstruct

se recoucher to lie down again; to go back to bed

recours *m.* recourse; **avoir recours à** to resort to

recouvrir (*like*** ouvrir)** *irreg.* to cover; to put a new cover on; **se recouvrir** to be covered with

recréer to recreate

récrire (*like*** écrire)** *irreg.* to rewrite

recroquevillé(e) *adj.* huddled up

recruter to recruit

recueil *m.* collection

recueillir *irreg.* to take in, gather

recuit(e) *adj.* dry, burned

reculer to step back; **reculer l'échéance** to defer, postpone

récupérer (je récupère) to get back

redescendre to go back down again; to get off again

redevenir (*like*** venir)** *irreg.* to become again

rédiger (nous rédigeons) to write

redoubler to intensify

redoutable *adj.* formidable

redouter to dread

se réduire à (*like*** conduire)** *irreg.* to be limited to

réécrire (*like*** écrire)** *irreg.* to rewrite

réel *m.* reality

réel(le) *adj.* real, true

réellement *adv.* truly

rééternuer to sneeze again

se refaire (*like*** faire)** *irreg.* to be remade; to change

réfectoire *m.* cafeteria

référence *f.* reference

référendum *m.* referendum

référent *m.* referent

se référer à (je me réfère) to refer to

refermer to close again; **se refermer** to close up (again)

réfléchir to think

reflet *m.* reflection, light

refléter (il reflète) to reflect

réflexion *f.* thought

refouler to repress

refroidir to cool (down)

se réfugier to take refuge

refus *m.* refusal

regagner to get back to

regard *m.* look, gaze

regarder to look at; to look

régime *m.* system (of government)

registre *m.* vein, register

régler (je règle) to settle

règle *f.* rule; **dans les règles** according to procedure (*ironic*); **entorse** (*f.*) **à la règle** exception to the rule

régner (je règne) to reign

regretter to regret; to miss

se régulariser to get straightened out

régulier / régulière *adj.* regular

régulièrement *adv.* regularly

réhabiliter to redeem

reine *f.* queen

reins *m. pl.* small of the back

rejet *m.* rejection

rejeter (je rejette) to reject; to throw down

rejoindre (*like* joindre) *irreg.* to join

réjouir to delight; **se réjouir** to be delighted

relancer (nous relançons) to start again

relater to recount

relatif / relative *adj.* relative

relation *f.* relationship; account

se relayer (ils se relaient) to take turns

relever (je relève) to raise; to find; **se relever** to stand up

relief *m.* relief (*geographical*)

religieuse *f.* nun

remarque *f.* remark, response

remarquer to notice

remède *m.* remedy, cure

se remémorer to recall

remercier to thank

remettre (*like* mettre) *irreg.* to set someone back on his / her feet; **remettre à l'esprit** to remind; **remettre en question** to call into question

remplacer (nous remplaçons) to replace

remplir to fill, fulfill; **se remplir de** to be filled with

remporter to win

remuer to move

rencontre *f.* encounter, meeting; conjunction; **aller à la rencontre de quelqu'un** to meet s. o.

rencontrer to meet, encounter

rendre to give back, return; to make; **rendre service à quelqu'un** to do a favor for s. o.; **rendre visite à quelqu'un** to visit s. o.; **se rendre compte** to realize

renfermer to contain

renforcer (nous renforçons) to reinforce, intensify

renfrogné(e) *adj.* sullen

renifler to sniff

renouveler (je renouvelle) to replenish

renseignement *m.* information

renseigner to give information

rente *f.* pension; **avoir des rentes** to have independent means

rentré(e) *adj.* suppressed

rentrer to go (come) back; to go in; to go home

renversement *m.* inversion

renverser to knock down; **se renverser** to lean back on

renvoyer (je renvoie) to send back; **renvoyer à** to refer to

se repaître (*like* connaître) *irreg.* to gorge oneself

se répandre to spill; to spread

répandu(e) *adj.* widespread

reparaître (*like* connaître) *irreg.* to reappear

réparer to repair; to atone for

repartir (*like* partir) *irreg.* to leave

repas *m.* meal

repasser to go by again

se repentir de to regret doing (*s.th.*)

répéter (je répète) to repeat

replié(e) *adj.* tucked up

réplique *f.* reply

répliquer to reply

répondre to answer

réponse *f.* answer

reposer to put back down; **se reposer** to rest

repousser to push away

reprendre (*like* prendre) *irreg.* to catch or capture (again); to start again; to take back; to take again; to respond; **ça le reprend** there he goes again

représailles *f. pl.* retaliation

représentation *f.* portrayal

représenter to represent; **se représenter** to imagine; to portray oneself

réprimandé(e) *adj.* reprimanded

reprise *f.* resumption

reproche *m.* reproach

reprocher à quelqu'un de faire quelque chose to reproach s. o. for doing s. th.

reps *m.* rep (fabric)

répugner to disgust

réserve *f.* reserved nature; **en réserve** in reserve

résider to live; to lie

résolument *adv.* resolutely

résonner to resonate; to resound

résoudre (*p.p.* résolu) *irreg.* to solve, resolve; **se résoudre à** to decide to; to bring oneself to

respectif / respective *adj.* respective

respectueusement *adv.* respectfully

respirer to breathe; to take a sniff of

responsabilité *f.* responsibility

ressembler à to resemble, look like

ressentir (*like* dormir) *irreg.* to feel, experience

resservir (*like* dormir) *irreg.* to serve again

ressortir (*like* dormir) *irreg.* to take out again

ressource *f.* ingenuity

reste *m.* rest (*what is left*); *pl.* leftovers; **au reste** besides

rester to stay, to remain; **il ne me reste que** I only have

résultat *m.* result

résumer to summarize

retenir (*like* **venir**) *irreg.* to hold (back); to remember

retentir to ring, echo; **retentir de** to resound with

réticence *f.* reluctance

réticent(e) *adj.* reluctant

retirer to take out, withdraw; **se retirer** to move back, leave

retomber to fall (again); to fall back on

retour *m.* return; homecoming

retourner to return; **se retourner (vers)** to turn (toward); to turn around

retracer (**nous retraçons**) to recount

retraite *f.* retirement; hideout; **battre la retraite** to sound the retreat

retrousser to roll up, tuck up

retrouver to find (again); **se retrouver** to meet; to find oneself

réunir to join, assemble, combine

réussir à to succeed in; to pass (*an exam*); to manage to

revanche *f.* revenge; **en revanche** on the other hand

réveiller to awaken; **se réveiller** to wake up

révélateur / révélatrice *adj.* revealing

révéler (**je révèle**) to reveal; **se révéler** to reveal itself

revendication *f.* claim, demand

revendre to resell

revenir (*like* **venir**) *irreg.* to come back, return

revenu *m.* income

rêver to dream

réverbération *f.* reverberation

se réverbérer (**il se réverbère**) to reflect

rêverie *f.* daydreaming

revers *m.* setback; top (*of boots; the part folded down*); **revers de fortune** reversal of fortune

revoir (*like* **voir**) *irreg.* to see again; **au revoir** good-bye

révolte *f.* revolt

révolter to revolt; **se révolter contre** to revolt against

révolu(e) *adj.* past, bygone

revolver *m.* handgun

se rhabiller to get dressed again

ricaner to snigger (*spitefully; self-consciously*)

riche *adj.* rich; costly

richesse *f.* wealth

ride *f.* wrinkle; ripple

ridé(e) *adj.* wrinkled

rideau *m.* curtain; **rideau de fer** metal shutter

ridicule *adj.* ridiculous

ridule *f.* little wrinkle

rien *pron.* nothing

rire (*p.p.* **ri**) *irreg.* to laugh; *m.* laughter

risque *m.* risk

risqué(e) *adj.* risky

risquer to risk

rituel(le) *adj.* ritual

rivage *m.* shore

rival(e) *m., f.* rival

rivaliser to try to outdo; to rival

rivalité *f.* rivalry

rive *f.* bank, shore

rivière *f.* river

riz *m.* rice

robe *f.* dress; robe

robinet *m.* faucet

robuste *adj.* robust

roc *m.* rock

roche *f.* rock

rocher *m.* rock, boulder

rocheux / rocheuse *adj.* rocky

rôder to wander about

roi *m.* king

roide (**=raide**) *adj.* straight stiff; **tomber roide mort** to drop dead

romain(e) *adj.* Roman

roman *m.* novel

romancer (**nous romançons**) to make into a novel

romanesque *adj.* romantic; novelistic

romantique *adj.* romantic

rompre (*p.p.* **rompu**) *irreg.* to break

rompu(e) *adj.* exhausted

rond *m.* circle; **tourner en rond** to go in a circle

ronde *f.* rounds, patrol

ronfler to throb; to snore; to hum

rose *adj.* pink

roseau *m.* reed

roseur *f.* rose color

rôti *m.* roast meat

rôtir to roast

roue *f.* wheel

rouge *adj.* red

rougir to blush

rouleau *m.* roll; scroll

roulement *m.* rumble, roll (*of drums*)

rouler to go, drive; to roll; **se rouler par terre** to roll on the ground

route *f.* road, path; **en route** on the way; **faire route** to travel

rouvrir (*like* **ouvrir**) *irreg.* to open again

roux / rousse *adj.* red; *m.* red, reddish brown

royaume *m.* kingdom

rude *adj.* tough, hard

rue *f.* street

ruelle *f.* space between the bed and the wall

rugissement *m.* howl, roar

ruisseau *m.* gutter; stream

ruisseler (**il ruisselle**) to stream

rumeur *f.* hubbub, hum

ruminer to ponder

rupture *f.* breaking off

rural(e) *adj.* rural

rythme *m.* rhythm

rythmé(e) *adj.* rhythmic

sablé *m.* shortbread cookie

sabot *m.* clog (*shoe*); **frapper du**

sabot to kick
sabotier *m.* clog maker
sabre *m.* saber
sac *m.* bag, sack; **sac à main** purse
sacrifier to sacrifice
sacristain *m.* sexton
sage *adj.* wise; *m.* sage
sagesse *f.* wisdom
saillant(e) *adj.* salient
saillir *f.* protrude
sain(e) *adj.* healthy; **la tête saine** untroubled
saisir to catch, seize; **se saisir de quelque chose** to grab s.th.
saison *f.* season
salade *f.* salad; **raconter des salades** to tell stories
salaire *m.* salary
sale *adj.* dirty
salé(e) *adj.* salty
salive *f.* saliva
salle *f.* room
salon *m.* living room
salut *interj.* hello
salutaire *adj.* salutary
salutation *f.* greeting
samedi *m.* Saturday
sandale *f.* sandal
sang *m.* blood
sanglant(e) *adj.* bloody
sanglot *m.* sob
sangloter to sob
sans *prep.* without
santé *f.* health
saoul *m.* : **manger tout son saoul** to eat one's fill; **pleurer son saoul** to cry one's heart out
saphir *m.* saphire
sapristi *interj.* good grief
sarcasme *m.* sarcasm
sarcler to weed
satisfaire (*like* **faire**) *irreg.* to satisfy
satisfaisant(e) *adj.* satisfactory
saucisson *m.* sausage
sauf *prep.* except
saule *m.* willow
saut *m.* leap
saute *f.* sudden change

sauter to jump; **sauter à la gorge** to grab by the throat
sautiller to hop
sauvage *adj.* wild; *m.* savage
sauvagerie *f.* savagery
sauver to save; **se sauver** to run away; to save oneself
savane *f.* savannah, swamp
savant(e) *adj.* scholarly
savoir (*p.p.* **su**) *irreg.* to know; **il reste à savoir** it remains to be seen; *m.* knowledge
savourer to savor
scander to chant
scène *f.* scene, stage; **mettre en scène** to present; to stage; **mise** (*f.*) **en scène** staging, direction
scénique *adj.* theatrical
scolaire *adj.* academic; **manuel** (*m.*) **scolaire** schoolbook
scrupule *m.* scruple
scruter to search, examine
séance *f.* show
séant *m.* posterior
sec / sèche *adj.* dry; **à sec** dried up
sèchement *adv.* dryly, curtly
sécher (**je sèche**) to dry
sécheresse *f.* drought
second(e) *adj.* second; *m., f.* the second one
seconde *f.* second
secouer to shake
secourable *adj.* helpful
secours *m.* aid, help; **au secours** *interj.* help
secousse *f.* jolt
secret / secrète *adj.* secret
séduire (*like* **conduire**) *irreg.* to seduce
seigneur *m.* lord
sein *m.* breast; **au sein de** within
séjour *m.* stay
selle *f.* seat
selon *prep.* according to
semaine *f.* week
semblable *adj.* similar
semblablement *adv.* similarly
sembler to seem
semer (**je sème**) to sow

Sénat *m.* Senate
sens *m.* meaning, sense; **bon sens** good sense
sensible *adj.* sensitive
sentir (*like* **dormir**) *irreg.* to feel; to smell; **se sentir** to feel
sentence *f.* sentence, verdict
sentier *m.* path
sentiment *m.* feeling
séparatiste *m., f.* separatist
séparer to separate, split; **se séparer de** to part with
sept *adj., m.* seven
septembre *m.* September
septième *adj.* seventh
séquestré(e) *adj.* confined illegally
sérénité *f.* serenity
série *f.* series
sérieusement *adv.* seriously
sérieux / sérieuse *adj.* serious; *m.* seriousness; **prendre au sérieux** to take seriously
serpe *f.* billhook (*pruning tool*)
serpent *m.* snake
serré(e) *adj.* tight, concise
serrer to clench, wring, grit; to tighten, squeeze together; to put away
serrure *f.* lock
serviable *adj.* willing to help
service *m.* service; favor
servir (*like* **dormir**) *irreg.* to serve; to be used for; **se servir** to use
serviteur *m.* servant
seuil *m.* threshold, doorway
seul(e) *adj., adv. inv.* only, alone
seulement *adv.* only
sévère *adj.* severe, strict
siècle *m.* century
siège *m.* headquarters
sien(ne) (**le / la**) *pron.* his, hers
sifflement *m.* hissing
siffler to whistle a tune
signaler to indicate
signe *m.* sign, gesture; **faire signe à** to make a sign to someone; to get in touch with
signer to sign

significatif / significative *adj.* significant

signification *f.* meaning

signifier to signify, mean

silencieusement *adv.* silently

silencieux / silencieuse *adv.* silent

silhouette *f.* outline, silhouette

sillage *m.* wake

sillon *m.* furrow

sillonner to cut across, furrow

similitude *f.* similarity

sincère *adj.* sincere

sincèrement *adv.* sincerely

sindian *African plant*

singe *m.* monkey

singulièrement *adv.* singularly

sinon *conj.* if not

sirène *f.* siren

siroter to sip

situer to situate; **se situer** to be situated

sobriété *f.* sobriety, restraint

sœur *f.* sister

soie *f.* silk

soigner to treat, take care of; **cela se soigne** there's a cure for that

soigneusement *adv.* carefully

soin *m.* care

soir *m.* evening

soirée *f.* evening

soit… soit *conj.* either . . . or

soixante *adj., m.* sixty

sol *m.* ground, floor

soldat *m.* soldier

soleil *m.* sun

solitaire *adj.* solitary

sombre *adj.* dark

sombrer to sink

somme *f.* sum; **en somme** in short

sommeil *m.* sleep; **avoir sommeil** to be sleepy

sommet *m.* summit

somnambulique *adj.* like a sleepwalker, as if in a trance

son *m.* sound

sonder to probe, sound

songe *m.* dream

songer (**nous songeons**) to dream; to consider

songerie *f.* reverie

sonner to ring

sonnerie *f.* bell

sonnette *f.* bell

sonore *adj.* resonant

sorcier *m.* sorcerer

sort *m.* fate, lot

sorte *f.* kind; **de sorte que** *conj.* so that

sortir (like **dormir**) *irreg.* to go out, leave; to take out, come out; **se sortir de** to manage to get out of; **sortir d'affaire** to pull through

sortie *f.* outing

sot / sotte *adj.* silly; *m.* idiot

sou *m.* sou (five centimes), penny; **ne pas avoir un sou** not to have a penny to one's name

souci *m.* worry

se soucier de to care about

soucieux / soucieuse *adj.* concerned

soudain *adv.* suddenly

soudainement *adv.* suddenly

soudure *f.* soldering; **faire la soudure** to bridge the gap

souffle *m.* breath, breathing; creative force

souffler to blow

souffrance *f.* suffering

souffrir (like **ouvrir**) to suffer

souhaiter to wish

soûl *see* **saoul**

soulagement *m.* relief

soulever (**je soulève**) to lift up; **se soulever** to lift oneself up

souligner to underscore, emphasize

soumission *f.* submission

soupçonner to suspect

soupente *f.* closet

souper to have dinner

soupir *m.* sigh

soupirer to sigh

souple *adj.* supple, soft

souplesse *f.* flexibility

sourcil *m.* eyebrow

sourcilier / sourcilière *adj.* superciliary

sourd(e) *m., f.* deaf person

sourire to smile; *m.* smile

sournois(e) *adj.* sly

sous *prep.* under

soustraire (*p.p.* **soustrait**) *irreg.* to remove

soutenir (like **venir**) *irreg.* to uphold, support; to maintain

souvenir *m.* memory, recollection

se souvenir de (like **venir**) *irreg.* to remember

souvent *adv.* often

souveraineté *f.* sovereignty

soyeux / soyeuse *adj.* silky

spécial(e) *adj.* peculiar

spectacle *m.* show

spectateur / spectatrice *m., f.* member of the audience

sphère *f.* sphere

splendeur *f.* splendor

statut *m.* status

sténo (sténographie) *f.* shorthand; **école** (*f.*) **de sténo** secretarial school

stérilité *f.* sterility, barrenness

strident(e) *adj.* shrill

stupeur *f.* astonishment

stupide *adj.* stupid; *m., f.* stupid person

stylet *m.* stiletto

subir to undergo

subit(e) *adj.* sudden

subjonctif *m. gram.* subjunctive

submergé(e) *adj.* submerged

substantiel(le) *adj.* substantial

succéder (**je succède**) to succeed, follow; **se succéder** to follow one another

succès *m.* success

successif / successive *adj.* successive

succomber to succumb

sucre *m.* sugar

sud *m.* south

sueur *f.* sweat

suffire (*p.p.* **suffi**) *irreg.* to suffice;

cela suffit *interj.* that's enough
suggérer (**je suggère**) to suggest
suite *f.* series; continuation; **tout de suite** right away
suivre (*p.p.* **suivi**) *irreg.* to follow
sujet *m.* subject
sulfure *m.* sulfide
supérieur(e) *adj.* superior; advanced
se superposer to be superimposed
supplice *m.* form of torture
supplicié(e) *m., f.* victim of torture
supplier to beseech
supporter to tolerate; to support, hold up
supposer to suppose, assume; **laisser supposer** to lead one to suppose
supprimer to delete
sur *prep.* on, over; **trois fois sur quatre** three times out of four
sûr(e) *adj.* sure; **à coup sûr** definitely; **bien sûr** of course
sûrement *adv.* surely
sûreté *f.* safety
surgir to spring up; to appear suddenly
surhumain(e) *adj.* superhuman
surménage *m.* overwork
surmonter to overcome
surnaturel(le) *adj.* supernatural
surnom *m.* nickname
surnommé(e) *adj.* nicknamed
surpasser to surpass
surplomber to overhang
surprenant(e) *adj.* surprising
surprendre (*like* **prendre**) *irreg.* to surprise
sursaut start
sursauter to start; to jump
surtout *adv.* especially
surveiller to keep an eye on; to keep watch over
survie *f.* survival
susciter to arouse
suspendre to suspend; to hang
syllabe *f.* syllable
symbiose *f.* symbiosis
sympathique *adj.* nice

symptôme *m.* symptom
synonyme *m.* synonym

tabaski *f.* an Islamic holiday
tabatière *f.* snuffbox
tableau *m.* painting; blackboard
tac *m.* tap; **répondre du tac au tac** to have a ready answer or a quick retort
tache *f.* spot, stain
tâche *f.* task, job
tacher to stain
tâcher to try; to make sure
taciturne *adj.* silent
taffetas *m.* taffeta
taille *f.* size; waist; height
tailleur *m.* women's suit
taillis *m.* thicket
se taire (*like* **plaire**) *irreg.* to be quiet
talon *m.* heel
tamarin *m.* tamarind
tamarinier *m.* tamarind tree
tandis que *conj.* while, whereas
tanguer to pitch
tanière *f.* den
tant *adv.* so much, so many; **en tant que** as long as; **tant bien que mal** so-so, as well as can be expected; **tant pis** too bad
tante *f.* aunt
tantôt *adv.* sometimes, now
tapis *m.* rug
tapoter to pat
taquiner to tease
tard *adv.* late
tarder to delay; to be long in coming
tardif / tardive *adj.* late, belated
tarte *f.* tart, pie
tartine *f.* slice of bread with butter
tas *m.* stack, pile
tasse *f.* cup
tassé(e) *adj.* shrunken
taureau *f.* bull
taverne *f.* inn, tavern
teint *m.* coloring; complexion
teinte *f.* shade
teinter to stain; to tint

teinturier / teinturière *m., f.* dyer
tel(le) *adj.* such
téléviseur *m.* television set
tellement *adv.* so
témoignage *m.* testimony
témoin *m.* witness
tempe *f.* temple
temps *m.* time; weather; *gram.* tense; **à temps** in time; **de temps en temps** from time to time; **en même temps** at the same time
tendre to offer
tendre *adj.* tender, sweet
tendrement *adv.* tenderly
tendresse *f.* tenderness, fondness
ténèbres *f. pl.* darkness
tenir (*like* **venir**) *irreg.* to hold, keep; to last; **se tenir debout** to be standing up; **tenir à** to be fond of; **tenir compagnie à quelqu'un** to keep s.o. company
tentation *f.* temptation
tenter to try; to tempt
tenture *f.* wall covering, tapestry
tenue *f.* dress, appearance
se terminer to finish
terne *adj.* dull
se ternir to become tarnished
terrain *m.* land
terrasse *f.* terrace
terre *f.* earth; soil, land; **par terre** on the ground; **pomme** (*f.*) **de terre** potato
terreur *f.* terror
terrible *adj.* terrible; enormous
terriblement *adv.* terribly, awfully
territoire *m.* territory
testament *m.* will
tête *f.* head; **la tête saine** untroubled
téter (**il tète**) to nurse, suck (*milk*)
thé *m.* tea
théâtral(e) *adj.* dramatic, theatrical
théâtre *m.* theater
thoracique *adj.* thoracic; **cage** (*f.*) **thoracique** rib cage
tien(ne) (**le / la**) *pron.* yours
tige *f.* rod

tintamarre *m.* din, racket

tinter to ring

tir *m.* shooting

tiraillement *m.* gnawing; shooting

tirailler to gnaw; to shoot wildly; **être tiraillé entre** to be torn between

tirailleur *m.* soldier

tire: vol (*m.*) **à la tire** pickpocketing

tirer to draw; to take out; to pull

tireur / tireuse sharpshooter

tiroir *m.* drawer

tisonnier *m.* poker

tisser to weave

tisserand(e) *m., f.* weaver

titre *m.* title; **à titre de** as

titrer to confer a title on

toile *f.* canvas

toilette *f.* grooming; washing; **cabinet** (*m.*) **de toilette** toilet; **faire sa toilette** to get washed

tomber to fall; **tomber amoureux / amoureuse de** to fall in love with; **tomber roide mort** to drop dead

tonnerre *m.* thunder

torpeur *f.* torpor

torréfié (e) *adj.* roasted

tort *m.* fault; **à tort** wrongly

tortueux / tortueuse *adj.* winding

tôt *adv.* early

touche *f.* stroke, touch

toujours *adv.* always, still; **toujours est-il** the fact remains

tour *f.* tower

tour *m.* turn; rounds

tourbillon *m.* whirlwind

tourbillonner to whirl (around)

tourment *m.* agony, torment

tourmenter to torture; to torment

tourner to turn; to run; to drive around; **se tourner** to turn around; **tourner de l'œil** to faint

tournoyer (je **tournoie**) to whirl around

tousser to cough

tout(e) (*pl.* **tous, toutes**) *adj., adv., pron.* all, the whole; every;

everything; very, quite; **pas du tout** not at all; **tous (les) deux**; **tout à fait** absolutely, entirely, completely; **tout à l'heure** a short while ago; **tout au moins** at least; **tout de suite** right away; **tout droit** straight ahead; **tout d'un coup** all of a sudden; **tout le monde** everyone; **un tout petit peu** just a little bit

toutefois *adv.* however, nonetheless

tracasser to bother

trace *f.* trace; footprint

tracer (**nous traçons**) to draw; to open up

traducteur / traductrice *m., f.* translator

traduction *f.* translation

traduire (*like* **conduire**) *irreg.* to translate

trahir to betray; to give away, reveal

trahison *f.* betrayal

train *m.* train; pace; **être en train de faire quelque chose** to be doing s.th.

traîner to pull, drag; to lag; to lie around; to drag on; **se traîner** to drag oneself along

traire (*p.p.* **trait**) *irreg.* to milk (*cows*)

trait *m.* stroke, line; feature

traite *f.* stretch

traitement *m.* treatment

traiter to treat

traître *m.* traitor

trajet *m.* journey

tranquille *adj.* peaceful

tranquillement *adv.* peacefully

transcendant(e) *adj.* transcendent, special

transcrire (*like* **écrire**) *irreg.* to transcribe

transformer to transform; **se transformer en** to be transformed into

transmettre (*like* **mettre**) *irreg.* to hand down; to transmit

transparaître (*like* **connaître**) *irreg.* to show

transparent(e) *adj.* transparent

transpercer (**nous transperçons**) to pierce

transpirer to sweat

transport *m.* transportation

transporter to transport, carry

traquer to hunt down

travail (*pl.* **traux**) *m.* work; **travaux ménagers** housework

travailler to work

travers: à travers *prep.* across, through; **de travers** *adv.* crooked

traversée *f.* crossing; going through; trip

traverser to cross; to go through

trébucher to stumble

trembler to tremble

tresse *f.* braid

tresser to braid

trêve *f.* truce

tribunal *f.* court

tribut *m.* tribute

triompher to triumph

triste *adj.* sad

tristement *adv.*, sadly

tristesse *f.* sadness, dreariness

trois *adj., m.* three

troisième *adj.* third

se tromper to be mistaken; to make a mistake

tronc *m.* trunk (*of a tree*)

trône *m.* throne

trôner to sit enthroned

troquer to trade

trottoir *m.* sidewalk

trou *f.* hole

troubler to disturb; to agitate; **se troubler** to become flustered

troupe *f.* troop; group

troupeau *m.* flock

trouver to find; to think; **se trouver** to find oneself; to be situated; to feel

truite *f.* trout

tuer to kill

tumulte *m.* commotion

tumultueux / tumultueuse *adj.* turbulent

tunique *f.* tunic

tuyau *m.* pipe; **tuyau de cheminée** flue

typiquement *adv.* typically

uni(e) *adj.* close

unique *adj.* only; **enfant** *m., f.* **unique** only child

uniquement *adv.* only

unir to bring together

unisson *m.* unison

unité *f.* unit; unity

univers *m.* universe

urbain(e) *adj.* urban

user to wear out; to use

usine *f.* factory

ustensile *m.* implement

usure *f.* wear and tear

utiliser to use

utopique *adj.* utopian

vacances *f. pl.* vacation

vacarme *m.* pandemonium

vache *f.* cow

vagabond(e) *adj.* wandering

vagabondage *m.* wandering, roaming

vagabonder to roam

vague *f.* wave

vaguement *adv.* vaguely

vain(e) *adj.* vain; **en vain** in vain

vaincre (*p.p.* **vaincu**) *irreg.* to defeat

vainqueur *m.* conquerer

vaisseau *m.* ship

valable *adj.* valid

valise *f.* suitcase

vallée *f.* valley

valoir (*p.p.* **valu**) *irreg.* to be worth; **valoir mieux** to be better

vanter to speak highly of; to extol

vapeur *f.* vapor

varier to vary

variété *f.* variety

vase *m.* vase; **l'eau qui fait déborder le vase** the straw that broke the camel's back

vaste *adj.* vast

vaurien(ne) *m., f.* good-for-nothing; devil

véhément(e) *adj.* vehement

veille *f.* eve, day before

veiller to watch over; to be on watch; **veiller à** to see to

veine *f.* luck

veiné(e) *adj.* veined

vélomoteur *m.* motorized bike

velours *m.* velvet

vendeur / vendeuse *m., f.* salesperson

vendre to sell

vendredi *m.* Friday

vengeance *f.* revenge

venger (**nous vengeons**) to avenge; **se venger de** to take revenge on

venin *m.* venom

venir (*p.p.* **venu**) *irreg.* to come; **il fallait bien en venir là** it had to come to that in the end; **venir de** (+ *inf.*) to have just (*done s.th.*)

vent *m.* wind

ventre *m.* stomach

venue *f.* coming

ver *m.* worm

véritable *adj.* real

vérité *f.* truth

vermine *f.* vermin

verre *m.* glass

vers *m.* verse

vers *prep.* toward; about

verser to pour; to shed

vert(e) *adj.* green

vertébré(e) *adj.* vertebrate

vertige *m.* vertigo, dizziness

vertu *f.* virtue

veste *f.* jacket

vétérinaire *m.* veterinarian

veuf / veuve *m., f.* widower, widow

viande *f.* meat

vibrer to vibrate

victoire *f.* victory

vide *adj.* empty; *m.* emptiness, void

vider to empty; **se vider** to empty

vie *f.* life

vieillard(e) *m., f.* old person

vieillir to grow old

vierge *f.* virgin

vietnamien(ne) *adj.* Vietnamese

vieux (vieil, vieille) *adj.* old; *m., f.* old man, old woman

vif / vive *adj.* lively

vigoureusement *adv.* vigorously

vigoureux / vigoureuse *adj.* vigorous, strong

vilain(e) *adj.* ugly; wicked

ville *f.* town

vin *m.* wine; **un coup de vin** a drink of wine

vingt *adj., m.* twenty

vingtaine *f.* about twenty

vingtième *adj.* twentieth

violet(te) *adj.* purple

vipère *f.* viper

virage *m.* turn

visage *m.* face

viser to aim at

visite *f.* visit; consultation; **rendre visite à quelqu'un** to visit s.o.

visiter to visit

visiteur / visiteuse *m., f.* visitor

vite *adv.* quickly

vitesse *f.* speed; gear

vitre *m.* windowpane

vitrine *f.* shop window; showcase

vivant(e) *adj.* alive, lively

vivement *adv.* in a lively manner, deeply; **vivement la retraite** *interj.* I can't wait for retirement.

vivre (*p.p.* **vécu**) *irreg.* to live

vocable *m.* term

vociférer (**je vocifère**) to vociferate, utter cries of rage

vœu *m.* wish, vow

voici *prep.* here is, here are; **vous voici** here you are

voilà there is, there are; **voilà des siècles** it has been centuries

voile *m.* veil; **sous le voile de** under the pretense of

voilé(e) *adj.* veiled

voir *p.p.* vu) *irreg.* to see; **avoir à**

voir avec to have to do with; **voyons** let's see
voire *adv.* even, indeed
voisin(e) *adj.* adjacent; *m., f.* neighbor
voiture *f.* car
voix *f.* voice; **à haute voix, à voix haute** aloud
vol *m.* theft; **vol à la tire** pickpocketing
volée *f.* flurry; **volée de coups** flurry, volley of blows
voler to steal; to fly
volontairement *adv.* volontarily
voracement *adv.* voraciously

vouer to vow
vouloir (*p.p.* **voulu**) *irreg.* to wish; to want; **en vouloir à quelqu'un** to have a grudge against s.o.; **veuillez** (+ *inf.*) to be so kind as to (*do s.th.*); **vouloir dire** to mean
voûte *f.*: **voûte céleste** canopy of heaven
voûté(e) *adj.* stooped
voyage *m.* journey, trip
voyager (**nous voyageons**) to travel

voyageur / voyageuse *m., f.* traveler
vrai(e) *adj.* true; **à vrai dire** to tell the truth, in fact
vraiment *adv.* really
vue *f.* sight; view; **à ma vue** at the sight of me

yeux *m.* (*pl.* of **œil**) eyes; **les yeux bridés** slanting eyes

zèbre *m. fam.* guy
zébrer (**il zèbre**) to stripe, streak
zébrure *f.* stripe, streak
zic! *interj.* zip! (*cutting sound*)